Jutta Westphalen - Der Flug der Falkenfrau

Jutta Westphalen

Der Flug der Falkenfrau

Artha

ISBN 978-3-89575-157-8
1. Auflage

D 87466 Oy-Mittelberg

Die Ratschläge in diesem Buch sind von der Autorin und vom Verlag sorgfältig erwogen und geprüft, dennoch kann keine Garantie übernommen werden. Eine Haftung der Autorin bzw. des Verlags und seiner Beauftragten für Personen, Sach- und Vermögensschäden ist ausgeschlossen.

Umschlag: Sonja Fischer
Bild: © Alexander Potapov - Fotolia.com
Lektorat: Sonja Fischer
Gestaltung und Layout: Rolf Mihm
Internet Verlag: www.artha.de
Druck: Steinmeier, Deiningen

Inhaltsverzeichnis

Unsere tiefste Angst ist es nicht,
ungenügend zu sein.
Unsere tiefste Angst ist es,
dass wir über alle Maßen kraftvoll sind.

Es ist unser Licht, nicht unsere Dunkelheit,
was wir am meisten fürchten.

Wir fragen uns, wer bin ich denn,
um von mir zu glauben, dass ich brillant,
großartig, begabt und einzigartig bin?

Aber genau darum geht es,
warum solltest du es nicht sein?

Du bist ein Kind Gottes.
Dich klein zu machen nützt der Welt nicht.

Es zeugt nicht von Erleuchtung, sich zurück zu nehmen,
nur damit sich andere Menschen um dich herum
nicht verunsichert fühlen.

Wir alle sind aufgefordert, wie die Kinder zu strahlen.
Wir wurden geboren, um die Herrlichkeit Gottes,
die in uns liegt, auf die Welt zu bringen.

Sie ist nicht in einigen von uns,
sie ist in jedem.

Und indem wir unser eigenes Licht scheinen lassen,
geben wir anderen Menschen unbewusst die Erlaubnis,
das Gleiche zu tun.

Wenn wir von unserer eigenen Angst befreit sind,
befreit unser Dasein automatisch die Anderen.

Dieser Text wird häufig Nelson Mandela zugeschrieben, er stammt aber von Marianne Williamsen, geb. 1952, basierend auf den Lehren „Ein Kurs in Wundern".

Einleitung
Die Magie des Spiegels

„Ich war ein Kind, aber die alte Kiowa-Frau
ließ mich ein in ihres Geistes Gegenwart, in ihre Seele,
sie ergriff Besitz von meiner Phantasie und ließ
mich teilhaben an dem reichen Schatz ihres
Staunens und Entzückens. Sie lud mich ein,
mit ihr gemeinsam dem Uralten und Geheiligten
gegenüberzutreten. Das war etwas zeitlos
Ewiges, es hatte mit ihrem hohen Alter nichts zu tun,
weder ihr Alter noch meine Jugend bildeten
eine Schranke zwischen uns."

Momaday, Haus der Dämmerung

Frauen gaben ihr geheimes Wissen schon immer an ihre Töchter, Enkelinnen und an junge Frauen ihres Stammes weiter. Dieses älteste Wissen der Menschheit über verborgene Kräfte wird als Schamanentum bezeichnet. So sind traditionell und naturverbunden lebenden Menschen bestimmte universell geltende Gesetze bekannt, die unserer Kultur inzwischen verloren gegangen sind. Aber indigene Völker teilen beispielsweise weltweit eine bestimmte Einstellung zu dem Land, auf dem sie leben. Sie sprechen sehr respektvoll von der Erde und empfinden es so, dass ihnen Land für die Zeit ihres Lebens anvertraut wird, damit sie es hüten. Sie kümmern sich darum und sehen es sogar als ein eigenständiges Lebewesen an, das ein Bewusstsein hat. Weil die Natur die Menschen mit allem Lebensnotwendigen versorgt, sprechen sie von der Erde als ihrer Mutter.

Und weil sie genauso wenig daran denken, wie wir, ihre Mutter zu verkaufen, ist es für sie auch völlig abwegig, dass man „Mutter Erde" kaufen oder verkaufen kann. Stattdessen geben sie Land an ihre Kinder oder jemand anderen weiter, der es braucht.

Ein anderes großes Gesetz besagt, dass die Menschen an ihre Kinder und an die nächsten sieben Generationen, die nach ihnen kommen, denken sollen, bevor sie ihre Entscheidungen treffen...

Im Allgemeinen richten sich wissende Frauen nach den großen Gesetzen, kennen die tiefe Bedeutung, die sie für das Überleben des Stammes haben und geben sie darum an ihre Kinder weiter.

Schamanisches Denken bezeichnet also eine bestimmte Lebenseinstellung oder Philosophie und beinhaltet gleichzeitig ein umfassendes Heilsystem.

Dieses Buch handelt davon, wie wir dieses jahrtausendealte Wissen kreativ einsetzen können. Denn wir müssen uns heute darum kümmern, dass viele Dinge in Ordnung kommen. Es liegt ein Weg des Herzens vor uns, der uns wieder mit unserem Ursprung und unsrer Essenz in Kontakt bringt. Zu lange haben wir uns auf die materielle Seite des Lebens konzentriert. Doch wenn wir nur auf die äußere Form schauen, können wir nicht zu dem vordringen, was den Menschen ausmacht und die Gefühle bleiben auf der Strecke. So ist es nicht verwunderlich, dass sich in unserer Zeit viele Frauen und Männer danach sehnen, einer weisen Frau oder einem weisen Lehrer zu begegnen, weil sie spüren, dass sie sich im Alltag leicht verlieren könnten.

In früheren Kulturen haben weise Frauen immer Achtung erfahren wegen ihrer großen Lebenserfahrung, Weisheit und Geduld. Eine Großmutter, die vieles auf sich beruhen lässt und ihre Schülerin vom äußeren Geschehen wegführt in das Innere, wo sie ihre Balance findet und ihren tiefen Lebenssinn, hatte eine wichtige Rolle in der Familie. Ältere weise Frauen haben meistens viel erlebt und das Leben von allen Seiten kennengelernt. Ihre tiefen Einsichten haben ihren Blick weit gemacht und sie dankbar werden lassen für ihren reichen Erfahrungsschatz. Sie freuen sich an dem, was sie haben und sind ganz selbstverständlich da, wenn andere sie brauchen.

Viele kannten sich in der Geburtshilfe aus. Sie wussten die am wenigsten schmerzhaften Gebärstellungen, kochten krampflösende Tees, behoben schwierige Kindslagen im Mutterleib und führten notfalls auch einen Kaiserschnitt durch. Sie konnten Abtreibungen vornehmen und kannten sich gut mit Empfängnisverhütung aus. Ihr Heilwissen bestand aus Überlieferungen ihres Volkes, das durch Erfahrungen weiterentwickelt wurde und dem selbstverständlichen Umgang mit magischen Kräften in der Natur. Heilkundige Frauen, Wundärztinnen und Hebammen hatten hohes Ansehen in der Bevölkerung und sie waren die Vertrauten der Frauen. Häufig hatten sie ein besonderes Gespür für die seelischen und körperlichen Leiden anderer. Oft beherrschten sie die Kunst zu trösten und konnten Schmerz durch Humor in Glück verwandeln. Sie wussten, dass Lachen wie Salz in der Suppe wirkt und dass sich die Menschen durch Humor von ihrem Kummer befreien. So konnten sie auch sanft und ganz ruhig andeuten, wie etwas verbessert werden könnte.

Oft waren diese Frauen Wurzelkundige, die die verborgene Kraft der Pflanzen nutzten. Sie befragten die Pflanzenseele und erfuhren intuitiv, wie sie mit dieser Pflanze heilen konnten. Sie sangen Zauberlieder, berührten die Wunden, trugen Heilkräuter und Salben auf, legten Verbände aus Moos und Lederriemen an, in die sie Halbedelsteine oder Amulette einwickelten.

Denn in ihrem Weltbild besitzt alles ein Geistwesen oder einen Spirit: Menschen, Tiere, Pflanzen, Landschaften, der Wind und die Elemente. Diese Geistwesen sind für uns Menschen normalerweise nicht sichtbar, denn ihre Heimat gehört zu einer anderen Wirklichkeit. Doch die Spirits mit ihren unsichtbaren Körpern können uns wahrnehmen und reagieren auf uns. Es ist so, als ob sie auf der anderen Seite eines Spiegels stehen, die für uns jedoch unsichtbar ist.

Für Frauen geht eine große Faszination von Spiegeln aus. Wahrscheinlich war das schon immer so. Unsere Ahninnen waren sicher erstaunt und begeistert, wenn sie ihr Ebenbild auf der glatten Wasseroberfläche eines Sees oder Meeres entdeckten. Daran hat sich nichts geändert, denn auch die meisten modernen Frauen verbringen jeden Tag Zeit vor ihrem Spiegelbild, um sich zurechtzumachen.

Durch den Spiegel erhalten wir einen Eindruck davon, wie andere

Menschen uns wahrnehmen. So können wir uns selber von außen sehen. Wir können uns in die eigenen Augen schauen und uns selbst als Persönlichkeit erkennen, denn unser Spiegelbild und der Hintergrund sind ein genaues Abbild der Realität.

Wenn ich in den Spiegel schaue, kann ich noch das junge Mädchen sehen, das ich einmal war? Sehe ich mein liebevolles Wesen und das Glück, das aus meinen Augen strahlt?

Oder mache ich zu viele Kompromisse und gefällt mir das Gesicht nicht mehr, das ich im Spiegel sehe?

Das geschieht leicht, wenn ich z.B. das Wertesystem des Mannes übernehme und die eigene oft hochqualifizierte Ausbildung wegwerfe, um ihm den Rücken frei zu halten. Dann bin ich Meisterin der Vielfältigkeit: nach außen kämpferisch, besonders wenn es um die Kinder geht, nach innen bereit, Konflikte einzuebnen, schmerzlichen Fragen aus dem Weg gehen und rundum seelische Oberflächen zu polieren. Kurz: aus Loyalität schließe ich faule Kompromisse. Dann zeigt der Spiegel mein gemeißeltes Lächeln und ich erkenne, wie sehr ich mich bemühe, allen Erwartungen perfekt zu entsprechen und dabei mich selbst verliere. So werde ich gelebt.

Doch das heißt nicht, dass es so bleiben muss!

Auch wenn ich mich im Laufe der Jahre veränderte, kann ich das liebevolle und glückliche Mädchen wieder finden!

Doch was sich auf der anderen Seite des Spiegels befindet, bleibt uns verborgen.

Genau die gleiche Situation erfahren wir, wenn wir abends in ein Zimmer gehen, in dem Licht brennt. Dann sehen wir uns im Fenster wie in einem Spiegel. Gleichzeitig ist es uns aber unmöglich, nach draußen zu sehen.

Doch wir selbst sind gut von draußen zu beobachten.

Wenn wir nun das Licht löschen ist es sowohl im Zimmer als auch draußen dunkel und das Fenster ist wieder von beiden Seiten durchsichtig, wie am Tag.

Es gab zu jeder Zeit und in jeder Kultur Frauen, die das Wissen hatten, wie sie durch das verborgene Spiegelfenster hindurchschauen konnten. Zahllose vor uns Geborene hatten den Mut, auf die andere Seite der Wirklichkeit zu reisen. Davon erzählen Höhlenmalereien, Idole, Opfergaben, prähistorische Funde, Kleinplastiken, Felsgravierungen, Gefäßzeichnungen, Amulette und Tonfiguren. Sie sind der archäologische Nachlass und geheime Schatz unserer Ahninnen.

Die damit verbundenen Rituale sind inzwischen verweht, wie die Zeit selbst. Doch diese Symbole sind selten nur abstrakt und ganz bestimmt nicht stumm! Sie sprechen ihre eigene Sprache und kreisen um die Themen der Göttin: Das Mysterium der Geburt, Tod und die Erneuerung des Lebens im gesamten Kosmos.

Unsere Ur-ur-ur-Großmütter wussten von einer anderen Wirklichkeit, die eine magische Dimension hat. Und aus der nicht sichtbaren Ebene brachten sie häufig wunderbare Geschenke mit zurück in ihren Alltag. So entdeckten sie auf ihren Reisen, dass sie auf der anderen Seite Verbündete hatten, die sie führten und lehrten, denn sie trafen dort auf innere Lehrerinnen, Krafttiere, Heilerinnen und wunderbare fremde Wesen. Sie richteten sich eine ganz eigene innere Landschaft ein, wohin sich ihre Seele zurückziehen konnte. Hier konnten sie hilfreiche Kräfte rufen, Informationen erhalten und Wissen finden, für sich selber und für andere Menschen.

Sie hüteten dieses kostbare Wissen und brachten die Energie der unsichtbaren Wirklichkeit hinüber in die sichtbare Welt. So erweiterten sie ihr Verständnis über tiefe Zusammenhänge und entwickelten besonderen Fähigkeiten.

Für ihre Innenreisen nutzten sie bestimmte Methoden, die es ihnen erlaubten, in einen anderen Bewusstseinszustand zu gelangen. Häufig war dies der regelmäßige Schlag der Trommel, wie Regentropfen, die auf ein Dach klopfen. Dann trat nach kurzer Zeit ein meditativer Zustand ein, in dem sie eine Grenze überschreiten konnten. So ließen sie ihre Gedanken wandern und träumten vor sich hin. Auf der anderen Seite konnten sie sich dann ganz frei und ungebunden bewegen, weil dort andere Gesetze gelten.

Auf ihren Innenreisen erkannten sie, dass wir Menschen in einer sinnvollen und wohlwollenden Welt leben. Sie verbanden sich mit der höchsten Energie, die all dies erschaffen hat und waren schließlich in ihrem Herzen durchdrungen von dem Gefühl der Liebe. Sie liebten die Geheimnisse der Natur und das wilde Leben, sahen, wie der Falke gleitet, freuten sich daran, wie die Sonnenstrahlen das Licht reflektieren, liebten die Eichhörnchen und Vögel. Diese Erfahrungen und dieser Weg sind alt und gleichzeitig zeitlos modern. Sie galten immer und haben die alte natürliche Lebensweise bestimmt. In jenen Zeiten liebten die Menschen alle Dinge: die Bäume, Berge, Tiere, den Wind, das Wasser, die Erde, das Feuer, den Blitz. Alles hatte seinen Platz und in allem sahen sie den Großen Geist. Sie beteten aus tiefer Dankbarkeit für die Schönheit der Schöpfung. Sie meinten es ehrlich und es war ihnen wichtig, wichtiger sogar als Nahrung zu haben. Durch diese innere Einstellung wurden ihre Handlungen zu heiligen Handlungen. So lauschten sie der Stimme des Heiligen Geistes in ihrem Inneren und in der Natur.

Häufig gaben sie gerne ihren Besitz weg, denn sie wussten, dass allzu viele Dinge die Menschen davon abhalten, wirklich zu lieben. Das alte Volk liebte seine Mitmenschen, Mutter Erde und das Große Geheimnis.

Frauen wussten und wissen häufig mehr über die Liebe als Männer. Liebe heißt miteinander reden, vieles miteinander teilen und etwas übereinander erfahren. Frauen fühlen und wissen in ihrem Herzen, dass Kinder in den Arm genommen werden und gehalten werden sollten. Wir sollten Kindern immer zeigen, dass wir sie wirklich lieben. Wir sollten viel mit ihnen sprechen und ihnen sagen, dass wir sie so lieben, wie sie sind. Dann müssen sie nicht so tun, als wären sie jemand anders. Sie können sie selbst sein und irgendwann selber herausfinden, wer sie sind und entscheiden, wer sie sein wollen.

Weise Frauen und Schamanen wussten immer, dass zuerst die Liebe im Herzen wohnen muss, bevor die Menschen eine Verbindung zu Gott aufbauen können. Sie erkannten, dass die Liebe zum Großen Geist ein wesentlicher Teil der menschlichen Liebe ist.

Weise, die diesen uralten Weg gingen, entschieden sich, bewusst zu leben und im Laufe der Zeit fanden sie bestimmte Kriterien, die erfüllt sein müssen, um gute Entscheidungen im Leben treffen zu können.

Sie suchten auch danach, allgemein gültige Lösungen zu finden, die niemandem schaden.

Schließlich fanden sie fünf bestimmte Ansprüche, die die gefundenen Lösungen erfüllen mussten. Diese waren:

Wahrheit, Schönheit, Glück, Liebe und Gesundheit.

Sie fragten sich bei jeder Entscheidung, die sie zu treffen hatten:

Führt dieser Weg zur Wahrheit?
Macht er das Leben schöner?
Hat er Glück zur Folge?
Lässt er andere Liebe spüren?
Trägt er zur Gesundheit der Menschen, Tiere und Natur bei?

Wenn nur eine der Bedingungen nicht erfüllt war, musste eine neue Lösung gefunden werden!

Diese wichtigen Erkenntnisse trugen sie in ihren Stamm und sorgten dafür, dass sie befolgt wurden.

So wurden diese universellen Gesetze gefunden und schließlich zur Grundlage erhoben, um gute Entscheidungen zu treffen, egal, ob diese wichtig, unwichtig oder alltäglich waren.

Diese Prinzipien erweisen sich noch immer als richtig und bewirken sofort heilsame Veränderungen in jedem Leben!

So brachten die weisen Frauen von ihren Reisen auf die andere Spiegelseite viele Impulse, neue Sichtweisen, Fähigkeiten und Visionen mit, die über Jahrhunderte ihrem Stamm Kraft schenkten.

„Wissen ist wie Wasser, das von einer Frau an die andere weiter gereicht wird. Achte darauf, dass du es nicht verschüttest, denn es ist sehr kostbar.“

aus Afrika

Wissen ist wie ein Brunnen, aus dem sich jeder Mensch bedienen darf. Niemand steht für sich alleine und wird zurück gelassen, denn wir sind alle miteinander verbunden.

Doch wir leben jetzt in einer Zeit, in der sich alles überaus schnell verändert. Als starke Frauen wollen wir Einfluss nehmen und unseren eigenen Wege finden.

Und gerade jetzt sind Fähigkeiten besonders wichtig, die als „weibliche" Eigenschaften viele Jahre unverhältnismäßig gering geschätzt und vernachlässigt wurden. Zu diesen Qualitäten gehört die Achtsamkeit allem Lebendigen gegenüber, Mitgefühl, Zusammenarbeit, bedingungslose Liebe und die Tradition der weisen Frauen. Viele vereinsamte Menschen sehnen sich danach, sich gegenseitig zu nähren, zu unterstützen, zu wärmen und zu beflügeln.

Wir sehnen uns nach dem wärmenden Feuer in der Mitte unseres Kreises, das uns alle miteinander verbindet, an dem wir gemeinsam essen und Geschichten erzählen. Denn wir wünschen uns mehr Leichtigkeit, Humor, auch mehr Ursprünglichkeit, Ehrlichkeit und Tiefe, um all dies miteinander teilen zu können.

Das uralte Wissen der Frauen liegt in uns selber verborgen, denn wir sind die Hüterinnen des Lebens. Wir tragen die Wildnis in unserem Herzen, und jede von uns ist in der Lage, einen Blick hinter den Spiegel zu wagen und in die eigene Seelenlandschaft zu reisen.

Auch die Weltgesundheitsorganisation, die das Ziel hat, das bestmögliche Gesundheitsniveau aller Menschen zu verwirklichen, hat diesem uralten Wissen der Schamaninnen und Schamanen 1980 die gleiche Bedeutung zugesprochen wie der westlichen Medizin.

Es wartet etwas auf Sie, das die hohen geforderten Ansprüche erfüllt. Sie können sich auf etwas freuen,

- wodurch Ihr Leben schön wird,
- das Sie Ihre Wahrheit erkennen lässt,
- das Ihr Leben gesund und
- glücklich macht und
- Ihnen die Liebe zum Leben schenkt.

Ihre innere Lehrerin spricht zu Ihnen:

„Das Wasser, das ich Dir reiche, bewässert nun das Samenkorn deiner Bestimmung. Sorge du dafür, dass ein starker Baum daraus wächst, der einen Unterschied macht."

In Ihrer Seelenlandschaft können Sie Ihr menschliches Potential erkunden und unwiederholbar kostbare Momente erleben.

„Was vor uns liegt und was hinter uns liegt,
sind Kleinigkeiten im Vergleich zu dem,
was in uns liegt.
Und wenn wir das, was in uns liegt,
nach außen in die Welt tragen,
geschehen Wunder."

Henry Daniel Thoreau (1817-1862)
amerikanischer Philosoph, Schriftsteller und Mystiker

Reisen in die Seelenlandschaft

Der internationale Rat der 13 Großmütter

In vielen ursprünglichen Kulturen gab es eine alte Prophezeiung, die lautete: „Wenn Großmütter aus allen Windrichtungen sprechen, wird ein neues Zeitalter anbrechen."

Die Prophezeiungen sprechen von einer Zeit der Klärung und Reinigung von angestauter negativer Energie durch eine einseitige materielle Ausrichtung des Lebens, anstelle eines spirituellen Bewusstseins, in dem jede Lebensform beschützt wird und ein Recht auf Nahrung hat.

Dieser Rat der 13 Großmütter bildete sich nach dem 11. September 2001 und hatte seine erste Zusammenkunft im Oktober 2004. Einigen der weisen Alten war von ihren Großmüttern ihr Schicksal vorausgesagt worden als sie noch Mädchen waren. Andere wurden durch Visionen auf ihr Treffen vorbereitet.

Die Zahl 13 gilt in ursprünglichen Traditionen als heilig, denn das Jahr hat 13 Vollmonde. In jenen Zeiten wurden Frauen verehrt, da sie offensichtlich im Einklang mit dem Mond standen. Sie hatten ihre „Mondzeit" und konnten dadurch Leben schenken, wie Mutter Erde. Frauen waren diejenigen, die das Überleben der Familien und des Stammes sicherten. Sie gaben die Erfahrungen, Weisheiten und Rituale weiter und stärkten die soziale Ordnung. Häufig war bei wichtigen Entscheidungen der Rat der Großmütter ausschlaggebend.

Die Summe der Lebensjahre der weisen Frauen ist 857, jedoch das Wissen der ursprünglichen Kulturen, aus denen sie stammen, ist Jahrtausende alt. Eine Vision hat sie dazu gebracht ein globales Bündnis zu schließen, in dem sie mit einer Stimme gemeinsam sprechen, um mit den Lehren ihrer Vorfahren einen Weg für die Zukunft der kommenden Generationen aufzuzeigen. Gemeinsam ist diesen Stammesältesten, dass sie von der Zerstörung der Erde zutiefst beunruhigt sind. Sie bringen in den Rat ihre Weisheit, den Wissens- und Erfahrungsschatz ihres Stammes und all die gehüteten Geheimnisse, die ein Leben im Einklang mit der Natur und in Harmonie miteinander gewährleisten. Ihnen ist es wichtig, dass Traditionen am Leben erhalten werden, so dass schamanische Heilmethoden und pflanzliche Medizin wieder eingesetzt werden dürfen. Sie beschützen ihr Land und setzen sich für die Heilung von Mutter Erde ein. Natürlich hinterfragen sie unsere Verhaltensweisen und zeigen humor- und liebevoll Alternativen auf. Sie legen mutig auf dem Petersplatz in Rom ein Medizinrad für ein Heilungsritual und fordern den Papst auf, endlich anzuerkennen, dass vor Gott alle Menschen das gleiche Recht auf Leben haben.

Sie verbündeten sich, um die Völker daran zu erinnern, dass ein Leben, das nicht auf den Gesetzen der Natur beruht, ohne Wurzeln ist und deshalb nicht lange dauern kann. Denn es führt dazu, dass die Menschen negativ und selbstzerstörerisch werden und keinen Sinn mehr für die sie umgebende Schönheit der Schöpfung besitzen. Die 13 Großmütter teilen ihre Heilmethoden, Visionen, Gebete, Zeremonien, Rituale und ihre gesammelte Altersweisheit, damit die Welt geheilt werden kann. Sie setzen sich ein für den Frieden und das Leben, öffnen Herzen und Köpfe. Dadurch wird ihnen großer Respekt entgegen gebracht.

Von Erdwurzeln und Himmelsflügen

Dieses Buch richtet sich an all die Frauen, die sich intensiver mit sich selbst beschäftigen möchten, um innerlich zu wachsen und neue Wege zu finden.

Reisen in die Seelenlandschaft helfen, Stress zu reduzieren und unterstützen kreative Prozesse. Sie geben Halt und können eine wertvolle Kraftquelle sein. Die Methode des inneren Reisens ermöglicht, eigene Wahrnehmungen, Erfahrungen und Gedanken neu einzuordnen. Auf Seelenreisen können wir lernen, so unbefangen auf die Dinge zu schauen wie ein Kind und unsere Lebensfreude wiederfinden.

Das Bild, dass wir einen geheimen inneren Garten besitzen, in den wir uns für Tagträume zurückziehen, ist weltweit verbreitet. Ebenso der Gedanke, dass jeder eine ganz persönliche Seelenlandschaft besitzt, die er bereisen kann, um dort Entspannung und Ruhe zu erfahren. Hier kann man Unterstützung bei wichtigen Entscheidungen erhalten oder neues Wissen finden. Die Idee der Seelenlandschaft ist aus jedem Zeitalter und in jeder Kultur bekannt.

So hat zum Beispiel Dr. Felicitas Goodman (1914 - 2005, Kulturanthropologin, Tranceforscherin und Schriftstellerin) Körperhaltungen untersucht, die als kleine Statuen dargestellt oder in Höhlenmalereien in New Mexico überliefert sind. Beim Imitieren dieser Haltungen hat sie festgestellt, dass es sich um rituelle Körperhaltungen handelt, also um Heilhaltungen, die energetisieren und Medizin, Religion und Magie zusammenbringen. Heilung beinhaltet in diesem Zusammenhang nicht nur den Körper, sondern bezieht auch die geistig-emotionale Komponente und den spirituellen Aspekt mit ein. Die Vermutung liegt nahe, dass Männer und Frauen auf diese Weise innere Reisen unternahmen. Goodman fand heraus, dass sich das Bewusstsein stark verändert, wenn eine Trommel rhythmisch geschlagen wird, während man sich in den entsprechenden Körperhaltungen befindet. Dann tritt Trance ein, die einen Weg zu anderen Erfahrungsebenen öffnet. Durch tiefe Entspannung wird das Alltagsbewusstsein ausgeblendet, sodass das Unterbewusstsein die Führung übernehmen kann. Auf diese Weise machten Medizinfrauen tiefgreifende Veränderungen möglich: Der aus der Harmonie gefallene Mensch konnte wieder Vertrauen in sich und in das Leben finden. Dies war eine gute Voraussetzung, um wieder Verbindung mit seiner Seele zu erlangen, das damit verbundene Immunsystem zu stärken und die eigene Heilung zu aktivieren. Auch Yoga-Haltungen können als rituelle Körperhaltungen gesehen werden.

Der Pfad zu unseren eigenen Kraftquellen ist der Weg nach Innen - auf die andere Spiegelseite. Hier ist der Ursprung all der Energien, die uns auch im Außen begegnen. Wenn wir unsere Probleme auf der Seelenebene heilen, werden wir feststellen, dass sie uns äußerlich, im Alltag nicht mehr belasten.

Diese Zusammenhänge sind im östlichen Denken weit verbreitet und treffen auch hier im Westen zunehmend auf offene Ohren. Ein möglicher Weg, derartige Ebenen erstmals zu erfahren und mit der „Anderwelt“ in Kontakt zu treten, ist die „schamanische Reise“.

In traditionellen Gesellschaften auf allen Kontinenten galt die Schamanin, Medizinfrau oder Großmutter als wichtiges Stammesmitglied, denn sie war das Bindeglied zwischen dem „Großen Geist" und ihrem Volk.

Schamanentum ist keine Religion, sondern die älteste religiöse Tradition der Menschheit. Schamaninnen hüteten die Überlieferung der mündlichen Literatur. Sie waren Geschichtenerzählerinnen, Heilerinnen, Magierinnen, Lehrerinnen, Künstlerinnen, Kräuterfrauen, Kriegerinnen, Hebammen, Priesterinnen, Ärztinnen und Ratgeberinnen, die ihre vielfältigen Kräfte für das Wohl des Stammes einsetzten. Ihnen galten Tiere und Pflanzen als jüngere Geschwister der Menschen, für die sie verantwortlich waren. Auch das Land, auf dem sie lebten, behandelten sie wie eine Leihgabe, die ihnen für die Zeit ihres Lebens vom Großen Geist anvertraut wurde. Von der Erde sprachen sie so, als wäre sie ihre Mutter, weil sie die Menschen und Tiere mit allem Lebensnotwendigen versorgt.

Indianische Menschen sprechen viel von „Medizin". Medizinräder, Medizinfrauen und die Große Medizin. Medizin hat bei ihnen eine tiefere Bedeutung als bei uns, denn sie beinhaltet alles, was die Beziehung der Menschen zum Großen Geist, der Großen Mutter und zu allem Leben verbessert. Die Heilung des Körpers, des Denkens und des Geistes gehören dazu. Sie beinhaltet auch alles, was persönliche Macht verleiht, Stärke und Verstehen schenkt. Sie umfasst alle Themen, die das Leben der Familie, von Freunden, Tieren, Pflanzen und die Heimat betreffen. Bei dieser umfassenden Bedeutung von Medizin handelte es sich also um eine Lebensart, die die Harmonie aller Wesen in den Vordergrund stellt und die auch Schutz und spirituelles oder heiliges Potenzial beinhaltet. Ihre Botschaft an uns lautet: „Alles Leben ist heilig."

Sie erkannten, dass die Natur Kreisläufe erschafft für die Grundlagen des Lebens. So ist kein einziger Wassertropfen unserem Planeten hinzugefügt worden, seit die Weltmeere entstanden sind. Das Wasser verdunstet, fällt als Regen auf die Erde, wird durch Erdschichten gereinigt und findet seinen Weg zurück ins Meer. Es ist immer dasselbe Wasser, das die Menschen aller Generationen trinken.

Unsere Ahninnen hatten großen Respekt und unendliche Bewunderung für diese Zusammenhänge. Sie waren dem Kreislauf von Leben, Sterben und Wiederkommen eng verbunden. Überall auf der Erde wurden deshalb Medizinkreise gebaut. Diese Medizinräder findet man bei indianischen Völkern ebenso, wie bei den Kelten und Chinesen. So ist der Kreis weltweit ein Symbol für das Leben, die Einheit, Energie und Bewegung. Jede der vier Himmelsrichtungen und die Räume dazwischen repräsentieren bestimmte Energien, Tiere, Pflanzen, Kräfte und Qualitäten. Sie können wie Landkarten des Bewusstseins gelesen werden.

Kreisläufe, Spiralen, Jahreszeiten, Beratungskreise und kreisrunde Häuser stehen für die Verbundenheit allen Lebens miteinander. Frauen ist dies meistens sehr vertraut, denn sie treffen ihre Entscheidungen weniger häufig durch logisches, geradliniges Denken, vielmehr lassen sie sich eher von Gefühlen, intuitiven Eingebungen und Wachstumsbewegungen leiten. Jirina Prekop sagt: „Bei Frauen ist alles rund: die Brüste, die Hüften und genauso rund ist ihr Denken. Wenn es so rum nicht geht, finden sie einen anderen Weg…" und Lösungen, die auf diesen Wegen gefunden werden, sind oft sehr kraftvoll.

Der weibliche Weg kann auch überraschend kreativ sein: 75 bis 80-jährige Großmütter stürmten in Tucson/ Arizona das örtliche Rekrutierungsbüro der Armee, um sich dort registrieren zu lassen. Ihr Plan war, sich gegen ihre im Irak dienenden Enkelkinder austauschen zu lassen. Sie sagten, dass es natürlicher ist, wenn die Großeltern vor ihren Enkeln sterben. Aber vorher wollten sie sich dort mit den einheimischen Großmüttern gegen das fortgesetzte Morden auf beiden Seiten einsetzen.

Die Weisheit ihrer Jahre, ihre Vision von einem friedlichen Zusammenleben der Völker auf der Erde, aber auch ihren Humor, Zorn und Spott für die mächtigen Entscheidungsträger nutzten sie in einer aufrüttelnden Aktion. Diese fand absolut gewaltlos, doch unüberhörbar statt. Auch in weiteren Aktionen singen sie laut und lustig ihre selbst gedichteten Lieder nach bekannten Melodien.

Sie fordern andere Großmütter in der Welt auf: „Hoch mit eurem Hinterteil" und den Großvätern rufen sie zu: „Jungs, hört auf mit dem Kriegsspiel!"

Sie gestalten ihren Protest bunt, bestücken ihren Look aus Kleiderkammern mit wilden Hüten, dicken Ketten, grellen Farben, Flower Power und Mehl im Haar. Sie sind völlig angstfrei, denn wer wird verkleidete ältere Damen zusammenschlagen, die singen?

Raging Grannies haben sich inzwischen zu einer weltweiten weiblichen Protestszene entwickelt, die sich leidenschaftlich, intelligent und mit viel Spaß für eine bessere Welt für nachfolgende Generationen einsetzt.

Sie handeln natürlich nicht vernünftig, und doch zeugt ihre Aktion von einem tiefen Verstand, einer großen Liebe zum Leben, grundlegendem Mitgefühl und der Verbundenheit aller Menschen.

Indianische Lehrerinnen sagen uns, dass die Menschen ihre Verbindung zu Mutter Erde verloren haben als sie anfingen, eckige Häuser zu bauen und dem Intellekt in ihrem Leben eine Vormachtstellung zugestanden haben. So fielen die Menschen aus ihrer Mitte heraus und die weiblichen Qualitäten galten als weniger wichtig.

Diese Fehlentscheidungen hatten schwerwiegende Folgen. Doch Lehrerinnen sagen uns auch, dass wir eigentlich überhaupt keine Fehler machen können, weil alles in ihrem Weltbild einen verborgenen Sinn hat! Sie sind der Auffassung, dass es jetzt darauf ankommt, wie wir mit den Folgen unserer Handlungen umgehen. Sie fragen uns sehr eindringlich, ob wir bereit sind, die Verantwortung für unser Leben und alles, was uns anvertraut worden ist, zu übernehmen.

Auf welche Weise wir die Aufgaben erfüllen, die auf unserem Weg liegen, zeigt ihnen, ob wir die richtige Richtung einschlagen.

Tiere werden von diesen naturverbunden lebenden Frauen für jeden Menschen als wichtige Lehrer angesehen, weil sie durch ihre Verhaltensweisen Botschaften überbringen. So ist es auf dem uralten Weg wichtig zu wissen, welches Krafttier einen begleitet. Auf diese Weise kann eine Frau ihre persönliche Macht erlangen und verstehen, welche Rolle sie im Leben auszufüllen hat.

So beschreibt die bekannte Pianistin Helene Grimaud in ihrem Buch: „Wolfssonate“, wie befreiend und beglückend für sie die Begegnung mit Wölfen ist, für die sie ein vielbesuchtes Gehege im Staat New York eingerichtet hat.

Auf der Suche nach Wahrheit war und ist die Natur die größte Lehrerin der Menschheit.

Ihre ursprünglichen Lektionen sind einfach, präzise und voller Weisheit und bringen uns zurück zu unserer inneren Mitte. Sie lehrt die Menschen, dass sie das Naheliegende im Schweigen, im still gewordenen Denken finden.

In der magischen Phase zwischen dem zweiten und sechsten Lebensjahr teilen Kinder diese natürliche Perspektive mit den Völkern, die völlig naturverbunden leben. Was das Kind denkt oder erlebt, sieht es in der magischen Logik als Ursache für vieles, was geschieht. Alles ist möglich, Gegenstände sind belebt und haben einen eigenen Willen:

Die Tür geht nicht zu, weil sie es nicht will. Es regnet, weil die Wolken traurig sind. Das Kind hat Angst, über eine Brücke zu gehen, deren Holzbretter Spalten haben, weil es hindurch fallen könnte. Die Enten lachen das Kind aus.

Als Erwachsene denken wir manchmal auch auf diese Weise. So sagte zum Beispiel die Cellistin Anja Lechner in einer Radiosendung: „Das Cello hat sich entschieden, zu mir zu kommen."

Musiker und Sänger sprechen davon, dass der Ton atmet. Sie wissen, dass jedes Klavier und jede Geige eine eigene Persönlichkeit besitzt, die dadurch beeinflusst wird, wer seinen Eindruck hinterlassen hat, indem er das Instrument spielt.

Meine Tochter meint: „Der Laptop will sich nicht mit W-LAN verbinden."

Doch häufig ist uns diese Erfahrungswelt durch die intellektuell ausgerichtete Schulbildung fremd geworden. Trotzdem: Wer mit Kindern lebt, wird sich auch an eigene Erfahrungen dieser Art erinnern.

So zeigt die menschliche Entwicklung, dass es wichtige, grundlegende Erfahrungsebenen gibt, die eine ebenso große Berechtigung haben wertgeschätzt zu werden, wie logisch, schlussfolgernde Fähigkeiten. Auch unser tägliches Leben zeigt, dass Gefühle, Zufälle, zwischenmenschliche Begegnungen, Eingebungen, Kreativität und das Denken in Zusammenhängen eine große Bedeutung haben. Diese ganzheitlichen Bereiche werden der rechten Gehirnhälfte zugeschrieben.

Unsere individuellen Fähigkeiten lassen darauf schließen, dass die Nutzung beider Gehirnhälften, also die Kombination von logischem und ganzheitlichem Denken, bei jedem so einzigartig ist wie sein Fingerabdruck. Unser Intellekt verleitet uns jedoch häufig dazu, zu urteilen, zu klassifizieren und uns gegenseitig zu bewerten. Dies ist so, als wolle man entscheiden, ob eine Glockenblume wertvoller ist als eine Heckenrose, oder ob Flieder schöner duftet als Pfefferminze. Jeder Mensch verfügt über seine einzigartige Kombination von Fähigkeiten - auf welcher Ebene auch immer, und erst diese Vielfalt macht das Leben bunt.

Platon sagt: „Es gibt einen Platz, den du füllen musst, den niemand sonst füllen kann, und es gibt etwas für dich zu tun, das niemand sonst tun kann.“

Die Frau, die ihren Platz kennt, hat herausgefunden, was sie lieber tut als alles andere und was ihrem Leben einen Sinn gibt. Auf dem Weg dorthin lernt sie die eigenen Stärken wahrzunehmen, ebenso wie ihre Schwächen.

Viele Biografien von starken Frauen zeigen, dass gerade eine Wunde oder Schwäche, ein Fehler oder Bruchstellen und Risse im Lebensweg zur Quelle höchster Kraft werden können.

Nehmen wir zum Beispiel eine Designerin, die ihr Kind verloren hat. Wie kann eine Mutter ihrem Lebensweg wieder etwas Positives abgewinnen? Wird sie einfach entscheiden zu sterben, um bei ihrem Kind zu sein? Oder wird sie beginnen ein persönliches Museum einzurichten?

Sie versank wie viele verwaiste Eltern in ihrem Schmerz und musste, um weiterleben zu können, etwas finden, dass ihr Herz wieder zur Ruhe kommen ließ. Sie fragte sich, was entsprach meinem Kind am meisten? Wie war sein Weg, den ich zu meinem machen kann? So fand sie ihr Glück wieder, als sie ihr eigenes Schicksal annehmen konnte. Dies geschah nach einiger Zeit, als ihr Beruf sie wieder in seine Arme schloss und sie begann, mit Materialien zu spielen, wie es ihr Kind getan hatte.

Nun hinterlassen ihre Gefühle und Gedanke sichtbare Spuren in ihren Kunstwerken. Ihre Objekte drücken das Formlose aus, und sie schafft wunderschöne Dinge, die die Herzen anderer Menschen berühren. Denn sie zeigen etwas, was sie in den eigenen Tiefen gefunden hat.

Seelen-Abdrücke fließen durch ihre Hände in das Material und es entstehen einmalige Objekte. Der Schicksalsschlag hat ihre Empfindungen aus dem inneren Reich der Seele ans Tageslicht gelockt, sodass ihre Kunst zu einem Ausdruck ihrer Gesamtheit geworden ist. Sie heilt sich selbst immer mehr, indem sie ihren Gefühlen, Erfahrungen und Träumen eine Gestalt verleiht.

Diese Seelenbotschaften schenken ihren Werken Kraft, Klarheit und ein besonderes inneres Leuchten.

Menschen, die ihre Kunst kennen lernen und ihren kreativen Ausdruck lieben, werden durch sie und ihre Arbeiten angeregt, sich ebenfalls mit dieser archaischen Kraft auseinanderzusetzen. Und auch sie werden irgendwann zu den „Ur-Sachen" zurückkehren, um dann intensiver zu leben. Die Künstlerin lebt nun ihren Traum und ist wieder bei sich angekommen.

Um in Harmonie mit anderen Menschen und der Natur zu leben, war es beispielsweise bei nordamerikanischen Ureinwohnern selbstverständlich so zu handeln, dass ihre Ahnen geehrt wurden. Die Menschen bemühten sich, dem Willen und Beispiel ihrer Vorväter und Großmütter zu entsprechen.

Wenn unsere Ur-Ur-Großmütter heute durch die langen Zeitkorridore auf uns blicken:
Was denken sie darüber, wie wir leben?
Was löst es in ihnen aus, dass viele Kinder auf der Welt verdursten, verhungern und schlecht behandelt werden?
Was sagen sie dazu, wie wir mit der Natur umgehen?
Und was würden sie uns raten?

Indianische Völker achteten darauf, dass den nachfolgenden sieben Generationen kein Schaden durch ihre Handlungen zugefügt wurde.

Anders als wir, dachten sie an ihre geborenen und noch nicht geborenen Kinder und Enkel und sie waren sich der eigenen beschränkten Wichtigkeit im größeren Zusammenhang bewusst.

Sie verstanden sich als Hüterinnen der Erde. Von diesen Völkern können wir auch heutzutage lernen, die Wildnis zu verstehen.

„Als die Erde mit all ihren Lebewesen geschaffen wurde, war es nicht die Absicht des Schöpfers, dass nur Menschen auf ihr leben sollten. Wir wurden zusammen mit unseren Brüdern und Schwestern in diese Welt gesetzt, mit denen, die vier Beine haben, die fliegen können, und mit denen, die schwimmen. All diese Lebewesen, auch die kleinsten Gräser und die größten Bäume, bilden mit uns eine große Familie. Wir alle sind Geschwister und gleich an Wert auf dieser Erde."

(aus der Danksagung der Irokesen)

Die respektvolle Haltung anderem Leben gegenüber schenkte diesen Frauen und Männern Würde und innere Größe. Für sie war es selbstverständlich, dass sie nur das nahmen, was das Land ihnen gab - nicht mehr.

Eine Ausnahme wurde nur gemacht, wenn ihr Überleben sonst nicht gesichert gewesen wäre.

Es war zum Beispiel ein Tabu alle Heilpflanzen einer Sorte mitzunehmen, die an einem Ort wuchsen. Würde jemand die gesamte „Pflanzenfamilie" abpflücken, müssten dafür nachfolgende Menschen oder Tiere leer ausgehen.

Eine Quelle zu verunreinigen oder mehr Wild zu jagen als gebraucht wurde war natürlich ebenfalls verboten. Solch ein selbstsüchtiges Verhalten hatte harte Strafen zur Folge, denn es zerstörte die Lebensgrundlage und Ordnung des gesamten Stammes und der natürlichen Ordnung. Diese ethische Haltung wurde von einer Generation an die nächste weitergegeben. Frauen brachten sie ihren Töchtern und Söhnen bei und der Clan hütete diese Tradition. Auf diese Weise wurden über viele Jahrhunderte Lebensbedingungen geschaffen, die auch den Urenkeln saubere Luft, klares Wasser und eine vielfältige, reiche Natur mit Wäldern, Wild und Heilkräutern hinterließ.

„In meiner Jugend sah ich auf den Prärien riesige Büffelherden, und in jedem Wald traf man auf Elche, doch sie sind nicht mehr hier, sie sind gen Sonnenuntergang gezogen. Viele hundert Meilen weit lebte kein Weißer, doch jetzt findet man über das ganze Land verstreut Handelsposten und Siedler, und in ein paar Jahren wird man den Rauch ihrer Hütten aus jedem Wäldchen aufsteigen sehen, und die Prärie wird mit großen Getreidefeldern bedeckt sein."

Shabonee, Potawatomi

Als die Europäer Indianerland betraten, fanden sie es unberührt vor und zwei völlig unterschiedliche Welten prallten aufeinander: Die Europäer sahen Wildnis und urwüchsige Natur mit großen Schätzen und vielen verschiedenen Tieren. Sie fühlten sich den „unwissenden" unzivilisierten Naturmenschen haushoch überlegen. Die Ureinwohner wiederum sahen die Natur als einen Bestandteil der realen Welt und konnten nicht verstehen, wie man die Erde besitzen kann - genauso wenig, wie man Wasser, Berge oder Sterne zu seinem Eigentum machen kann. Sie sahen sich als Kinder von Mutter Erde, die ihre Gaben großzügig mit allen Lebewesen teilt und verwischten ihre Spuren, um die Erde nicht zu verletzen oder ihre Harmonie, Ausgewogenheit und Schönheit zu zerstören.

Jeder Mensch, der ganz mit der Natur verbunden lebt, erkennt, dass er von sinnvollen Dingen umgeben ist. Die Natur und die Tiere zeigen ihm die Ordnung der Welt.

Er lernt, das Verhalten und die Spuren der Tiere zu lesen. Er kann den Wind und die Wolken interpretieren, Fallen entdecken, Wasser finden und es reinigen, Feuer machen, Nahrung, Heilkräuter und Höhlen ausfindig machen und vieles mehr.

Auch sein eigenes Leben empfindet er als sinnvoll, denn auch er ist selber Natur, ein Teil von „Allem was ist". Er weiß, dass alles, was einen Sinn hat, so bleiben darf, wie es ist.

Respekt, Dankbarkeit und Rituale gehörten zum geistigen Rüstzeug der Naturfrauen. Sie hatten gelernt zu schweigen, zu staunen, offen zu sein für das Unerwartete und auf ihre Intuition zu hören. Oft hatten sie die Gaben des Horchens, der Nachtsicht und den „Röntgenblick“, einen ausgeprägten Tastsinn und Scharfblick. Sie konnten Energien wahrnehmen, bevor sie für die äußeren Augen sichtbar wurden und waren davon überzeugt, dass alle Geschöpfe Gefühle haben. Dadurch, dass sie auch deren einzigartige Kommunikationsweisen kannten und Tierlaute imitieren konnten, riefen sie Tiere oder warnten sie. Diese Ahn-Frauen waren eingebunden in die Natur, ihre Familie, den Clan und alles Leben, das sie umgab. Auf diese Weise fand jede einzelne ihre Bestimmung, ihren Platz und ihr persönliches Maß. Oft geschah dies mit Hilfe einer Visionssuche, die eine besondere Form der Seelenreise darstellt. Hierbei kamen sie in Kontakt mit dem uralten Schatz des Wissens in ihnen selbst, indem sie auf die innere Heilerin, Seherin, Lehrerin oder Kriegerin trafen.

„Tradition ist die Weitergabe des Feuers
und nicht die Anbetung der Asche."

Gustav Mahler (1860 – 1911, österreichischer Komponist)

Im Sturm der Veränderung
Welchen Hafen steuern wir an?

Anders als unsere Ahninnen, leben die meisten von uns in Städten und haben ihre Erfahrungen dort gesammelt. Die Wildnis ist nicht mehr unsere Heimat, sondern eher ein Ort, dessen Bewohner und Spielregeln wir nicht mehr kennen. Kaum eine Stadtfrau traut sich zum Beispiel, unter freiem Himmel zu übernachten, obwohl es hier keine Bären, Giftschlangen oder gefährlichen Raubtiere gibt.

Trotzdem lieben wir die Natur, genießen die Sonne und einen Waldspaziergang, erholen uns am Meer, erfreuen uns an Blumen und Vogelgezwitscher. Denn wir spüren instinktiv, wie nah uns alles ist, was lebt. Und wir erfahren, wie wir uns selbst wieder nahekommen, wenn wir uns im Freien aufhalten.

In unserer Gesellschaft werden analytischen Qualitäten, die der linken Gehirnhälfte zugeordnet sind, besonders hervorgehoben, wertgeschätzt und geschult. Wenn wir uns aber daran erinnern, was uns wirklich beeindruckt und geprägt hat, sind dies Situationen, in denen wir bestimmte Dinge gefühlt oder wahrgenommen haben. Meistens kam erst im Nachhinein das Denken und Reflektieren über das Erlebte hinzu.

Fast jede hat in den ersten Schuljahren schön geschrieben, um der Lehrerin eine Freude zu machen. Erst in den höheren Klassen konnten wir auch bei ungeliebten Lehrern gute Leistungen bringen, weil wir das nötige Abstraktionsvermögen entwickelt hatten.

In den ersten sieben bis vierzehn Jahren leben wir im Wesentlichen auf der Gefühlsebene. Wenn eine Fünfjährige barfuss auf kalten Fliesen läuft, erklären wir ihr, dass sie sich erkälten wird und wieder so schlimmes Halsweh bekommen wird, wie das letzte Mal, als sie mit nackten Füßen auf Steinboden herumlief.

Die Erwachsenen gehen natürlich davon aus, dass das Kind diese einfachen Erklärungen versteht - spätestens beim sechsten Mal. Danach werden sie ungeduldig oder zweifeln an der Intelligenz ihres Sprösslings, weil keine Einsicht folgt.

Aber diese Kommunikation verläuft ungefähr so, als würde der Eine englisch sprechen und der Andere chinesisch verstehen. Unsere Art des Erlebens ist nicht die gleiche wie die kleiner Kinder. Denn sie vertrauen völlig ihren Sinnen und verstehen nur, was sie fühlen und wahrnehmen können. Sie lernen, indem sie alles nachahmen, was wir tun, und reagieren ausschließlich auf die Primärsprache, nämlich die Sprache unseres Körpers. Wenn wir etwas erklären, interpretieren sie die Signale, die wir durch Mimik, Gestik und Handlungen intuitiv aussenden.

Sie erforschen die Welt, indem sie alle Sinne nutzen. Darum stecken sie alles in den Mund, fassen es an, um es zu „be -greifen" oder nehmen es auseinander, um zu sehen, wie es funktioniert. Ihre Neugierde ist ein Zeichen ihres Wissensdurstes. Sie wollen die Welt erfahren und sie sich vertraut machen. Es reicht nicht, sie zu warnen: „Der Herd ist heiß." Sie wissen es erst durch Erfahrung.

Sie tragen alles, was sie tun, auf der Zunge und führen Selbstgespräche, um es auf diese Weise zu verinnerlichen: „Nelly zieht sich an." Später wird sich Nelly mit „ich" ansprechen, aber das beschreibende Sprechen findet noch lange statt. Dies ist die Ebene, auf der wir kleine Kinder erreichen können. Wenn sich Eltern angewöhnen, ebenfalls

„laut zu denken" und einfach auszusprechen, was sie gerade tun, sprechen sie die gleiche Sprache wie ihre Kinder und werden von ihnen verstanden.

Das innerliche Sprechen oder laute Denken ist als Problemlösungsverhalten übrigens auch bei vielen Erwachsenen zu beobachten, wenn sie mit sich selber diskutierend spazieren gehen oder im Auto sitzen.

In unserer Gesellschaft hat uns die einseitige Ausrichtung der Erziehung fast ausschließlich auf intellektuelle Leistungen sowohl von der Natur als auch von unseren Träumen entfremdet. Diese „Kopflastigkeit" lässt bei vielen Frauen und Männern die Sehnsucht nach dem inneren seelischen Reichtum wachsen. Die Bildungskrise (unaufmerksame Schüler, schlechte Lernleistungen deutscher Schüler im internationalen Vergleich, viele Kinder mit Aufmerksamkeits-Defizit-Syndrom etc.) zeigt deutlich, dass neue Konzepte notwendig sind. Jedes vierte Schulkind leidet unter Bauch- und Kopfschmerzen, Schlafstörungen und Schwindel. Ihre Lehrer klagen darüber, dass sie unkonzentriert und ängstlich sind, sich leicht ablenken lassen und zu Depressionen neigen oder durch ihr unangemessenes Sozialverhalten und durch Wutanfälle auffallen. Viele Jugendliche sind desorientiert, unglücklich und haltlos. Da sie sich emotional inmitten eines Gewitters befinden, kann manchmal ein banaler Anlass eine Kaskade roher Gewalt auslösen.

Die Gründe hierfür mögen vielfältig sein: Stress durch Leistungsdruck und hohe Erwartungen, Reizüberflutung, aber auch Orientierungslosigkeit durch fehlende Vorbilder, Sinnentleerung oder zu wenig Anerkennung und menschliche Wärme.

Pädagogische Projekte mit diesen Kindern, die Aufenthalte in der Natur, in ganz ursprünglichen Unterkünften beinhalten, zeigen, wie schnell sich diese desorientierten Kinder beruhigen.

Kinder und Jugendliche spüren, dass die äußere materielle Welt nicht die einzige Realität sein kann. Ihre Seele lässt sich nicht täuschen und weiß, dass die im Fernsehen und in anderen Medien, die ihr Leben bestimmen, präsentierte „gepuderte“ Natur nichts mit dem Erlebnis in der unberührten Wildnis gemeinsam hat. Sie verbringen ihre Freizeit meistens im Haus. Auf einem Bauernhof Tiere zu füttern, Zäune zu ziehen, auf Bäume zu klettern, Butter selber herzustellen, am Feuer Stockbrot zu backen und die Natur in verschiedenen Jahreszeiten zu erleben ist für Stadtkinder selten. So leiden viele Kinder schon mit 12 Jahren an einem „Natur-Defizit-Syndrom“.

Doch junge Frauen suchen Herausforderungen und wollen sich von ihrer Phantasie beflügeln lassen. Mit achtzehn wollen sie nicht schon für die Rente sparen und anfangen, in der Bank zu arbeiten. Ihnen steht der Sinn danach, ihre Kräfte zu erproben, nachts im Meer zu schwimmen, ihre Flügel auszubreiten und Grenzen zu überschreiten. Sie möchten reisen, um andere Menschen, Sprachen und Lebensweisen, fremde Kulturen und Länder kennenzulernen. Sie wollen etwas erleben, Abenteuer bestehen, sich lebendig fühlen und etwas tun, das ihnen den Atem raubt, wie einer Löwin in die Augen schauen oder Schlangen beobachten. Ihre tiefe Sehnsucht ist es, sich selbst zu überraschen, mit Erfahrungen, die sie dazu bringen, sich ganz selbst zu gehören. Und sie möchten wissen, wofür sie leben. Sie sehnen sich danach, im Leben etwas zu vollbringen, was sie einmalig macht.

Sie suchen ihr Glück, wollen ihre Träume träumen und alles dafür tun, dass diese Wirklichkeit werden. Sie sind bereit, dafür Risiken einzugehen und ihren Ängsten die Stirn zu bieten. Doch manche hält die Angst Fehler zu machen zurück. Sie sind noch die liebe Tochter, die es allen recht machen möchte. Und doch sollte sie mutig ihren eigenen Weg gehen.

Da es jedoch für keine Frau und keinen Mann möglich ist, alle Wege gleichzeitig zu gehen, brauchen unsere Töchter, Nichten, Enkelinnen ebenso wie unsere Söhne, Neffen und Enkel Wurzeln und gleichzeitig auch Flügel.

Tiefe und starke Wurzeln geben ihnen in den Stürmen des Lebens Sicherheit, Bodenhaftung, innere Stärke und Halt.

Flügel lassen sie sich frei bewegen, um aus der Reihe tanzen zu können, um etwas Unvernünftiges zu tun, ihre Ideen mutig zu vertreten und einfallsreich handeln zu können. Nur so können sie ihre eigenen Stärken herausfinden.

Eine unterschwellige Sehnsucht nach etwas Namenlosem und ihr Hunger nach Sinn lassen sie Fragen stellen:

Wer bin ich?
Wer war vor mir?
Was macht mich aus?
Wer kommt nach mir?

Es geht auf dem Lebensweg um das Sammeln und Finden, um Wiederentdecken und neu Erfinden. Es geht darum, die eigene Identität und den inneren Kompass zu finden. Es geht um Harmonie, inneres Wachstum und Wandel.

Veränderungen gehen häufig von einzelnen charismatischen Personen aus, die eine Vision haben. Antoine de Saint-Exupéry drückte dies mit folgenden Worten aus:

„Wenn du ein Schiff bauen willst, so trommle nicht die Männer zusammen, um Holz zu beschaffen, Werkzeuge vorzubereiten, Aufgaben zu vergeben und die Arbeit einzuteilen, sondern lehre die Männer die Sehnsucht nach dem weiten endlosen Meer."

Als Menschheit teilen wir die Hoffnung und den Traum, dass diese und nachfolgende Generationen auf der Erde leben werden und mit allem Notwendigen versorgt sind.

Damit dies geschehen kann, ist es notwendig, dass wir alle kreativen Kräfte nutzen, ebenso wie die Ressourcenvielfalt, die die Erde bietet.

Das bedeutet, dass besonders wir Frauen zu Expertinnen des Wandels werden müssen. Ein Cheyenne-Sprichwort sagt: „Ein Volk ist nicht besiegt, bis das Herz der Frauen am Boden liegt." Der weibliche Weg ist die Verbindung von Intellekt und Intuition. Wir müssen also lernen, wieder auf unsere innere Stimme zu hören, Kontakt zum eigenen Herzen aufzunehmen und uns für Erfahrungen der Seele zu öffnen, die voller Geheimnisse und tiefer Bedeutung für jede von uns ist.

Außerdem sind globale neue Perspektiven nur möglich mit Hilfe der gemeinsamen kollektiven Intelligenz und Weisheit, denn: „Wir sind alle miteinander verwandt." (Lakota)

Und natürlich ist jetzt endlich die Anwendung kluger, unschädlicher Technologien angesagt.

Nur ein Wandel im Denken und Handeln kann uns die Freiheit und Wildheit zurückbringen, die wir brauchen, um die notwendigen Veränderungen zu bewirken. Nur das, was sich neuen Gegebenheiten anzupassen vermag, nur das, was schreitet, bleibt. Wenn uraltes Wissen weitergegeben wird von einer Frau zur nächsten, können wir entsprechend handeln, um dem Stillstand und der Lethargie zu entkommen.

Bei einem Baum ist ein Zweig leicht von einem Kind zu brechen. Werden aber mehrere dieser Zweige zusammengebunden, sind sie selbst von Erwachsenen nur schwer zu knicken. Dies ist eine Metapher dafür, dass die Einigkeit vieler Menschen oder Völker eine Wandlung auf der Erde bewirken kann.

Es ist eine bekannte Erfahrung, dass beim Überschreiten einer „kritischen" Masse, die Energie sozusagen „umkippt", ähnlich wie wenn ein Schalter umgelegt wird.

Gut zu beobachten war dieser Vorgang, als sich nach jahrelangem exzessivem Rauchen in der Gesellschaft die Wertemaßstäbe ins

Gegenteil verkehrten. Raucherin zu sein war normal. Die Zigarette nach dem Essen sorgte für Gemütlichkeit und stärkte das Gefühl, dazu zugehören. Jede Nichtraucherin stand in diesen Situationen etwas im Abseits. Innerhalb von kurzer Zeit haben sich jedoch die Maßstäbe verschoben. Nun ist Rauchen an vielen Orten untersagt und Raucher-Entwöhnungs-Kurse boomen.

Dies ist auch ein Beispiel dafür, wie die Erkenntnis, ein für alle schädliches Verhalten hinter sich lassen zu wollen, zu einer gesellschaftlichen Bewegung führen kann.

Auf der anderen Seite greift aber gleichzeitig die allgemeine Sinnentleerung weiter um sich, und die Menschheit sägt sich selber den Ast ab, auf dem sie sitzt. Dies ist der Fall, wenn wir alles umsetzen, was wissenschaftlich und technisch machbar ist. Wenn wir weder an die Folgen denken, noch die Verantwortung für die Konsequenzen tragen.

Die Deponien gefährlich strahlender Materie in rostenden Fässern in Bergstollen und im Meer zählen dazu. Die Strahlung des Atommülls hält über 800 000 bis zu einer Million Jahre an. Wenn wir alles pflanzliche Plankton im Meer zerstören, wird das Leben vernichtet, weil es keinen Sauerstoff mehr gibt, da wir gleichzeitig auch die Balance stören, indem unsere Wälder abgeholzt werden.

Experimente mit Erbgut von Pflanzen, Tieren und Menschen haben Folgen, die unabsehbar sind für alles zukünftige Leben auf unserem Planeten. Ein weiteres Problem sind medizinische Versuche ohne ethischen Anspruch mit überzähligen Embryonen, Leihmutterschaft oder anonyme Vaterschaft durch Spendersamen.

Die seelischen Wirkungen auf Eltern, Kinder und Geschwister bleiben nicht geheim und zeigen sich zum Beispiel deutlich bei Familienaufstellungen. Sie werden dadurch sichtbar, dass die Balance der gesamten Familie verloren geht, wenn Mitglieder ausgeklammert werden, so als gäbe es sie gar nicht. Häufig sind dies die unbekannten Väter (Samenspender), möglicherweise auch frühere Ehepartner oder nicht geborene oder früh verstorbene Geschwister.

Eine Familie ist bildlich und energetisch gut mit einem mehrstöckigen Mobile zu vergleichen, wobei die unterschiedlichen Ebenen den Generationen der Familie entsprechen. Die Großeltern sind ganz oben, dann kommen die Eltern, darunter die Kinder und in der untersten Ebene die Enkel. Wenn nun Teile von diesem sensiblen Gebilde entfernt werden, gerät das gesamte Mobile in eine Schieflage. Nach heftigem Hin- und Herschaukeln verliert es für immer seine Leichtigkeit, Harmonie und Schönheit, denn kein Teil ist mehr dort, wo es vorher war und hingehörte. Erst wenn man das Mobile neu austariert und die entfernten Elemente wieder ihren Platz erhalten, kann eine gute Ordnung gefunden werden.

Genauso ist es in Familiensystemen. Denn wir tragen in unserem Herzen ein Bild von unserer Familie. Oft geschieht dies unbewusst, aber meistens wissen wir, wer zu unserer Familie gehört. Wenn nun Familienmitglieder - aus welchen Gründen auch immer - ausgeklammert, vergessen, verstoßen, verachtet, fortgeschickt, verleumdet werden oder irgendwie verloren gingen, entspricht dies dem Entfernen der Mobileteile. Die Folgen von diesen totgeschwiegenen Familienmitgliedern haben erfahrungsgemäß die Kinder- oder Enkelgenerationen zu tragen. Niemand kennt dann mehr seine eigene Rolle im Familienverbund und hat es darum auch schwer, seinen Platz im Leben zu finden. In Familienaufstellungen zeigt sich, dass später Geborene aus unbewusster Liebe zu den nicht gesehenen oder vergessenen Familienmitgliedern häufig auch nicht glücklich leben können, bis die ausgeklammerten Menschen ihren Platz in der Familie wieder einnehmen können. Dies kann in einer Aufstellung geschehen.

Es wird immer klarer, dass ein Konzept vom Leben, das die Verantwortung für die Folgen der eigenen Handlungen nicht erkennt und verdrängt, letztendlich hohl und trivial ist. Wer mit Lebewesen experimentiert stumpft häufig ab, wird unfähig zum Mitgefühl und mit der Zeit auch zur Liebe.

Wir müssen uns jedoch dem Leid und Tod stellen, dem Abschied und den Grenzen, der Gesundheit und Krankheit. All dies ist Leben. Wie Licht und Schatten, Freude und Kummer.

„Nichts lebt lange, nur die Erde und die Berge.“
Aus einem Lied der Cheyenne.

Heutzutage stören viele Frauen und Männer die Selbstverwirklichung der zukünftigen Generation, weil sie nicht die Verantwortung für ihre eigene psychische Gesundheit übernehmen und ihre seelischen Wunden nicht heilen. Wenn Ängste und innere Dämonen verdrängt werden, wachsen sie und werden größer. Haben wir aber den Mut in sie hineinzuspüren, sie zu durchleben und zu akzeptieren, können wir sie hinter uns lassen. Dann können wir ohne unsere Verlust-, Todes- und Überlebensängste „Ja" sagen zum Leben. Wir gehen dann aufeinander zu und können das Leben miteinander teilen.

Weil wir in unserer Gesellschaft nicht die Natur, sondern stattdessen nur die Geschäftswelt als real ansehen, sorgen diese Generationen nicht für die Sicherheit des Lebens. Wir verseuchen die Luft, so dass immer mehr Kinder Atembeschwerden haben. Öl fließt in riesigen Mengen in den Ozean und schadet Mensch und Tier. Die Erde, in die unsere Enkel ihre Kartoffeln legen, um sie zu ernten, haben wir radioaktiv verstrahlt. Jahrtausende alte Bäume werden gefällt, damit dann Papier für Werbeblättchen daraus entsteht. Tiere verlieren ihren Lebensraum, weil wir ihn zerstören, Tausende von Pflanzen- und Tierarten verschwinden für immer von der Erde…

„Denkt nicht immer an euch selber, oh Chefs, auch nicht an eure eigene Generation, denkt an die kommenden Generationen eurer Familien, denkt an eure Großkinder, an die noch Ungeborenen, deren Gesichter aus der Erde kommen."

Peacemaker, Gründer der Irokesen-Konföderation

Oft handeln die Verantwortlichen im Verborgenen und hoffen, dass sie niemand dabei erwischt, wenn sie etwas tun, was der Lebensgrundlage aller schadet. Mit solch einem Verhalten befinden wir uns als Menschheit jedoch auf der Entwicklungsstufe einer Zweijährigen, die sich beim Versteckspiel die Augen zuhält und denkt, wenn sie uns nicht sieht, sehen wir sie auch nicht. Wir müssen dieses infantile Verhalten jetzt endlich hinter uns lassen, denn sowohl unsere Kinder als auch deren Kinder haben die Folgen zu tragen. Wir haben lange genug nach dem Motto gelebt: „Nach uns die Sintflut.“ Wenn wir nicht schon in dieser Generation unseren Planeten ruinieren wollen, müssen wir also sehr schnell lernen, auf neue Weise zu denken. Wir brauchen dringend innovative und konstruktive Pläne, ungewöhnliche Ideen und neue Erkenntnisse, um aus der Vergangenheit zu lernen und weise Entscheidungen treffen zu können. Nur wenn lebensfeindliche Denkwege verlassen werden, können ganzheitliche und verantwortungsbewusste Lösungen gefunden werden, die niemandem schaden!

Lessing sagte: „Lese jeden Tag etwas, was sonst niemand liest. Denke jeden Tag etwas, was sonst niemand denkt. Tue jeden Tag etwas, was sonst niemand albern genug wäre, es zu tun. Es ist schlecht für den Geist, andauernd Teil der Einmündigkeit zu sein.“

Dieses unkonventionelle Denken können Frauen auf Reisen in die Seelenlandschaft kennenlernen, indem sie sich neuen Bewusstseinsebenen öffnen. Innenreisen lassen sich mit jeder Lebensform und jedem Frauenalltag vereinbaren. Früher waren schamanische Reisen immer dann angebracht, wenn der Stamm wichtige Entscheidungen zu treffen hatte.

Auch heute müssen wir neue Lösungen für sehr viele Probleme finden. Doch uns stehen auch ganz viele Wege und Möglichkeiten offen, die bisher noch nicht genutzt wurden.

Wir können diese Wege lernen von Menschen, die eine ganz andere Weltsicht entwickelt haben als wir.

Der große Unterschied zwischen früheren Kulturen und der heutigen Zivilisation ist die Trennung zwischen „Natur–wissen-schaft„ und Religion.

In früheren Zeiten wurde das Wissen um die Natur durch sinnliche Erfahrung erlebt. Daraus erwuchs Respekt, Demut und Achtung vor jeder Lebensform und vor der Kraft, die der Ursprung allen Lebens ist. So entstanden schamanische Rituale, Traditionen und Religionen. Ahninnen erforschten die Natur auf viele verschiedene Arten, um sie zu verstehen und hielten sie in Ehren. Während wir heute die Welt bei dem Versuch, sie zu verbessern, auseinandernehmen.

Indianische Schamaninnen, indische Heilige und weise Frauen, hawaiianische Heilerinnen, brasilianische Medien, Nachkommen von den Mayas - sie alle sind bereit, ihr Wissen mit uns zu teilen. Sie besaßen keine Schrift, aber Ihre Geschichten und ihr Wissen wurden von einer Generation an die nächste weitergereicht, wie ein Laib Brot, von dem sich jede ein Stück abbricht.

Ihre Erfahrungen, Mythen und Erzählungen waren oft rückwärtsgewandt und enthielten Berichte über Verluste und Erfolge, Schilderungen davon, wie Menschen reagieren und Konflikte lösen, wie sie durch Humor die Stimmung retten, durch wunderbare Begegnungen mit Tieren, Menschen oder fremden Wesen eine neue Richtung finden oder wie sie durch Gebete und die Liebe gerettet oder geheilt wurden. Sie enthalten das, was den Menschen gemeinsame Wurzeln schenkt.

Häufig enthielten sie auch Vorwärtsgewandtes und erzählten von Visionen. Sie gaben heiliges Wissen weiter, wie das der Medizinräder, so dass jeder seinen Platz im Leben finden konnte. Auch die Wirkung von Heilpflanzen gehörte dazu, wie traditionelle Gesänge und Riten. Heilige Gegenstände wurden vertrauensvoll von einer Hand in eine jüngere gelegt und uralte Sagen wurden durch erzählen davor bewahrt, sich zu verflüchtigen.

Das Wissen der Frauen, die in naturverbunden lebenden Völkern in Ehren gehalten und bewahrt wurde, ist heutzutage unsere Rettung. Alle Zeichen sprechen dafür, dass wir bestimmte Bereiche des Lebens so sehr vernachlässigt haben, dass jeder erkennt, dass diese Lebensart keine Zukunft hat.

Uraltes Frauenwissen liegt vor uns.
Wir müssen nur bereit sein, zuzuhören.

In ihren Traditionen musste man sich geheimes Wissen durch jahrelanges Dienen erwerben.

Doch heute liegt es offen vor uns, so dass wir es nutzen können.

Wenn Sie in Ihre Seelenlandschaft reisen, um dort Ihre inneren

Schätze zu entdecken, dann erfährt die Welt eine Umarmung, die darauf gerichtet ist, die Geheimnisse des alten Wissens mit den modernen Entwicklungen des Westens zu umfangen.

Durch diese magische Verschmelzung können Sie im Laufe der Zeit die Geburt Ihrer wahren Identität erleben und diese verbindet Beides miteinander: Ihre eigene unverwechselbare Individualität und uralte Seelenanteile.

Denn die uns Vorgeborenen haben für uns Kostbarkeiten und Geschenke bewahrt, die von der Zeit unbeeindruckt und unverwittert erhalten geblieben sind. Dies gibt uns die Sicherheit, dass Menschen schon dort waren, wo wir uns heute innerlich bewegen.

Auch die Zeit, Kunst und Geschichte haben vieles bewahrt und so kann dieses Wissen jetzt von Ihnen wieder neu belebt werden. So wie ein altes erhaltenes Mauerwerk von einer Architektin mit Glas ergänzt werden kann, um ihre Achtung vor dem Althergebrachten zu bezeugen, so können Sie diese uralten Methoden und das geschenkte Wissen achten, indem Sie es in Ihr modernes Leben integrieren.

Idealerweise wird dieses Buch quasi mit Ihnen gemeinsam wachsen, denn Sie werden bei Ihrer persönlichen Expansion immer neue Dinge entdecken, wenn Sie ausgetretene Pfade verlassen, um persönlichen Inspirationen und ungewöhnlichen Impulsen zu folgen.

Durch die Erforschung des eigenen inneren Raumes wird es Ihnen immer wieder neue Einsichten schenken und Sie begleiten, wenn Sie dorthin reisen, wo ihre Seele wohnt.

„Schläft ein Lied in allen Dingen, die da träumen fort und fort, und die Welt hebt an zu singen, triffst du nur das Zauberwort."

Joseph Freiherr von Eichendorff
(1788-1857, bedeutender Lyriker und Schriftsteller)

Mit geschlossenen Augen ins Glück springen oder auf der anderen Seite des Spiegels altes Wissen neu entdecken.

Schon als kleines Mädchen waren sicher auch Sie von Spiegeln fasziniert. Sie gingen ganz nahe an Ihr Spiegelbild heran - und guckten blitzschnell auf die andere Seite des Spiegels, um ihn zu überlisten. Oder sie griffen schnell hinter das Spiegelglas, um zu be-greifen, was den Zauber ausmacht.

Aber es ging Ihnen sicher so wie uns allen: Irgendwann wurde das Spiel langweilig, weil der Spiegel sein Geheimnis nicht preisgab. Und doch fasziniert er uns ein Leben lang, so dass wir immer wieder hineinschauen. Vielleicht, um uns selbst zu erkennen oder auch um neue Seiten an uns zu entdecken.

Die andere Seite des Spiegels können wir kennenlernen, wenn wir das Spiel umkehren. Wir schließen die Augen, gehen durch den Spiegel hindurch und bereisen die andere Seite. Diese Methode haben Heilerinnen, Künstlerinnen, Träumerinnen und Hüterinnen von altem Wissen schon immer angewendet. Dieses Wissen gab es in jeder Kultur und wurde im Geheimen von einer Frau zur anderen weitergegeben. Von einer Generation an die nächste. Es reicht zurück bis an die Anfänge des Lebens. Heutzutage wird es als Schamanismus bezeichnet.

Seit ewigen Zeiten geleiten uns Innenreisen in unsere innere Heimat, wo wir den Schlüssel zu unserer Kraft und inneren Wandlung entdecken. Hier kehren wir zu den Anfängen zurück, denn ein Wind aus uralter Zeit weht in der Seelenlandschaft und kostbare Schätze warten darauf, wieder entdeckt zu werden. Wenn wir über die Schwelle gehen, um andere Orte, Räume und Energiefelder zu betreten, erfahren wir, wie nahe uns die Natur ist, die wir auf unseren Reisen erforschen. In unserer Seelenlandschaft eröffnen sich unzählige Reisemöglichkeiten. Wir legen alles in die Hände der Intuition, wie als Kind, und vertrauen ihr völlig. Wenn unser Reiseziel in der Unterwelt liegt, lernen wir unseren eigenen Nährboden kennen, entdecken, wo wir uns verwurzelt fühlen und was unsere Wurzeln nährt. An unserem Urweisheits-Ort können wir viele Plätze und Orte bereisen und Tiefliegendes, Beständiges entdecken, das uns Halt gibt.

In der Mittelwelt werden wir lernen, dass wir unsere Intuition im Alltagsleben gut nutzen können. Und in der Oberwelt haben wir Kontakt zu unseren Träumen und Visionen.

Lassen wir die Türen zu unserer Seelenlandschaft ruhig angelehnt. Denn wenn wir sie wieder verschließen, nachdem wir dieses Land kennengelernt haben, wird uns das Leben arm vorkommen, weil wir auf vieles verzichten müssten. Es ist so, als würde man im täglichen Leben von Stund an auf alle tropischen und subtropischen Produkte verzichten: auf Kaffee und Tee, Reis, Tabak, Schokolade, exotisches Obst und Kleidung aus Baumwolle.

Eine innere Reise hinter den Spiegel setzt etwas in Bewegung, denn die Entdeckung verschütteter Räume und Schätze wird zum spannenden Erlebnis.

Hier sind wir wild und frei.

Von einem Ausgangspunkt oder Thema aus bewegt man sich ungebunden und bringt kostbare Schätze mit. Die gewonnenen Erkenntnisse, erhaltenen Botschaften und neuen Sichtweisen fließen in unseren Alltag und bereichern ihn. Auch die Entdeckung vergessener Wünsche, das Aufsteigen kindlicher Neugier und ein wieder erwachender Lebenshunger beeinflussen unser tägliches Leben positiv.

**Reisen in die Seelenlandschaft sind ein kreativer Weg,
um sich mit der Erde zu verwurzeln,
Kontakt zu verlorenem Wissen herzustellen und
um sich selber zu entdecken.**

Um den eigenen Platz und Bestimmung im Leben zu finden, haben sich Reisen in die Seelenlandschaft seit Jahrtausenden bei allen Völkern der Erde bewährt. Sie führen an einen Ort, wo Menschen Sicherheit finden und wo Heilung geschehen kann.

Die Grenzen zwischen der natürlichen und übernatürlichen Realität werden fließend, wenn man die allumfassende Einheit erfährt. Dies öffnet der Reisenden die Augen für die eigene innere Wahrheit und die persönlichen Quellen der Kraft. Sie wird bis vor die Tore des Geheimnisses begleitet, wenn sie eine Reise vom Irdischen ins Seelenreich antritt. Diese wird ihr Bewusstsein transformieren.

Es ist ein natürlicher Prozess, bei dem zum Beispiel ein großer Schmerz umgewandelt wird in neue, kreative Energie. Die Reisende wird auf ihrem Weg viele Verbündete und Heilerinnen treffen, die sie dabei unterstützen. Die Seelenlandschaft ist ein unergründliches Land, zu dem wir Tore öffnen. Es wird ein Dialog zwischen der Seele und der Reisenden beginnen, der heilend, belebend und beglückend sein wird.

Um auf die andere Spiegelseite in unsere Seelenlandschaft zu reisen, schauen wir nicht nach außen, sondern schließen die Augen und wenden uns nach Innen. „Denn wer nur mit den Augen sieht, sieht nur die Schatten der Welt." Dieses Wissen teilen alle indigenen Kulturen.

Wir können uns vorstellen, dass Seelenvögel existieren. Unsere Seele ist vielleicht wie ein Vogel, der seine Heimat im Himmel hat und sein Nest auf der Erde baut. In Ägypten existiert eine Hieroglyphe, die einen Baum mit Seelenvögeln darstellt, die in unterschiedliche Richtungen blicken. Vielleicht ist dies ein Lebensbaum und jeder dieser Seelenvögel trägt seine ganz eigene Melodie in sich. Der Mensch, der sich entschließt seinem inneren Lied zu lauschen, ihm zu folgen und der seine Intuition ernst nimmt wird zu dem, der er schon immer war: Ein Mensch, der ganz eng mit seiner Seele verbunden ist und seiner Bestimmung folgt.

Unsere Intuition ergänzt unser Denken. Beides zusammen, Intuition und Logik, Wissenschaft und Mystik, Bewusstes und Unbewusstes zusammen und miteinander ergeben ein komplettes Bild der Realität. Unsere Intuition und unsere Gefühle sind zwar eng miteinander verbunden, aber nicht identisch. Im Alltag lassen wir uns meist von unserem Denken leiten. Dabei vernachlässigen wir das, was uns erst als ganze Frau handeln lässt - unsere Intuition. Meistens hat ein Mensch, der keinen Kontakt zu seinen Gefühlen hat, auch keine Verbindung zu seiner inneren Führung. Unser Seelenvogel oder unsere Intuition kann auf verschiedenen Wegen Kontakt mit uns aufnehmen. Häufig äußert sie sich als Gefühl, Empfindung, Klang oder „komisches Gefühl", selten auch als Geruch oder Geschmack. Intuitive Entscheidungen entsprechen häufig unserer inneren Mission und Bestimmung, die unserem Verstand eher fremd sind.

In jedem Leben ist hinter dem Spiegel ein einmaliges Kunstwerk verborgen. Es versteckt sich jedoch häufig unter Minderwertigkeitsgefühlen, Ängsten und Unentschlossenheit. Auf Seelenreisen öffnen sich die Verbindungskanäle zum Unterbewusstsein und wir finden völlig unerwartete Bilder, Gedanken, Lösungen und Antworten. Erst wenn wir unserem inneren Traum folgen, kann dieses Kunstwerk sichtbar werden.

In unserer schnelllebigen, ruhelosen und lauten Zeit ist Stille vielen Menschen wenig vertraut. Häufig können wir sie nicht zulassen, weil sie uns Angst macht. Deshalb lenken wir uns ab und versuchen, sie zu zerstören.

Doch hier ist die Quelle, um zu heilen und die Rätsel des Lebens zu ergründen.

Beruflich sind viele Frauen so stark gefordert, dass der Erfolg sie zu immer höheren Leistungen antreibt. Sowohl das Leben auf der Überholspur, als auch Selbstzweifel und Versagensängste verschütten erfahrungsgemäß die inneren Ressourcen und Werte. Wenn Sie in dieser Mühle gefangen sind und Ihnen der Sinn Ihres Handelns abhanden gekommen ist, wenn Sie sich selbst und Ihre Seele vernachlässigt haben, ist oft ein Burnout oder Herzinfarkt die Folge. Wir müssen die Warnungen unseres Körpers ernst nehmen und uns vorher fragen, warum wir nicht Nein sagen können. Und wir müssen uns darüber klar werden, was in unserem Leben wirklich wichtig ist.

Unser Gehirn kann nicht unterscheiden zwischen Realität und Fiktion. Deshalb erscheint uns die Welt so, wie wir denken, dass sie ist. Es ist jedoch höchste Zeit, einmal die Perspektive zu wechseln und uns für neue beglückende Erfahrungen zu öffnen.

Wer glücklich ist hat selten ein Herzleiden, denn schon kleine Freuden wirken sich günstig auf unsere Gesundheit aus. Glück bedeutet für jeden etwas anderes, doch für die meisten Menschen gehören Gesundheit dazu, eine Aufgabe zu haben, Liebe zu geben und zu erhalten. Wenn wir das Gefühl haben, gebraucht zu werden, etwas Wertvolles zu leisten und dafür Anerkennung erhalten, geht es uns gut. Aber neben den Anforderungen im Beruf und im sozialen Leben muss es zum Ausgleich auch stille Zeiten des persönlichen Rückzugs geben, um in Harmonie zu bleiben und eine positive Einstellung bewahren zu können!

Wenn Sie Ihre Seelenlandschaft bereisen handeln Sie ungefähr wie ein Frosch, der unter die Wasseroberfläche taucht. Er bleibt dort still sitzen und nimmt die Schönheit der Umgebung wahr. Er erfasst intuitiv die Stimmung und passt sich an, nimmt die feinen inneren Impulse wahr und lernt, der Intuition zu vertrauen.

Auf der Seelenebene können wir unsere Freiheit genießen, Verbündete finden, Veränderungen vornehmen, Einsichten gewinnen und innere Stärken kennenlernen. Wir können Frieden finden, unseren Mut erproben, Zuversicht und Vertrauen in eigene Gefühle entwickeln.

Reisen in die Seelenlandschaft und auf die andere Spiegelseite gehören zu den grundlegenden schamanischen Techniken. Sie führen uns Erwachsene aus dem bekannten Gebiet der Alltagswahrnehmung in Gefilde, die uns als Kinder sehr vertraut waren. Die meisten von uns haben zwar inzwischen das Spielen verlernt und vermeiden tiefe Gefühle, um nicht die Kontrolle zu verlieren. Trotzdem ist auch dieser Bereich ein Teil von uns. In Argentinien beispielsweise stehen auch Männer ganz offen zu ihren Gefühlen, was sich in der Tango-Musik deutlich zeigt.

Was wäre unser Leben ohne Begeisterung, Berührtsein, Spaß und Hoffnung, Geschichten und Inspiration, Lachen und Tanzen, Humor, tieferen Sinn, Anteilnahme und Fürsorge, Vision und kreative Kraft?

Diese belebende Ebene ist häufig nicht zu erklären, sie bewirkt aber, dass sich Menschen glücklicher, zusammengehörig und heiler fühlen.

Bei Innenreisen wird unser logischer Verstand beruhigt. Dies geschieht meistens durch einen gleichmäßigen Trommelschlag. Auf diese Weise erhält unsere intuitive Seite die Möglichkeit, ihre Botschaften ins Bewusstsein zu senden.

Unsere Gehirnhälften sind nicht ohne Verbindung miteinander, sondern sie kommunizieren über sogenannte Brücken. Es ist erwiesen, dass die Aktivität dieser Brückenregionen umso stärker ist, je weniger Stresshormone im Gehirn vorhanden sind. Auf physiologischer Ebene scheinen Seelenreisen also unseren Hirnhälften einen besseren Informationsaustausch zu ermöglichen. Praktisch bedeutet dies, dass individuelle Fähigkeiten neu miteinander kombiniert werden. Dies ist eine mögliche Erklärung für Kreativität und neuerweckte gefundene Erkenntnisse, die bei Seelenreisen entstehen können.

Dieser Einklang zwischen den Energien an unserem heiligen inneren Ort bewirkt, dass das Wohlbefinden und Vertrauen in unsere eigene Kraft wachsen. Es lösen sich Blockaden, die die Sicht auf persönliche Ziele verstellt hatten, und dann locken uns unbekannte Wege, die beschritten werden möchten. Die Seelenreise schenkt uns eine Zeit der Veränderung, in der wir uns lebendig fühlen, so als wären wir frisch verliebt. Nachdem unsere Lebensfreude erwacht ist, erkennen wir den Sinn in unserem Leben und fühlen uns stark. Wenn wir unsere Seelenlandschaft neu beleben und gestalten, sind wir uns bewusst, dass wir eingebunden sind in ein größeres Ganzes. Wir erforschen neue Gebiete und machen sie uns vertraut. Auf diese Weise gewinnen wir mit der Zeit innere Sicherheit.

Diese Harmonie lässt uns Zusammenhänge erkennen, die wir aus der Seelenebene mit in den Alltag bringen. Unser Seelenvogel lehrt uns, dass alles einen tieferen Sinn hat, eine Botschaft überbringt und mit allem anderen verbunden ist. Wenn wir zum Beispiel die Erfahrung machen, dass alles, was uns umgibt, Gefühle hat, ergibt sich daraus ein ganz neues Verständnis und Verhältnis zur Natur. Oder wenn wir erleben, wie die Natur ihre Balance verliert, je mehr wir sie zähmen und ihr unseren Willen aufzwingen, folgt daraus eine natürliche Verantwortlichkeit der Menschen. Nicht nur für uns selbst, sondern auch für die Gemeinschaft aller Lebewesen.

Gesellschaftlich sind Themen wie Ganzheitlichkeit, Prävention, Nachhaltigkeit, globale Gesichtspunkte und der Blick auf die Weltgemeinschaft brandaktuell.

Wir können zwar nicht zurückgehen in damalige Zeiten und die frühere harmonische Lebensweise wiederholen. Aber wir können überlieferte Techniken nutzen, mit deren Hilfe schon Hunderte von Generationen und Völkern vor uns Lösungen gefunden haben.

Wir kommen nicht umhin, den Blick ganz auf das Jetzt zu richten. Dadurch wird uns natürlich die Trennung von unserer Quelle schmerzlich bewusst. Doch nur wenn wir uns entscheiden, uns wieder mit unserer Seele zu verbinden, werden Geben und Nehmen auf der Erde wieder in Balance kommen. Das Universum gibt uns ständig Hinweise und unsere Intuition sendet uns Botschaften. Wir können lernen, die uns umgebenden Energien zu unterscheiden und Zeichen zu lesen. Je deutlicher wir Kräfte und Schwingungen wahrnehmen können, umso bewusster wird uns die innere Führung.

**In unserer Seelenlandschaft finden wir unsere Wurzeln,
die uns Halt geben, hier entdecken wir die
unterschiedlichsten Orte und Landschaften
und hier entdecken wir Quellen, die uns nähren.
Wenn wir aus einer Quelle trinken, schenkt uns das
Wasser des Lebens neue Kraft, Heilung und Inspiration.
So verbinden wir uns mit unserer eigenen Mitte,
unserem persönlichen Zentrum.**

Jede Frau ist in der Lage, ihren Beitrag für das Ganze zu leisten, für das Gleichgewicht des Lebens, den Frieden und die Heilung der Erde. Wenn sie dies wünscht, wird sie sich auf den Weg machen und nach Möglichkeiten suchen, ganzheitliches Denken in ihr Leben einzubinden. Denn die Menschen, die eine Idee von ihrer eigenen Kraft haben und sich für die Verwirklichung ihrer Ziele einsetzen, können ihre Isolierung von der Natur, ihre Angst, Langeweile und Einsamkeit hinter sich lassen. Schon wenige Frauen, die die Samen des Wissens in sich tragen können große Veränderungen herbeiführen. Dies zeigen uns Lehrerinnen aus den verschiedenen Kulturkreisen, die uns auf die Zeit des Wandels vorbereiten.

Dieses Wissen ist kostbar, denn die universelle Wahrheit bleibt stets gleich. Sie ändert sich nicht mit der Zeit und ist auch unabhängig vom Ort.

Durch Reisen auf die andere Spiegelseite, wo sich die Seelenlandschaft befindet, kann man die Quelle der Wahrheit im eigenen Innern finden. Der offenbarten Erkenntnis zu vertrauen und ihr eine Stimme zu geben ist dann die Herausforderung im täglichen Leben.

Die Erfahrung zeigt, dass die Frau, die Mutter Natur um Stärke bittet, am Widerstand, der sich ihr entgegenstellt, innerlich wächst und dadurch für andere vertrauenswürdig wird.

Wohl jede Frau kennt aus ihrem Leben einen magischen Moment, in dem sie völlig überrascht, ohne Überlegung handelte. Wenn das Unerwartete eintrifft, zwingt es uns zu besonderer Aufmerksamkeit. Dann reagieren wir aus dem Instinkt, vertrauen blind unserem Bauchgefühl. Weil keine Zeit zum Überlegen bleibt. Wir sind dann mittendrin im Leben und völlig angstfrei. Dies ist das Ende des „Nur – dabei - Seins“, des distanzierten Beobachtens.

Häufig wird erst im Rückblick klar, wie richtig die dabei gefundenen Lösungen oder Entscheidungen waren. Dies zeigt, dass jeder Mensch über wertvolle innere Ressourcen verfügt, die er aktivieren und beleben kann.

In die Seelenlandschaft zu reisen bietet die wunderbare Möglichkeit, sich selber gut kennenzulernen, sich zu heilen und danach auch hilfreich für die eigene Familie oder Gruppe zu handeln.

Schamanische Reisen eröffnen uns die Möglichkeit, zu den Quellen des Wissens Kontakt aufzunehmen und so unseren inneren Schatz zu heben.

Auch wenn Sie Zweifel haben, ob Innenreisen wirklich so vieles verändern können: Nehmen Sie Ihre Zweifel mit auf die Reise. Zweifel sind wichtige Begleiter, denn sie sorgen dafür, dass wir auf dem Boden bleiben.

Mittelpunkt jeder einzelnen Seelenreise sind immer die persönlichen Erfahrungen, das eigene Tempo, der individuelle Weg und die innere Balance.

„Gebt den Leuten einfach einen Schlüssel.
Aufschließen können sie selber."

Robert R. McCammon

Praktische Seelenreise

Umgang mit Buch und CD:

Dies ist ein Erfahrungsbuch für innere Reisen, Heilung und spirituelles Wachstum. Seelenreisen sind leicht umsetzbar und sehr praktisch.

Wissenschaftliche Studien (Goodman, 1989) belegen, dass das rhythmische Schlagen der Trommel oder Rasseln, welches die Seelenreise begleitet, die elektrischen Gehirnaktivitäten verändert. Beta-Wellen, die den gewöhnlichen Wachzustand charakterisieren, werden zu Theta-Wellen. Stresskomponenten, wie Adrenalin, Noradrenalin und Kortisol sinken, und Beta-Endorphine werden produziert, die für das Wohlbefinden und Glücksgefühle zuständig sind. Dies belegt, dass Seele und Körper im Einklang mit Musik wesentlich besser heilen. Mit dem Ende der inneren Reise normalisieren sich die medizinischen Werte sofort wieder. Diese Reaktionen scheinen universell in jedem von uns in den Genen gespeichert zu sein.

Auf diese Weise können Menschen unabhängig von ihrer Kulturzugehörigkeit innere Reisen gefahrlos unternehmen. Erfahrungsgemäß ist niemand davon ausgenommen, mit schwierigen Herausforderungen im Laufe des Lebens umzugehen, unabhängig davon, ob sie jung, alt, reich oder arm sind. So ist dies eine Art Handbuch geworden, ein Leitfaden und Erfahrungsbuch. Es beruht auf den Erfahrungen vieler Menschen und enthält Techniken und Reiseziele für schamanische Reisen, die sich seit Tausenden von Jahren für Menschen als hilfreich erwiesen haben bei ihren Wachstums- und Heilungsschritten.

Gleichzeitig hat es einen sehr individuellen Zugang, denn jedes Kapitel beginnt mit der Schilderung einer persönlichen Erfahrung „auf Traumpfaden“, mit einem magischen Blick in andere Wirklichkeiten.

Die CD:

Mit dieser CD ist ein uralter Weg möglich, den die Menschen schon vielfach erprobt haben. Allerdings ist er den modernen Gegebenheiten angepasst. Gerade diese Möglichkeit zeichnet schamanisches Wissen aus.

Es ist lebendig und mit vielen anderen Methoden und Wegen kombinierbar. So bietet sich hier ein neuer und gleichzeitig alter Weg. Er hat das Ziel, dass die Menschen, die beginnen innerlich zu reisen, sanft und sicher in Ebenen geführt werden, die Ihnen Inspiration, Wissen, Erholung und Heilung bringen.

Es wurden unterschiedliche traditionelle Methoden miteinander kombiniert, so dass es möglich ist, über den einen oder anderen Weg in die Seelenlandschaft zu gelangen.

Sie stellt das Grundmuster einer inneren Reise dar und baut schrittweise aufeinander auf.

Die Reise in die Seelenlandschaft ist eine Phantasiereise, die dazu dient, durch eigene Erfahrungen Kontakt mit der Seele und Intuition zu bekommen.

Diese CD wurde mehrere Jahre in Kursen erfolgreich verwendet.

In den Abendseminaren war es gelegentlich so, dass sich Kursteilnehmer nach einem langen Arbeitstag nicht alle Einzelheiten einer schamanischen Anleitung merken konnten. Sie waren innerlich angespannt und schalteten (innerlich) ab, wenn wir eine innere Reise unternahmen.

Auch wenn Seminarteilnehmer zu Hause alleine schamanisch reisen wollten, fehlte ihnen die Anleitung. Nachdem ich jahrelang schamanische Seminare abgehalten hatte, wurde ich gefragt: „Sag mal, hast du nicht eine CD, die ich für zuhause haben kann, um auch alleine reisen zu können?“ So kam es dazu, dass ich diese CD mit der angeleiteten Innenreise aufnahm.

Es ist ein praktisches Hilfsmittel, das nichts weiter voraussetzt, als dass sich der Reisende auf neue Erfahrungen einlässt. Diese Reise ist angeleitet, so dass Sie sich entspannen können und wissen, wenn Sie gedanklich abdriften, holt die Stimme Sie zurück.

Gleichzeitig ist viel Freiraum gelassen, um ganz persönliche Wege zu ermöglichen.

Die Musik trägt Sie wie ein fliegender Teppich, auf dem Sie sich niederlassen. Sie bringt Sie in Ihre Seelenlandschaft und wieder zurück. Die Stimme erleichtert es Ihnen, in Ihrer Phantasie die einzelnen Schritte zu vollziehen.

Mit den folgenden Instrumentalstücken können Sie völlig frei reisen und sehr unterschiedliche Erfahrungen machen, wenn Sie sich dafür bereit fühlen.

Anregungen hierfür finden Sie später in diesem Buch.

Vielleicht interessiert es Sie, den Text vorher zu lesen, damit Sie wissen, worauf Sie sich einlassen. Dies kann Ihnen die nötige Sicherheit geben, um sich entspannen zu können. Wenn Sie wissen, was kommt, oder wohin die Reise geht, können Sie sich leichter fallen lassen.

Die Führung durch eine Stimme erschien aus mehreren Gründen sehr wichtig zu sein. Da schamanisches Reisen in dieser Form eine an die Erfordernisse der heutigen Zeit angepasste Technik ist, hat sie im Gegensatz zu früheren Zeiten andere Aufgaben.

Mögliche Ziele einer schamanischen Reise:

- Heutzutage soll sie in erster Linie ermöglichen, Entspannung und regelmäßige Auszeiten zur Regeneration zu finden.
- Einen inneren Ort einzurichten, an dem wir uns emotional, spirituell, ethisch, sozial und kreativ entwickeln können.
- Um Stillstand und Lethargie zu entkommen.
- Schöne Alltagsmomente erleben und Zeit für sich finden
- Neue Prioritäten setzen und z. B. vor einer Entscheidung eine Frage an Ihre Lehrer in der Seelenlandschaft richten.
- Vielleicht suchen Sie auch nach Wissen aus diesen Ebenen
- oder Sie möchten sich heilen, ihr Krafttier kennenlernen, ihre Kriegerin aktivieren, neue Wahrnehmungsebenen bereisen, ihre Lebensaufgabe erfahren…

Es geht um die Fragen:
Wo stehe ich und was will ich?

Was uns schamanische Reisen lehren:

- den alles umfassenden Blick zu bewahren
- unsere Instinkte zu wecken
- unserer Intuition zu vertrauen
- die Herzenstüren für andere Lebensformen zu öffnen
- die Kraft des Denkens bewusst einzusetzen
- einen Zugang zur inneren Kraftquelle zu kennen
- Visionen zu empfangen
- Unterstützung aus anderen Ebenen anzunehmen
- den Mut zu finden, die eigenen Träume zu verwirklichen

In allen diesen Fällen sollten Sie sich nicht um den „Reiseweg" kümmern müssen, sondern ihn (mit Hilfe der CD) geführt und entspannt beschreiten können.

Häufige Fragen:

Wann sind Reisen ohne Anleitung sinnvoll?

Sind Ihnen die einzelnen Schritte erst einmal vollständig vertraut, können Sie sich mit ausschließlich musikalischer Begleitung auf Ihre Seelenreise begeben.

Dazu dienen die beiden Instrumentalstücke der CD, die 30 bzw. 15 Minuten lang sind, so dass Sie selbst entscheiden können, wie lange Ihre Reise dauern soll.

Kurz vor dem Schluss ist ein so genanntes „call-back" eingewoben, also ein Signal, dass es an der Zeit ist, in das Alltagsbewusstsein zurückzukehren.

Für solche Reisen sollten Sie jedoch schon einige Erfahrungen mit der geführten Version haben.

Wie lässt sich das Buch nutzen?

Sie können das Buch ganz nach Ihren Bedürfnissen als Arbeitsbuch nutzen.

Sowohl als Anfänger, als auch als fortgeschrittener „Reisender" finden Sie vielfältige Anregungen und Hilfestellungen.

Sinnvoll ist es, zunächst chronologisch vom Anfang bis „Ziel der schamanischen Reise" zu lesen und dann die erste Seelenreise zu unternehmen.

Das Buch mit CD eignet sich sowohl für den individuellen Gebrauch, als auch für Therapeuten, die mit anderen Menschen arbeiten. Heilpraktiker, Dozenten, Logopäden und Pädagogen können diesen Weg nutzen, um sich und andere besser zu verstehen oder um neue Aspekte und Perspektiven in der Beratung und Behandlung zu entwickeln. Auch Kursleiter, die schamanisch arbeiten und Gruppen bei der Selbsterfahrung anleiten, finden viele Anregungen in diesem Sachbuch.

Sowohl das Buch als auch die CD können unabhängig voneinander genutzt werden.

Warum in die Seelenlandschaft reisen?

Das Buch richtet sich an alle, die ihre Persönlichkeit weiterentwickeln möchten,

- um ihre Wahrnehmung zu klären, angestaute Emotionen und Blockaden zu lösen
- um der inneren Stimme und Intuition zu vertrauen,
- um die eigenen Stärken zu erkennen und zu nutzen und persönliche Kraftquellen zu finden
- um kreative Energie aufzubauen und Ideen umzusetzen
- um Gesundheit zu erhalten und zu erschaffen und die Selbstheilungskräfte zu aktivieren - um eigene Bedürfnisse zu erkennen
- um Stress zu reduzieren und lernen, sich zu entspannen
- um kreativ, neugierig und unkonventionell denken zu können
- um die Erfahrungsebene und Perspektive zu erweitern
- um andere Lebensformen zu verstehen (Pflanzen, Tiere, Krafttier)

Ihre erste Seelenreise:

Wenn Sie gerne sofort eine innere Reise in Ihre Seelenlandschaft unternehmen möchten, können Sie dies tun, indem Sie die CD einlegen und sich vorher die Grundregeln für Seelenreisen durchlesen.

Das erste Stück hierauf ist eine angeleitete Seelenreise.

Sie werden auf Ihrem Weg in andere Ebenen begleitet und auch wieder in Ihren Alltag zurückgeführt.

Den gesprochen Text finden Sie an anderer Stelle. (Seite 63)

Falls die erste Reise nicht sofort erfolgreich ist, lassen Sie sich nicht entmutigen, sondern probieren Sie es einige Zeit später erneut. Sie haben auch nicht an einem Tag laufen gelernt, seien Sie ein bisschen geduldig mit sich selbst.

Wer noch nie innerlich gereist ist, sollte erst nach der Seelenreise Erklärungen für Symbole nachschlagen, die sich gezeigt haben.

Nur so können Sie unvoreingenommen reisen und die Sprache Ihrer Seele verstehen lernen, ohne dass sich der Intellekt unmittelbar dazwischen schaltet.

Wenn Sie bestimmte Erscheinungen erklärt haben wollen, finden Sie Listen solcher Erklärungen am Ende des Buches. Dort können Sie die Bedeutung der Symbole in der Seelenlandschaft nachschlagen, ebenso wie die Botschaft der Krafttiere und die Deutung der Farben.

Unternehmen Sie keine Seelenreise bei großer Müdigkeit, beim Autofahren, oder wenn Sie Alkohol getrunken haben.

Was ist, wenn ich nur phantasiere oder tagträume?

Ist es möglich, dass ich mir alles nur einbilde und keine echten Erfahrungen habe?

Vielleicht taucht ja auch ein längst vergessener Film aus meinem Unterbewusstsein wieder auf.

Selbst wenn es so ist und ein Mix aus Erinnerungen, Erlebnissen und Gefühlen hochkommt, ist die Frage, die dahinter steht: Warum sehen Sie gerade jetzt diese Bilder? Warum wird zu diesem Zeitpunkt diese Erinnerungskiste geöffnet?

Das, was aktuell auftritt, überbringt eine Botschaft und ist wichtig.

Macht es einen Unterschied, ob die Erlebnisse eingebildet oder real sind?

Wenn diese Erfahrungen zu Ihrer Gesundheit und Erkenntnis beitragen, sind sie hilfreich und nützlich. Im Schamanischen gilt der Satz: Wer heilt hat recht!

Muss ich das alles glauben?

Schamanismus ist keine Religion und es gibt Nichts, was geglaubt werden muss.

Denn im Mittelpunkt steht die eigene Erfahrung. Diese Methode gewährt Ihnen völlige Freiheit beim Finden Ihres eigenen Weges.

Wirklich ist, was wirkt.

Seelenreisen sind Abenteuer, bei denen Ihre Intuition Sie führt. Diese Erfahrung ist für viele von uns ganz neu und ungewohnt, da wir gelernt haben, mehr dem Intellekt und der Logik zu vertrauen als unserem inneren Gefühl und Wissen.

Ich sehe und fühle nichts. Mache ich alles richtig?

Es gibt keinen Zustand, in dem Nichts ist. Wenn man die Augen schließt, ist es immer so, dass man etwas wahrnimmt. Sie fühlen, hören, riechen, schmecken. Ihr Körper und Ihre Sinne senden Ihnen ununterbrochen Informationen. Im Körper spüren Sie ein Grummeln, nehmen den Atem wahr, hören ihr Blut, ihren Herzschlag, spüren ein Jucken, verändern die Körperhaltung. Es kommen Alltagsgedanken, Gesprächsfetzen werden erinnert, Ideen werden geboren. Sie sehen vielleicht Szenen oder Sequenzen aus ihrem Leben, aus einem Film oder gestalten sie neu. Eventuell nehmen Sie Stille wahr, fühlen Freude, Schmerz, Liebe, Wärme oder Kälte. Sie hören ihren Atem, Herzschlag, ein Auto, einen Hund, eine Tür, einen Vogel oder Eindrücke aus Ihrem Inneren. Vertrauen Sie diesen Eindrücken. Beginnen Sie, Ihrer inneren Führung, Ihrer Intuition zu glauben. Sie weist Ihnen den Weg, wenn Sie es zulassen. Es bringt Spaß, den Gefühlen nachzugehen und sie zu erforschen. Auf diesem Weg üben Sie, sich immer häufiger auf Ihre intuitiven Einfälle zu verlassen.

Selbst wenn Sie sich alles nur einbilden sollten – tun Sie einfach so, als wären es echte Erfahrungen und Empfindungen. Es hat einen Sinn, dass Sie gerade jetzt diese Eindrücke haben. Sie werden sehen, langsam entwickelt sich ein Gespür für Ihre ganz persönliche Energie.

Machen Sie einfach weiter.

Was nützt es mir, wenn ich mein Krafttier kenne?

Ihr Krafttier unterstützt Sie mit seinen besonderen Fähigkeiten, wie zum Beispiel Weitblick, Schnelligkeit, Wandlungsfähigkeit, Anpassung, Gesang, Schlauheit, Unabhängigkeit. Zwischen Ihnen beiden besteht eine besonders innige Verbindung. Ihr Krafttier verbindet sie wieder mit der Natur.

Wenn ich mich für unbekannte Energien öffne, wie kann ich sicher sein vor finsteren Mächten?

Dunkle Energien und böse Absichten gibt es, ohne Zweifel. Wichtig ist es daher bei dieser inneren Arbeit, eine klare Haltung einzunehmen. Wenn Sie Heilung als Ziel nennen und nur mit den Energien arbeiten, die sie herbeirufen und bitten zu kommen, sind Sie auf der sicheren Seite. Dann können dunkle Kräfte keine Macht erlangen. Wenn Sie beabsichtigen mit dem Licht zusammenzuarbeiten, rufen Sie Lichtwesen, denen Sie sich nahe fühlen, wie zum Beispiel Christus, Buddha, den allerhöchsten Geist oder Engel. Dann stehen sie unter dem Schutz dieser Wesen und sind unverwundbar.

Allgemein und für jede Reise in Ihre Seele gilt folgende „Gebrauchsanleitung“

- Wenn Sie sich auf eine Seelenreise begeben, sorgen Sie dafür, dass Sie in der nächsten halben Stunde nicht gestört werden.

- Schaffen Sie sich eine entspannte Atmosphäre, in der Sie sich geborgen fühlen. Umgeben Sie sich mit Dingen, die für Sie Kraft und Energie symbolisieren. Dabei ist es besonders wirkungsvoll, wenn alle vier Elemente vertreten sind.

- Genießen Sie einen Titel der CD (evtl. über Kopfhörer).

- Stellen Sie die Lautstärke etwas leiser als gedacht, da Sie in Stille sensibler auf Geräusche reagieren.

- Wenn Sie möchten, können Sie das Licht dimmen oder ein Tuch über die Augen legen. Erfahrungsgemäß unterstützt Sie dies darin, sich sicher zu fühlen.

- Legen Sie sich bequem hin und decken Sie sich zu.
  Wichtig ist, dass die Wirbelsäule gerade ist! Ein Kissen unter den Knien kann hilfreich sein.

- Schließen Sie die Augen - Entscheiden Sie, welches Ziel oder welchen Zweck diese Reise haben soll.
  Oder fragen Sie: was ist jetzt wichtig für mich? Und lassen sich überraschen…

- Lassen Sie sich von dieser speziell für eine Reise in die Seelenlandschaft gestalteten Musik faszinieren und von den vielseitigen Klangbildern und der Stimme leiten.

- Beruhigende Naturgeräusche, angenehme Klänge und die Stimme bilden das „Reittier“, das Sie in die Seelenlandschaft trägt.

- Die Koordination der beiden Gehirnhälften hilft, Stress zu redu zieren und unterstützt kreative Prozesse.
- Sorgen Sie dafür, dass Sie genug Zeit haben, in ihrem normalen Alltag gut wieder anzukommen.

- Führen Sie ein Buch über Ihre Erfahrungen.

„Es ist nicht genug zu wissen,
man muss auch anwenden.
Es ist nicht genug zu wollen.
man muss auch tun."

Johann Wolfgang von Goethe

Text der CD

Liege bequem mit gerader Wirbelsäule, schließe die Augen und beginne, dich zu entspannen. Atme gleichmäßig und tief und lass dich fallen. . . .

Stell dir vor, du durchquerst einen Regenbogen und bist nun im dunklen Rot – hellen Orange – leuchtenden Sonnengelb – zarten Frühlingsgrün – dunklen Blau des Meeres – im zarten Lila wie duftender Flieder und im Dunkelviolett. . . .

Nun bist du bereit für eine innere Reise in deine Seelenlandschaft. Dazu findest du zu einem späteren Zeitpunkt einen Eingang, der sich irgendwo in der Natur befindet und der in die Erde führt.

Es kann eine versteckte Höhle sein, ein Brunnen, eine Felsspalte, ein Abgang, der von Menschenhand geschaffen wurde oder ein hohler Baum. . .

Vielleicht kennst du solch einen Weg in die Erde – sonst findest du ihn gleich. Eventuell ist es notwendig, verschiedene Möglichkeiten auszuprobieren. – Du wirst ihn finden…

Um zu deinem Eingang zu gelangen, verlässt du in deiner Vorstellung diesen Raum und gehst in die Natur.

Es ist ein schöner Tag – du hörst den Vogelgesang, findest dich in unterschiedlichen Landschaften und schaust nach deinem Eingang.

Du hast nun deinen Eingang in die Erde gefunden und bemerkst, dass sich an den Wänden Fackeln befinden, die dir den Weg leuchten. Langsam geht der Weg abwärts. Du fühlst dich hier wohl, und nun beginnt der steile Abstieg, eine Wendeltreppe hinunter oder eine Rutsche hinab. Es wird schneller und du gelangst ganz tief hinunter in die Erde.

Nun befindest du dich wieder auf ebenem Boden und siehst ein Licht am Ende der Höhle.

Du gehst darauf zu und gelangst an ein Tor, auf dem dein Name steht. Du öffnest mit deinem Schlüssel das Tor und befindest dich in einer großartigen Landschaft.

Du stehst auf einer Wiese, erkennst einen großen, mächtigen Baum, siehst einen Fluss und seine Quelle. . . .

An diesem Ort hast du gleich ganz viel Zeit für dich, um deine Erfahrungen zu machen. – Es ist möglich, dass du von einem Tier begrüßt wirst, das dir sehr vertraut ist. Es ist dein Krafttier. Mit ihm gemeinsam fühlst du dich hier ganz sicher.

Nahe beim Tor findest du deinen Zauberstab... mit ihm kannst du hier alles so verändern, wie es dir gefällt, so dass dieser Ort ganz nach deinen Vorstellungen gestaltet wird.

Vielleicht möchtest du an die Quelle gehen, dort einen weisen Menschen treffen, der dir Quellwasser zum Trinken reicht und deine Fragen beantwortet. ...

Eventuell möchtest du dir in deinem Baum ein Baumhaus so einrichten, dass du dort ungestört arbeiten, entspannen und schlafen kannst. ...

Genieße und nutze nun die Zeit hier, folge deinen inneren Impulsen und traue deinen Eindrücken, die kommen...

Komm nun langsam zum Ende deiner Reise und begib dich auf den Rückweg. - Schließ das Tor hinter dir und nimm den Schlüssel an dich. Geh den Weg zurück, den du gekommen bist. Steige den Höhleneingang hoch...

Nun bist du wieder oben, durchquerst den Regenbogen:

Dunkelviolett – Zartlila – Dunkelblau – Frühlingsgrün – Sonnengelb – helles Orange – dunkles Rot....

Und kommst langsam wieder in diesem Raum an. Du spürst deine Hände und Füße, deine Unterlage ... und öffnest die Augen, wenn es sich gut anfühlt.

Grundregeln für Seelenreisen

„Oh Kraft der Weisheit,
Umkreisend das All
Umfängst du alles Leben,
Hältst es in deinem Arm.

Ein Flügel schwingt sich
Zum Himmel empor,
Ein zweiter flattert
Zur Erde schwer.

Ein dritter schwebt
Jenseits von Raum und Zeit.
Lob sei dir, Weisheit,
Herrin des Alls.“
Hildegard von Bingen

Grundsätzlich gilt für Seelenreisen in alle drei Welten:

Die innere Führerin ist Ihre Intuition, Ihr Gefühl und Eindruck, Ihre Weisheit und das Gespür für Energien.

Vertrauen Sie diesen persönlichen Impulsen unbedingt. Erst wenn Ihr Vertrauen in Sie selbst so groß ist, dass Sie auch ihrem Misstrauen vertrauen und die Warnung ernst nehmen, halten Sie Ihren eigenen inneren Kompass in der Hand!

Dies ist eine wichtige Voraussetzung für jede innere Reise!

Wenn Sie Grenzen überschreiten und Neuland betreten, brauchen Sie gewisse Grunderfahrungen, die Ihnen Sicherheit geben. Deshalb ist es wichtig und sinnvoll, mit Reisen in die untere Welt zu beginnen, weil hier sozusagen „Pachamama“ oder „Mutter Erde“ Sie selber lehrt. Da sie die Schaffensprinzipien des Kosmos beherrscht, gibt sie Ihnen – wie eine leibliche Mutter – die Grundvoraussetzungen mit auf den Weg. Die Wärme und Zuneigung der Eltern schenken das Urvertrauen ins Leben und bauen für das Kind einen lebenslangen Schutz auf, der das Immunsystem stärkt. Die Eltern, die Familie und Mutter Natur lehren uns, dass wir Teil eines großen Ganzen sind, für das wir wichtig und kostbar sind. Sie bringen uns bei zu sprechen, zu laufen, selber zu sehen und zu handeln, zu lieben, zu vertrauen, Hilfe anzunehmen und zu geben, auch kritisch zu sein, wenn es nötig ist .... und vieles mehr.

Es ist wichtig, dass Sie sich auf diesen Grundebenen bei Seelenreisen ganz zu Hause und geborgen fühlen. Dann wird Ihre Erfahrung Sie wie ein roter Faden begleiten und sicher in Ihren Alltag zurück geleiten. Auch wenn Sie später unerforschtes Gebiet erkunden, Neues kennen lernen und ganz verschiedene Ebenen erforschen sind diese Erfahrungen wichtig ...

Auf allen drei Ebenen können Ihnen Lehrer begegnen:

In der mittleren Welt, unserer Alltagswelt, treffen Sie auf Menschen, die ihre Erfahrungen mit Ihnen teilen, bzw. ganz real Ihre Lehrer oder Vorbilder sind.

In der unteren Welt treffen Sie wahrscheinlich auf Wesenheiten wie Krafttiere, Hilfsgeister oder archetypische Lehrer, wie die innere weise Frau, den inneren Lehrer, die Heilerin, den Krieger, die Quellfrau, vielleicht auch Ahnen, Feen und Naturgeister.

In der oberen Welt können Sie Engelwesen, Meister, Ihr Höheres Selbst, Geistwesen und Spirits und Ihre spirituellen Lehrer treffen.

Wichtig ist, am Ende einer jeden Reise den Kräften, Energien, Wesen und Lehrern dafür zu danken, dass sie ihre Zeit, Aufmerksamkeit und ihr Wissen mit Ihnen geteilt haben. Ihre Worte oder Gesten sorgen für den Ausgleich und sind Ihr Geschenk an Ihre Begleiter. Dieser Dank entspricht den Opfern bei Naturvölkern. Bei ihnen ist es überaus wichtig, Opfergaben darzubringen, um den Kreislauf des Gebens und Nehmens im Fluss zu halten. Dies sind in Peru z.B. Coca–Blätter, die als Mittler zwischen Himmel und Erde gelten. In Nordamerika wird häufig ein Maismehl- oder Tabakopfer zurückgelassen, bei asiatischen Völkern sind Blumen, Räucherstäbchen und Süßigkeiten als Opfergaben bekannt. Aus den skandinavischen Ländern kennen wir die Gabe von Getreidegrütze an den Schutzgeist des Hauses. Denkbar sind auch Wein-, Wasser- oder Maisbieropfer, aber auch Edelsteine, unbearbeitetes Silber,

Federn, Krallen, Fellstücke. Möglich ist auch ein Lied, Tanz oder Gebet als Dank.

Mit dem Dank oder Opfer schließen Sie Ihren heiligen Raum und kehren auf demselben Weg, auf dem Sie gekommen sind, in Ihre Alltagswelt zurück.

Sowohl die untere als auch die mittlere und obere Welt ist jede für sich sehr vielseitig und wird von mehreren Autoren wie Schichten oder Stufen, die aufeinander aufbauen, beschrieben. Da das Universum grenzenlos ist, werden auch diese Ebenen unendlich viele Erfahrungsmöglichkeiten bergen.

In welche der Ebenen Sie reisen bleibt Ihnen überlassen, ebenso wie Sie es bestimmen können, mit wem Sie Kontakt aufnehmen. Wenn Sie ein ungutes Gefühl haben, können Sie Ihr Gegenüber bitten, dorthin zurück zu gehen, woher er gekommen ist oder sich in einer Gestalt zu zeigen, die Ihnen angenehm ist. Dies wird nur ganz selten notwendig sein, aber es ist gut zu wissen, dass Sie jederzeit frei sind, sich Ihre Reise-Gefährten selber zu wählen.

Für Innenreisen gilt in vielerlei Hinsicht dasselbe wie bei Reisen, die Sie auf der Erde, in der schamanischen mittleren Welt machen. Spuren in der Natur können Sie auch hier in die Landschaft Ihrer Seele führen. Magische Fährten führen dann in Ihre gegenwärtige Situation und überbringen ihre Botschaft. Vielleicht zieht über Ihnen ein Bussard seine Kreise, ein Fuchs kreuzt Ihren Weg oder ein Regenbogen fasziniert sie.

Wenn Sie im Außen immer nur dahin reisen, wo Sie schon waren, werden Sie vielleicht nichts Überraschendes finden. Um neue Menschen, Landstriche und Besonderheiten kennen zu lernen, ist es auch bei Seelenreisen wichtig, den persönlichen Erfahrungen zu vertrauen und eigene Wege zu gehen. Dann tun sich Gefühlslandschaften auf, die erkundet werden möchten und es öffnen sich Schatzkammern der Intuition und Weisheit.

Auf allen Reisen sind Aufmerksamkeit und Präsenz notwendig, um in unerwarteten Situationen angemessen reagieren zu können. Alle Reisen sind bereichernd, weil sie den Horizont erweitern.

„Manchmal muss
man die Augen schließen,
um klarer zu sehen."

Anonym

Reisen auf uralten Stammespfaden

In die Seelenlandschaft zu reisen ist die wahrscheinlich älteste Methode der Menschheit zur Lösung von Problemen. Dabei ging es um Themen wie Visionssuche, Heilung und das Auf-finden ergiebiger Jagdgebiete oder Wasservorräte. Von seinen inneren Reisen brachte der Schamane überlebenswichtige Informationen für den gesamten Stamm mit. Sein Wissen bildete in den Ratsversammlungen die Grundlage für die Entscheidung der Ältesten. Zum Beispiel, in welche Richtung der Stamm aufbrechen sollte, um zu jagen oder einem Feind zu entgehen. Die Verbindung mit den inneren Quellen konnte die Schamanin aber auch für das Auffinden von Heilkräutern einsetzen oder um den Zeitpunkt festzulegen, wann das Winterlager aufgesucht werden sollte. Bei wichtigen Entscheidungen konnten sie auch mit den Urgroßvätern und Urgroßmüttern am Feuer des Ahnenrates sitzen und die Alten nach ihrem Willen befragen.

Die weise Frau begleitete Clanmitglieder an den Wendepunkten ihres Lebens. Bei der Geburt und Namensgebung ebenso wie bei der Initiation und Aufnahme in die Erwachsenenwelt. In diesen Traditionen wurden die Mädchen und jungen Frauen von den Müttern des Stammes begleitet und unterwiesen, da die Kraft der Frauen der weiblichen Linie folgt. Die jungen Männer erhielten ihre Unterweisungen und Lehren hauptsächlich von den Vätern, Onkeln und Großvätern. Beide gemeinsam, die Schamanin und der Schamane, leiteten die Visionssuche, waren Ratgeber bei der Traumdeutung, leiteten die Rituale bei Hochzeiten und Beerdigungen. Dies geschah natürlich auch bei Anliegen des gesamten Volkes, wie Streitigkeiten mit anderen Stämmen, Kriegserklärungen oder Friedensverhandlungen und bei Jahreszeitenfesten. Sie verstanden es, die Zeichen zu lesen und Kontakt mit „dem Großen Geist“ zu pflegen. Oft zogen sie sich in die Einsamkeit zurück, fasteten und reisten in ihre Seelenlandschaft, um Botschaften zu erhalten.

Wolf Storm erzählte eine Geschichte, die er von seiner alten Maya-Lehrerin gehört hatte:

Irgendwann, vor langer Zeit erhielten die Cheyenne Besuch von weit entfernten Menschen, von einem Sternenrat.

Damals gab es ungefähr 3000 Leute, die in Camps zu 250 Jägern mit Familien lebten. Sie mussten Boten von einem Lager ins nächste schicken, um eine Versammlung zusammen zu stellen. Es trafen sich schließlich 22 Männer und 22 Frauen, die den Rat aus 44 Friedenshäuptlingen bildeten. Sie hatten gemeinsam darüber zu entscheiden, wer aus dem Stamm dieses Volk nach außen repräsentiert. Es gab interne Auseinandersetzungen, denn es handelte sich um eine wichtige Herzensangelegenheit. Von den 3000 Menschen sollten diejenigen vier Personen gefunden werden, die ganz ihre eigene Essenz leben, die all die Tugenden repräsentieren, die wichtig sind. Sie fragten:

Was ist das Wesentliche, was dich ausmacht?

Wenn all deine Rollen von dir abfallen, was nimmst du mit?

Wofür stehst du?

Wie repräsentierst du dein Volk?

Sie senkten ihren Blick aus Ehrfurcht und Respekt vor ihren Lehrern und dem Raum.

Sie hielten Rat für viele Tage, jedoch ohne dass sie eine Lösung finden konnten. Während die Diskussion um das Finden einer Lösung immer lauter und heftiger wurde, saßen die beiden Alten abseits vor ihrem Tipi und beteten leise, sangen und trommelten, bis irgendjemand sagte:

„Seid mal still! Hört den Wind und den Gesang."

Der leise Gesang repräsentierte den Wind in der Prärie und war das Geschenk der Schamanen an die Leute, die so laut waren. Ihr ganzes Leben stand in Zusammenhang mit dem Wind. Sie wussten, wenn sich jemand anschleicht, werden die Vögel leiser, und so lauschten die Menschen auf das Lied des Windes. Alle standen auf, gingen zu den Alten und setzten sich zu ihnen im Halbkreis. Der Halbkreis - oder Halbmond - bedeutet Zeit.

Die Alten beendeten ihr Lied, legten die Trommel beiseite und sagten: „Wir haben viel über euch nachgedacht. Wenn ihr uns die Freiheit gebt, für euch zu entscheiden, werden wir die Wahl treffen." Alle waren still, überlegten und stimmten dann zu. Die alte Seherin sagte: „ Bringt uns einen kleinen 5-jährigen Jungen und ein 9-jähriges Mädchen. Ihr werdet die Kinder spielend am Fluss finden.

Sie sind dort mit ihren weiblichen Blutsverwandten.“ Dann beschrieb sie genau die Stelle, wo sich die Kinder aufhielten. Der Abgesandte fand die Kinder genau in der beschrieben Bucht und brachte sie zu den Alten.

Diese legten einen Kreis aus 20 Steinen um die Kinder, baten sie, sich niederzusetzen und plötzlich verschwanden die Kinder.

Ihre Mütter weinten und fragten: „Wohin sind unsere Kinder verschwunden?“ Die Schamanen beruhigten sie:

„Wartet, ihr werdet es erfahren und daran lernen.“

Für vier Tage und vier Nächte sind alle Menschen an diesem Ort geblieben und haben gefastet.

Dann kehrten die Fremden zurück und sie sprachen:

„Wir haben euch kennengelernt durch diese wunderbaren Kinder. Wir haben sie beim Spielen beobachtet und ihnen zugehört, was sie über euch erzählten. Sie sind so wunderschön. Hier habt ihr sie zurück.

Aber wir brauchen zwei andere Menschen, die eure Abgesandten sind.“

Da liefen die Kinder zu ihren Müttern, die so sehnsüchtig auf sie gewartet hatten.

Doch die beiden Alten standen auf und setzten sich stattdessen in die Mitte des Kreises. Nun reisten sie mit den Fremden, um diese Menschen zu repräsentieren.

Dies ist eine Cheyenne Neohah, eine Geschichte, die davon handelt, dem „Bären zuzuhören“. Der Kodiak - Bär ist ein Braunbär, der bis zu drei Meter groß wird und er ist das größte an Land lebende Raubtier. Die mächtige Braunbär-Mutter, die ein Baby in ihrem Maul trägt und es schützt, ist bei den Cheyenne ein Symbol für Frauenkraft.

Die Mayas haben eine weltweit wichtige Entdeckung gemacht. Dadurch, dass Medizinräder mit ihrem Kraft- und Mittelpunkt gelegt wurden, entdeckte man die mathematische Null. Die Null wurde auf diese Weise gefunden, nicht erdacht oder erfunden. Medizinkreise sind keine religiösen Symbole, sondern eine Wissenschaft der Erde. Das ist der Grund dafür, dass Medizinräder in allen Kulturen zu finden sind.

Im Schamanentum sind die Grundlagen und Prinzipien weltweit in allen Völkern die gleichen. In Europa wurden Menschen, die dieses „Erdwissen“ besaßen jedoch seit 2000 Jahren verfolgt, gefoltert und verbrannt. Sie wurden von der Kirche und Schulmedizin verachtet und lächerlich gemacht. Bis im Mittelalter dieses archaische Wissen durch die Hexenverfolgung und Inquisition nahezu ausgerottet wurde. Wer sich an den Grenzen zwischen den Wirklichkeiten bewegte und in den Hecken saß, den nannte man Hexe. Damals, so wie heute, gehörte Mut dazu, sich so zu nennen, denn die Seelen haben viel erleiden müssen.

Aber die weltweite Tradition trägt Sorge dafür, dass die Weisheit nicht verloren gehen kann.

Jetzt ist eine andere Zeit.
Jetzt ist es notwendig, dass diese
alten Schmerzen geheilt werden,
all diese Heilweisen und Arbeit wieder
bekannt und angewendet wird.

Früher bewahrten die Frauen und Großmütter das Wissen, denn viele Männer starben beim Jagen, Bauen, Verteidigen und Kämpfen. Bei Geburten starben damals nur wenige Frauen. Doch das änderte sich dramatisch im Mittelalter, und dann war es keine Seltenheit, dass ein Mann drei Frauen überlebte, die im Kindbett starben. Der Grund dafür war, dass es den Frauen bei Todesstrafe verboten war zu baden. Diese Vorschrift könnte durch einen Übersetzungsfehler entstanden sein, der aus „bath - Bad“ „bad - schlecht“ machte, was diese rigiden und unsinnigen Hygienevorschriften begründete und dazu führte, dass Frauen als Hexen verbrannt wurden, wenn sie sich wuschen.

Auch das Korsett, das vielen Frauen das Rückgrat brach, so dass sie nicht mehr ohne gehen konnten, war ein Grund für die hohe Müttersterblichkeit.

Wolf Storm wurde mit 10 Jahren von seiner Mutter und seinen Tanten unterstützt, so dass er im Geheimen seine damals hundertjährige Lehrerin treffen konnte. Sie erzählte Geschichten, die zurückreichten bis zu ihrer eigenen Großmutter, also bis ins 18. Jahrhundert.

Damals waren die Frauen sehr diszipliniert im Geschichtenerzählen, denn sie wussten, sonst würden die überlebenswichtigen Informationen sterben. Als Hüterinnen des alten Wissens waren Frauen daher sehr respektiert in ihrem Stamm. Zu jenen Zeiten gab es mehr Heilerinnen als Heiler, obwohl es auch Medizinmänner gab, ebenso, wie es auch Frauen gab, die jagten. Das individuelle Talent entschied, nicht die Rolle.

Wenn alte Leute Geschichten erzählen, beginnt sich die Zeit zu verändern, denn Geschichten zu hören ist etwas anderes als alleine ein Buch zu lesen. Man hat die Menschen bei sich, die zu einem gehören.

Wer im alten Europa nicht zu den Aristokraten gehörte, aber lesen und schreiben konnte, musste um sein Leben bangen. Denn die Sprache wurde durch die Kirche verändert. Es wurde altes Wissen gefiltert und die Menschen wurden trainiert, sich mehr auf Bücher zu verlassen als darauf, Gott in den Bäumen und in der Natur zu finden. Die Göttin wurde ganz abgeschafft, und Frauen, die bei Sonnenaufgang barfuss ihr Haus verließen, um den neuen Tag zu begrüßen oder Kräuter zu sammeln, wurden für verrückt erklärt.

So wurde durch Theorien, Wissen und Machtstreben die Verbindung zum Leben bewusst durchtrennt. Ab nun hat der Spirit nichts mehr mit dem Leben zu tun und wird in Büchern beschrieben. So entstehen Kopfgeburten und manche Kinder werden aus der Stirn eines Mannes geboren.

Aber ein Schöpfer ohne eine Schöpferin des Lebens spiegelt nicht die Balance und Gesamtheit der Schöpfung wieder.

Jesus hat auf aramäisch gebetet, so auch das Gebet, das er uns lehrte, das Vaterunser. Diese Sprache hat sich seitdem kaum verändert, denn sie hat sich in abgeschiedenen Bergländern Mesopotamiens und Kurdistans praktisch unverändert erhalten.

Auch Jesus sprach von der Schöpferin und dem Schöpfergott. Der aramäische Begriff „A wuhn" bedeutet nicht nur Schöpfer, sondern beinhaltet auch den weiblichen Aspekt, ebenso, wie „mystischer Klang", „Göttlicher Urklang", ähnlich wie das heilige Hindu - Mantra „Ohm".

Es schwingen also Ebenen mit, die in den zahlreichen Übersetzungen ins Hebräische, Lateinische, Griechische und in westliche Sprachen unberücksichtigt geblieben sind.

Dann klingen die Worte, die Martin Luther einführte:

„Vater Unser, Der Du bist im Himmel!
Geheiligt werde Dein Name!"

in der Übersetzung aus dem Aramäischen von G. Lamsa und der Bearbeitung von Joachim Ernst Berendt folgendermaßen:

„Mutter-Vater alles Geschaffenen!
Dein Name tönt heilig durch Zeiten und Raum!"

Das Vaterunser und die für uns inzwischen als selbstverständlich hingenommene Auffassung, was die Worte Jesu waren, konnten also gar nicht in dieser Bedeutung im Aramäischen ausgedrückt werden!

Wir sind deshalb aufgefordert, neu in das Gebet hineinzulauschen. Dabei stoßen wir ganz natürlich an unsere Grenzen, doch gerade diese Ränder des Gewohnten fordern uns heraus. Sie stellen das Weibliche an erste Stelle, als das Ursprünglichere. „Mutter-Vater alles Geschaffenen" thront nicht nur im Himmel, sondern ist hier auf der Erde, in Dir und mir, in unserer Zeit und in der Ewigkeit.

Unsere Generation ist aufgerufen, bewusst zu sein, Althergebrachtes auf seine Wirksamkeit und Echtheit zu überprüfen. Es ist an der Zeit, kluge Attacken gegen Tabus auszufahren, die unsere Weitsicht und Weiterentwicklung blockieren. Wir müssen die Bäume der Erkenntnis wiederfinden und aufsuchen.

Wir werden sie erklimmen, um aus neuer Perspektive für mehr Überblick sorgen zu können. Damit wir für uns, die Erde und nachfolgende Generationen weise Entscheidungen treffen können.

10 Grundregeln für Seelenreisen

Die Tatsache, dass der schamanische Weg viele zehntausend Jahre überlebt hat und das alte Wissen auch heute noch existiert, zeigt, wie kraftvoll diese Arbeit ist. Der Weg nach Innen wird von der Weisheit der Seele geleitet und hat seine eigenen Gesetze. Es gibt in der Tradition dieser Arbeit einige grundsätzliche Annahmen:

Alles, was ich wahrnehme, ist real

Alle Sinneseindrücke, Gefühle oder „eingebildete" Wahrnehmungen, Träume oder Visionen werden als real angesehen. Jeder entscheidet für sich, was in seinem Leben wahr und real ist. Die Sichtweise ist am Ergebnis orientiert. Daher gibt es keine Autorität, die beurteilt, ob etwas falsch oder richtig, eingebildet oder real ist.

Es gibt keine Zufälle

Es wird davon ausgegangen, dass das Universum total bewusst ist und dass es keine kosmischen Fehler gibt. Alles was sich zeigt, hat einen Sinn und erfüllt einen Zweck. Jede Reise hat einen verborgenen Bestimmungsort.

Die Sprache der Natur zu verstehen ist der Weg zurück in die Einheit.

Jeder ist sein eigener Experte

Jeder weiß selber, was er erfahren oder nicht erfahren hat. Mensch sein bedeutet auch: wenn ich weine oder mich vor Lachen biege, fühle ich mich ganz. In diesen Momenten ist es mir egal, was andere denken. Ich bin lebendig, fühle und weiß, was ich weiß.

Es gibt keine schamanische Hierarchie, keinen „Oberschamanen", der Beurteilungen vergibt.

Für den ersten Eindruck gibt es keine zweite Chance

Der erste Eindruck ist immer der richtige. Denn er stammt aus dem Gefühl, das noch nicht vom Intellekt gefiltert wurde, aus der Ebene des Wissens vor dem Denken, ohne Urteil und Bewertung.

Es wird einfach offen angenommen, was ist.

Nur das ist heilig, worüber man auch lachen darf

Die Wesen auf der anderen Seite besitzen eine gehörige Portion Humor und werden uns so lange auf den Arm nehmen, bis wir selber vor Lebensfreude ganz durchlässig und strahlend geworden sind.

Albert Einsteins Kommentar: „Wer es unternimmt, auf dem Gebiet der Wahrheit und Erkenntnis als Autorität aufzutreten, scheitert am Gelächter der Götter."

Das Ganze ist mehr als die Summe der Teile

Einzelne Perlen werden erst durch das Auffädeln zu einer Kette. Durch eine Absicht und Handlung entsteht etwas Neues.

Wenn Sie entscheiden, all Ihre Gedanken und Kraft auf ein Ziel auszurichten, entwickelt sich eine magische Eigendynamik. Diese bewirkt Unterstützung in Form von günstigen „Zufällen" und Menschen, die unerwartet ihre Hilfe anbieten.

Die kollektive Intelligenz ist größer als der klügste Einzelne.

Use it or lose it

Alles, was wir als Wissen erhalten, gilt es anzuwenden, denn sonst taucht es wieder im Vergessen ab.

Alles ist durch ein Lichtband der Liebe miteinander verbunden

Liebe und Mitgefühl für alle Wesen öffnet das Herz. Sie garantiert unser Überleben, denn Liebe besitzt Wahrnehmungskanäle, durch die sie alles miteinander verbindet, was existiert. Eine der Grunderkenntnisse der indischen Upanischaden lautet: „Das Ohr ist der Weg." Wenn wir beginnen zu hören und zu lauschen, überschreiten wir Grenzen und begeben uns auf den inneren Weg. Je bewusster wir hören, desto mehr öffnet sich die Fülle des Seins für all unsere Sinne. Dann wird Physisches zu Psychischem, Materielles zu Seelischem und Lebendigem.

Das Gesetz der Wahlfreiheit

Dies bedeutet, dass jeder entscheiden kann, was er tut oder lässt, annimmt oder ablehnt und wie er seine kreative Energie einsetzt - konstruktiv oder destruktiv.

Alles, was jemand tut, wirkt sich auf das Ganze aus, denn alles ist miteinander verbunden.

Immer sind jedoch die Konsequenzen der Entscheidung zu tragen. Die Verantwortung liegt also bei dem, der entscheidet und handelt. Selbstverständlich ist auch Nicht-Handeln eine Entscheidung.

Das Gebot der Wahlfreiheit gilt auf allen Ebenen und hat zwei Aspekte.

Frei wählen zu können schenkt Freiheit und Leichtigkeit. Doch jede Entscheidung hat natürliche Folgen.

Diese sind vorher häufig nicht absehbar und treten zeitverzögert ein. Jede Partnerwahl und Entscheidung für ein Kind belegen dies.

Diese Wahrheit kennt jeder, doch wir Menschen verhalten uns so, als würde sie nicht existieren. Jedoch hilft Verdrängung oder eine verzuckerte Sichtweise niemandem weiter, denn es bedeutet ganz einfach: Wir können alles tun, was wir wollen, haben aber den Preis zu zahlen.

Dies gilt natürlich auch bei Seelenreisen.

Angenommen, Sie treffen auf einen Inneren Lehrer, der Sie schon eine Weile begleitet und Sie fragen ihn nach speziellem Wissen oder magischen Fähigkeiten. Dies könnte zum Beispiel Gedankenlesen sein, Verstehen von Tiersprachen, Kommunikation mit Verstorbenen oder das Sehen von Engeln. Vielleicht erfüllt der Lehrer Ihre Bitte, oder aber er ignoriert die Frage und schweigt. Sagt er nichts, können Sie davon ausgehen, dass es der falsche Zeitpunkt ist. Denn Sie haben vorher noch bestimmte Erfahrungen zu machen. Es ist sinnvoll und ratsam, sich dem zu fügen.

Jedoch gibt es ein geistiges Gesetz, das besagt:

Wird eine Bitte drei Mal im zeitlichen Abstand geäußert,
wird sie erfüllt werden,
auch wenn der Schüler noch nicht bereit ist und
unabhängig davon, was es ihn kostet.

Der Lehrer wird also Ihrer Bitte nachkommen, soweit es in seiner Macht liegt. Natürlich wird er vorher alles tun, um Sie von Ihrem Wunsch abzubringen. Wenn Sie jedoch darauf bestehen, werden Sie mit den daraus folgenden Konsequenzen leben müssen.

Das kann allerdings sehr unangenehm werden, nämlich dann, wenn Sie die Eindrücke nicht verarbeiten können...

Goethe lässt seinen Zauberlehrling klagen: „Oh Herr, die Geister, die ich rief, werd ich nicht mehr los..."

Schamanentum ist eine alte Tradition der Heilung und gleichzeitig ein Lebensweg, auf dem gelernt wird der Intuition zu vertrauen, die eigenen Grenzen zu akzeptieren und schrittweise Kompetenzen zu erlangen.

Die Arbeit an sich selber ist nicht nur für Sie persönlich von Vorteil, sondern erweist sich oft auch für Ihre Mitmenschen als hilfreich. Sie entwickeln durch ihre Erfahrungen auf Seelenreisen ungewöhnliche Einsichten und Perspektiven. Vielleicht teilen Sie Ihre neuen Erkenntnisse mit anderen Menschen, die Ihr verändertes Einfühlungsvermögen und Ihre sensiblere Beobachtungsgabe bemerken. Ihren Lieben wird Ihre Empathie mit anderen Menschen und Lebensformen, wie Tieren und Pflanzen auffallen. In der Familie oder im Beruf werden durch Ihre Impulse verfahrene Situationen in einem neuen Licht erscheinen. Bei Problemen können Sie den Blick auf Türen und Möglichkeiten lenken, die vorher verborgen und gar nicht wahrnehmbar waren. Für alle Beteiligten entsteht auf diese Weise häufig ein unerwarteter, leicht begehbarer Lösungsweg, mit dem alle zufrieden sind.

Seelenreisen schenken Ihnen neue Energie, mit der Sie das Leben besser bewältigen können. Auf einfache Weise erlangen Sie Einsicht und erhalten spirituelle Führung, indem Sie Ihre Intuition anerkennen und entwickeln. So wird die einseitig intellektuelle Ausrichtung durch völlig andersartige Sichtweisen erweitert und zum Teil ersetzt. Sie erleben zum Beispiel, dass Sie durchaus in der Lage sind, viele Ihrer Probleme eigenständig zu lösen. So wächst Ihr Selbstwertgefühl auf ganz natürliche Weise. Sie fühlen sich von Liebe umhüllt und eingebunden in ein unterstützendes Universum, in dem Sie auf vielfältige Art Anregungen, Belehrungen und Problemlösungen finden können. Diese Arbeit führt Sie in einen Bereich, wo Sie Ihre eigene Kraft, Stärke und Macht (wieder) kennenlernen.

Sie können dann Ihre Energie für sich selbst einsetzen, für andere Menschen und um auf der Erde eine Wandlung herbeizuführen.

Wenn Sie Seelenreisen unternehmen, verbinden Sie sich mit altem Wissen, das Sie lehrt, wie Sie Ihr Leben in Balance und Harmonie bringen können. Sie lernen neue Facetten Ihrer Möglichkeiten zu sehen und empfinden hierbei wahrscheinlich Freude und innere Zufriedenheit, weil eine ganz tiefe menschliche Sehnsucht gestillt wird. Durch diese Erfahrungen verändert sich Ihr Leben in Richtung zu mehr Gesundheit, Wohlbefinden, Lebensfreude und innerer Freiheit. Sie spüren den Wunsch, wieder zu tanzen, zu singen, unbefangen herumzualbern, zu spielen und Ihre Kreativität auszudrücken. Sie können sich wieder an den kleinen Dingen des Lebens freuen.

Jeder Mensch kann in seine Seelenlandschaft reisen und sich dieser Dimension öffnen. Es ist eine Möglichkeit, um die Verbindung zur Natur und ihren Zyklen wieder herzustellen. So wird die tiefe Gewissheit erneuert, ein Teil der Schöpfung zu sein.

Seelenreisen eröffnen Ihnen die Möglichkeit, direkten Kontakt mit Ihrer inneren Kraftquelle und Führung zu pflegen. Schamanische Reisen sind eine altbewährte Methode, um sich mit seiner Seele zu verbinden und die eigene Kreativität neu zu beleben. Wahrscheinlich werden Sie diese Technik zunächst für sich selber nutzen, z.B. um sich zu heilen und Ihre persönliche Entwicklung voran zu bringen. Möglich ist auch, dass Sie irgendwann dazu aufgefordert werden, Ihre Fähigkeiten für die Gemeinschaft und die Natur einzusetzen.

Wenn Sie mit offenem Herzen diesen Weg gehen möchten, können Sie Ihre Reisegeschichte sofort beginnen. Sie folgen Ihrer Intuition auf den Pfaden, die Ihre Seele nähren und Ihrem Leben großen inneren Reichtum schenken werden. Genießen Sie Ihren Forscherdrang und leben Sie Ihre Experimentierfreude aus. Sie erhalten unmittelbare Einsichten und Informationen, die Sie auf Ihrem Weg zur Ganzheit unterstützen.

„Ich bin zum Beispiel überzeugt, dass der Schöpfungsakt sich in Spiralform vollzogen hat...
Meine Spirale wächst und stirbt vegetativ, das heißt, die Spiralbahnen verlaufen ähnlich wie Mäander der Flüsse nach dem Gesetz des Wachstums der Pflanzen.
Ich tue dem Ablauf keinen Zwang an, sondern lasse mich führen. Dadurch kann ich keine Fehler machen."

Friedensreich Hundertwasser
(1928 bis 2000, Maler, Architekt, Ökologe, Philosoph)

„Wenn wir nicht wissen,
welchen Hafen wir ansteuern sollen,
ist kein Wind günstig."

Seneca

Magische Impulse, die Freiheit versprechen

Eine Reise in die Seelenlandschaft

Sie reiste zum ersten Mal in ihre Seelenlandschaft. Als sie an ein hölzernes Schlosstor gelangte, das mit alten Eisenbeschlägen verziert war, wurde sie aufgeregt. Hier war lange niemand gewesen, der es geöffnet hatte. Vergessen bewachte es einen verlassenen Ort. Der große eiserne Schlüssel drehte sich nur widerwillig im Schloss. Knarrend und vor Alter ächzend öffnete sich das Tor. Sie schritt hindurch und blickte auf ihre Seelenlandschaft.

Die Sonne stand im Zenit und wärmte sie. Ihr Blick fiel auf eine große verwilderte Wiese, deren Gras und Blumen jedoch vertrocknet waren. Niedriges Moos war das einzige Grün hier, denn auch die Bäume waren ohne Blätter. Ihr fiel auf, dass es keine Tiere gab. Ein kleiner, fast ausgetrockneter Bachlauf lenkte ihre Blicke auf sich. Dort entdeckte sie einige frische Gräser und Blumen.

Obwohl hier alles so verlassen wirkte, liebte die Reisende diesen Ort. Die wärmende Sonne und die Landschaft strahlten ein Heimatgefühl aus. So begann sie sich vorzustellen, wie schön der Frühling diese Gegend verwandeln würde.

Das Schmelzwasser würde das Rinnsal in einen Fluss verwandeln. Das Wasser würde den Boden befeuchten, so dass alles grün werden würde. Und Tiere würden kommen, erst die kleinen Krabbeltiere, die die Erde mit Leben füllten, und dann die Vögel. Fische wären im Fluss, Waschbär und Biber würden hier heimisch werden, aber auch Wildpferde, Schafe, Eichhörnchen und tausend andere Lebewesen könnten sich in dieser weiten, sehr abwechslungsreichen Landschaft ansiedeln.

Während sie sich dies vorstellte, entstanden Bilder in ihrem Kopf. Dies waren wundervolle Bilder, lebendige Bilder mit magischer Kraft, denn es geschah etwas Erstaunliches: Während sie dachte, veränderte sich die Landschaft vor ihren Augen! Sie konnte es nicht fassen, aber es war so! Sie dachte an bunte Blumen und Schmetterlinge und vor ihren Augen sah sie, wie im gleichen Augenblick aus Sprösslingen Blumen heranwuchsen und wie sich aus Raupen und Puppen Schmetterlinge entwickelten. Sie brauchte es nur zu denken – und schon geschah es. Es war wie ein Spiel, ein Rausch. Sie ging umher und erdachte sich ihre Welt. Die Luft war erfüllt von den Lebensäußerungen der Tiere und die Natur erblühte …

Schließlich erschuf sie sich noch einen Garten mit Obstbäumen und einem romantischen Ruheplatz. Sie setzte sich dort auf die Bank und beobachtete die Tiere. Die anderen Lebewesen hatten weder Angst noch Scheu vor ihr, sondern suchten sogar ihre Nähe. Eine kleine Blaumeise setzte sich vor ihr ins Gras. Als sie ihr einige Krümel anbot, flog der Vogel auf ihre Hand und sie konnte ihn genau betrachten. Die Reisende war ganz ergriffen und gerührt über so viel Vertrauen.

Da bemerkte sie, dass sie die Gedanken der Meise verstehen konnte. Sie war fähig, sich mit dem Vogel zu verständigen, denn auch er verstand sie. Die Blaumeise begrüßte sie fröhlich und sagte ihr, dass der Ort sehr lange sich selbst überlassen war. So wurde er schließlich nutzlos, dämmerte in tiefem Schlaf dahin, und das Leben zog sich langsam zurück. Bis zu diesem Augenblick, an dem sie diesen heiligen Ort wieder belebt hatte. Die Meise erzählte von wunderbaren Wesen, die sich hier früher eingefunden hätten und die sicher wieder zurückkämen, wenn sie gerufen werden würden. Die Reisende erfuhr, dass sie hier um alles bitten dürfe, was sie benötige, und dass ihre Wünsche hier sofort erfüllt werden würden. Die Verantwortung für diesen Ort liege in ihrer Hand, denn er sei ihr anvertraut worden.

Die Frau erkannte, dass sie die Natur brauchte und ein Teil von ihr war. Sie brauchte die Erde und die Luft, das Feuer und Wasser, die Pflanzen, Tiere und Ratgeber. Nichts von alledem durfte sie als selbstverständlich hinnehmen und lediglich benutzen, denn dann würde es sich zurückziehen. Wenn sie an diesem Ort, in ihrer Seelenlandschaft, ein Leben in Hülle und Fülle erschuf, würde dadurch auch ihr Leben in der Alltagswirklichkeit reich und voller Leben sein. Sie nahm dieses Geschenk der Erkenntnis nicht als Selbstverständlichkeit hin. Sie dankte ihrem Schöpfer für diese

Gabe und der kleinen Meise für ihre Dienste als Botschafterin.

Als sie ihre Reise beendet hatte, hinterließ sie eine blühende, lebendige Landschaft und wusste, dass sie bei ihrem nächsten Besuch schon erwartet werden würde.

Wenn wir unsere Seelenlandschaft bereisen, lernen wir uns selber gut kennen und beginnen, unsere Wahrheit zu erforschen. Wir entdecken, dass wir in unserem Leben drei große Aufgaben haben.

Die erste besteht darin, die physische Realität, in der wir leben, zu gestalten und aufzubauen.

Die zweite Aufgabe besteht darin, Kontakt zu unserem eigentlichen inneren Wesen aufzunehmen und es als Realität anzuerkennen.

Wenn wir diese beiden Ebenen kennen gelernt bzw. uns an sie erinnert haben, ergibt sich daraus die dritte Aufgabe: Die Kunst, diese beiden Ebenen in Balance zu halten.

Dies ist dann der rote Faden, der uns nach Hause führt.

Die Seele jedes Menschen weiß, dass es mehr gibt als unsere materielle Wirklichkeit und den sichtbaren Himmel. Die unsichtbare Welt des Geistes, die jenseits von Zeit und Raum existiert, ist dem Menschen durch Märchen und Mythen, durch die Erinnerung an die eigenen „magischen Jahre" vor dem Schuleintritt und durch die Erfahrung von Träumen vertraut. Sie gehört sozusagen zum kollektiven Kulturfundus der Menschheit.

Jedoch ist die Sensibilität diesen Bereichen gegenüber stark gesunken, da wir eine verstädterte Lebensweise entwickelt haben, die uns der Natur sehr entfremdet.

Durch Reisen in die Seelenlandschaft ist es auch Stadtmenschen möglich, ihre Beziehung zu ihrer eigenen inneren Vielfalt und zu „Mutter Natur" erneut zu beleben. So bekommen sie auch wieder ein Gefühl für ihren eigenen Wert.

Durch diese Arbeit an Ihnen selber wird etwas in Ihnen geboren, das aus Ihnen selbst kommt und aus Ihrer eigenen schöpferischen Quelle stammt. So spüren Sie, dass Sie wertvoll sind.

Wir sind alle Teile einer Schöpfung. Von dieser Schöpfung geht ein Zauber, ein Funkeln, ein Glanz aus. Wenn wir in der Lage sind, diesem Unfassbaren mit offenem Herzen zu begegnen, springt der Funke auf uns über. Wir verändern uns, sehen neu und können eine andere Dimension von Tiefe erfahren. Wir fühlen uns von der Welt reich beschenkt. Doch diese Dimension öffnet sich uns nur, wenn wir uns ihr achtsam im Alltag nähern, wie es uns die Rituale der Alten lehren.

Jeder Mensch, ob er eng mit der Natur verbunden lebt oder völlig in der Stadt, hat die Möglichkeit seiner tiefen Sehnsucht zu folgen und kostbare Werte neu zu entdecken. Von der Natur können wir lernen, wie eine ursprüngliche Harmonie geschaffen werden kann.

Alte Weisheit und modernes Leben durch eigene Erfahrungen zusammen zu bringen ist ein Abenteuer. Wer sich auf diesen Weg begibt, kommt an der schamanischen Reise nicht vorbei, da sie zeitlos, einfach und universell ist.

Die grundlegenden Prinzipien und Methoden sind so variabel, dass sie mit anderen Wegen kombiniert werden können. Dies kann eine sehr kreative und lebendige Arbeit darstellen.

Jede Berufstätigkeit und jede Lebensphase können Sie durch schamanische Arbeit bereichern. Denn sie ist offen, vielseitig und immer unterstützend.

Leben kann man als einen fortdauernden Prozess des Wachsens, des Lösens von Blockaden und Erstarrung sehen. Auf diese Weise werden Potentiale gefördert und Talente (wieder) entdeckt. Es öffnen sich „Finde Wege“ und wiedergeborene Einfälle. Wenn Sie Ihrer persönlichen Stärke zustimmen und die eigene „Medizin“ für sich annehmen, unterstützen Sie sich selber, sowie Ihre Familie bzw. Ihre Gemeinschaft.

Sie sind jetzt in der Lage, zahlreiche Erfahrungen auf Ihren Reisen in die Seelenlandschaft eigenständig zu machen. Dadurch wird Ihnen Ihr eigener innerer Schatz immer bewusster und vertrauter. Viel Freude auf Ihrem Weg!

**„Wenn es nur eine einzige Wahrheit gäbe,
könnte man nicht hundert Bilder
über dasselbe Thema malen."**

Pablo Picasso

Existiert mehr als eine Wirklichkeit?

Schamanen gehen davon aus, dass es neben der physischen Welt eine unsichtbare Wirklichkeit gibt, die man beim inneren Reisen aufsuchen kann. Die Wirklichkeit ist ungeteilt, wird aber so beschrieben, als hätte sie viele Schichten, die sich jedoch nicht voneinander trennen lassen. Demnach bewegen wir uns gleichzeitig in mehreren Dimensionen. Reale, materielle, symbolische und virtuelle Ebenen sind ineinander verwoben. Dies könnte zum Beispiel die Schwierigkeit der Physik erklären, das Phänomen des Lichts zu erklären. Denn es verhält sich sowohl wie eine Welle, als auch als Strom von Teilchen, je nach Versuchsaufbau. Der Geist scheint Einfluss auf die Materie zu haben, Zeit und Raum ebenfalls. Dafür sprechen Versuche der Quantenphysik. Werden Partikel geteilt, reagieren beide Teile wie eineiige Zwillinge. Sie wissen voneinander, so als wären sie noch ungetrennt. Andreas Weber schreibt: „Die Quantenverschränkung heißt nämlich nichts anderes, als dass es unterhalb der 'makrophysikalischen' Ebene unserer Alltagswelt real eine andere Schicht gibt, in der alle Ereignisse miteinander zusammenhängen. Schließlich sind alle Gegenstände aus Elementarteilchen aufgebaut…"

Auch zahlreiche Erfahrungen mit Familienaufstellungen legen die Vermutung nahe, dass es ein „wissendes" Feld gibt, das sich bei einer bestimmten inneren Haltung öffnet. Durch die neu gefundene Ordnung kann die Liebe zwischen den Menschen wieder fließen und Heilung kann geschehen.

Die Wissenschaft findet immer mehr Parallelen zu den Aussagen von Schamanen, die die Resonanz der Ebenen als Tatsache beschreiben, weil sie es auf ihren Seelenflügen als real erleben. Im Schamanismus ist eine Unterscheidung von Innen und Außen bedeutungslos. Man kann sowohl zu fernen Gestirnen reisen, als auch in die eigene Seelenlandschaft, etwa, um sich einen Traum oder eine Vision deuten zu lassen. Auch eine Unterscheidung von real und eingebildet findet nicht statt, denn es zählt allein das Ergebnis. So ist es egal, wie und wann Heilung geschieht, denn selbst wenn es Einbildung war, ist der Mensch im Endeffekt nicht weniger gesund.

In der keltischen Tradition wird diese Wirklichkeit „Anderswelt" genannt, die Ureinwohner Australiens bezeichnen sie als „Traumzeit“...

In den meisten schamanischen Traditionen werden drei Dimensionen unterschieden: die untere, mittlere und obere Welt.

Sie sind durch eine senkrechte Achse miteinander verbunden und diese wird oft als „Weltenbaum“ bezeichnet. In Jakobs Traum in der Bibel zeigt sie sich als Himmelsleiter.

Jede dieser Realitäten hat spezielle Charakteristika und Eingänge oder klare Landschaften. Die unterschiedlichen Ebenen bedeuten keinerlei Wertung. Oben ist nicht besser als unten, sondern einfach anders! Wenn wir in unserem Kulturkreis von unterer Welt sprechen, mag das für uns einen negativen Beiklang haben, weil wir häufig den Himmel mit oben, hell, licht und der Wohnstatt der Engel assoziieren. Entsprechend ist die Unterwelt mit ekligen, instinktgesteuerten Wesen besetzt, die in der Hölle leben. Im Schamanischen stehen die Welten jedoch gleichberechtigt nebeneinander.

Um auf die anderen Ebenen Ihrer Vorstellung zu gelangen, die in jedem von uns existieren, beginnen Sie, sich zu entspannen. Sie erreichen Ihre Seelenlandschaft durch einen besonderen Einstieg in der Erde: ein Loch, einen Brunnen, eine Höhle, einen hohlen Baum, ... eine Verbindung, die hier real existiert. Oder die Sie sich in Ihrer Phantasie vorstellen. Dies ist nicht ausschlaggebend. Jedoch ist es wichtig, dass Sie das Ende nicht kennen, dass Sie nicht wissen, wie es dort unten weiter geht.

Dieser Einstieg ist die Nahtstelle zwischen „Hier“, unserem Alltag, und „Dort“, unserer Seelenlandschaft. Hier beginnt und endet die Seelenreise.

Vielleicht fällt Ihnen spontan ein Einstieg ein – eventuell werden Sie aber bei Ihrer ersten „Reise“ auch mehrere Möglichkeiten ausprobieren, bis Sie die beste finden....

Auch wenn Sie in die obere Welt reisen wollen, können Sie Ihren Einstieg in die Erde wählen. Sie werden dann in andere Bereiche geleitet, natürlich sind aber auch andere Wege möglich.

Auf Reisen in die Seelenlandschaft können Sie nichts verkehrt machen, weil es kein „richtig“ oder „falsch“ gibt. Es gibt nur Ihre Erfahrungen. Es werden Ihnen Wesen begegnen, die Sie begleiten und Ihnen beistehen. Sie allein entscheiden, wer bei Ihnen sein wird. Wenn Sie den Energien trauen, die sich zeigen, dann sind sie auch existent. Wenn Sie ihnen misstrauen oder nichts mit ihnen zu tun haben wollen, werden sie verschwinden.

Sie können sich auf sehr persönliche Erfahrungen freuen, die für Ihre weitere Entwicklung wichtig sein werden!

Das Ziel der inneren Reise

Wenn Sie sich auf eine Reise begeben, haben Sie meistens ein Ziel oder einen Auftrag. So ist es auch bei einer Reise in Ihre Seelenlandschaft: Sie reisen mit einer bestimmten Absicht. Sie suchen nach Antworten auf Fragen, die Sie in der äußeren Welt nicht finden konnten. Vielleicht haben Sie ein konkretes Problem zu lösen. Oder den Wunsch nach Selbsterkenntnis und Erweiterung Ihres Horizonts. Es ist wichtig, sich vor einer Reise klar zu machen, mit welcher Absicht diese Reise unternommen wird.

Wenn Ihnen das Ziel Ihrer inneren Reise bewusst ist, sollten Sie die Frage, die Sie beantwortet haben möchten, in bestimmter Art und Weise formulieren. Denn es ist von großer Bedeutung, dass Sie das ausdrücken, was Sie erreichen möchten. (Sie könnten natürlich auch das formulieren, was Sie hinter sich lassen möchten. Dies würde Ihnen aber Kraft rauben.) Also blicken Sie auf das Positive, zum Beispiel auf Ihren Mut, den Sie aktivieren möchten und nicht auf Ihre Angst, die sie hinter sich lassen möchten.

Am besten beginnen Sie Ihre Frage mit

Wer? Wie? Was? Wo?

Stellen Sie zunächst immer nur eine Frage pro Reise, denn bei einer Entweder–oder–Frage können Sie nie ganz sicher sein, worauf sich die erhaltene Antwort bezieht.

Je mehr Vertrauen Sie zu sich selber haben, umso deutlicher kann die Botschaft Ihr normales Tagesbewusstsein erreichen. Wie bei vielen Dingen ist bei dieser Art zu reisen ein inneres Gefühl der

Sicherheit der Schlüssel für Fortschritt.

Bevor Sie mit einer Seelenreise beginnen, finden Sie eine einfache Frage, wie zum Beispiel:

- Wie sieht mein Eingang in die andere Welt aus?
- Wie sieht meine Seelenlandschaft aus?
- Welches Tier ist mein Verbündeter?
- Wer wird sich mir auf meiner ersten Reise zeigen?
- Welche Botschaft hat mein Krafttier für mich?
- Was ist der nächste Schritt in meinem Leben?
- Wie finde ich mein Selbstbewusstsein wieder?
- Was kann ich tun bei Schlaflosigkeit?

Die Antwort auf Ihre Frage wird Ihnen gegeben. Wahrscheinlich wird sich ein Gefährte zeigen. Er wird einen Weg finden, um mit Ihnen in Kontakt zu kommen.

Seien Sie einfach offen. Dann beginnt die Energie zu fließen und Sie werden überraschende und kreative Antworten und Lösungsvorschläge erhalten. An anderer Stelle finden Sie detaillierte Reiseziele, um Ihren inneren Krieger, Heiler, Seher und Lehrer zu rufen.

Wenn Sie als Coach arbeiten ist es natürlich notwendig, zunächst persönliche Erfahrungen mit dieser Methode zu sammeln. Später können Sie ihre Klienten auf deren Reisen begleiten. Nach meinen Erfahrungen geschieht dies am einfachsten, wenn Sie nebeneinander liegen und leichten Körperkontakt haben. Zum Beispiel, indem sie sich mit den kleinen Fingern berühren. Wenn Sie die Person gut kennen, ist es auch möglich, alleine für diesen Menschen dessen Seelenlandschaft aufzusuchen. Natürlich nur, wenn Sie ausdrücklich darum gebeten werden. Nach der Reise rege ich immer an, dass jeder seine Eindrücke notiert und ich bitte die Klientin, mir ihre Erfahrungen mitzuteilen. Dieser Austausch ermöglicht Erkenntnisse, die auf anderen Wegen nur schwer zu erlangen sind.

Wichtig als Coach ist es, der eigenen Intuition und der des Klienten zu vertrauen. Voraussetzung hierfür ist eine geborgene und sichere Atmosphäre zu schaffen. Als Coach halte ich es auch für wichtig, die eigenen Eindrücke nur zu äußern, wenn dies gewünscht wird und die Bereitschaft zu haben, nur die Erkenntnisse stehen zu lassen, die der Klient als seine eigenen akzeptieren kann.

**„Jedem Anfang wohnt ein Zauber inne,
der uns beschützt und der uns hilft zu leben."**

Hermann Hesse

Den eigenen Platz finden

Ich lausche der Trommel, die mich einlädt zu reisen. Durch einen geheimen Gang verlasse ich meinen Alltag und stehe vor dem Tor meiner Seelenlandschaft. Ich schließe auf und komme erst einmal hier an: Atme tief durch und erfreue mich an der schönen Landschaft. In mir erwacht der Wunsch, diese Landschaft zu erforschen und den Ort auf der Erde zu finden, an dem ich mich zuhause fühlen kann.

Ein bescheidener Wanderer gesellt sich zu mir. Ganz selbstverständlich verbringen wir Zeit miteinander und verstehen uns ohne Worte. Wir gehen gemeinsam, atmen tief ein und richten den Blick auf den Horizont.

Ich spüre, wie ich mich aufrichte und fühle, dass meine Gestalt größer wird. Es tut mir gut, erhobenen Hauptes und meiner selbst bewusst durch meine wunderschöne Landschaft zu spazieren. Mein Herz entspannt sich dabei, ebenso wie meine Augen und ich beginne, neu zu sehen und zu fühlen.

Ich spüre den Boden unter meinen Füssen, schwinge meine Arme herum, nehme mir so viel Raum, wie ich mag und betrachte intensiv meine Umgebung.

Mein Begleiter fragt: "Liebst du die Erde und das Leben an diesem Ort?"

„Ja, ich liebe diese Landschaft, die ich nach meinen Wünschen gestaltet habe und mein Sehnsuchtsland getauft habe." „Wenn du an deinen normalen Alltag denkst, frage dich jetzt einmal, ob du an dem Ort, wo du wohnst, das finden kannst, was du brauchst.- Natürlich ist es möglich, dass du dich von einem Platz abgelehnt fühlst, weil es dir zu kalt oder zu trocken, zu verstädtert oder einsam ist. Doch du kannst dir sicher sein, dass es trotzdem einen Ort für dich gibt, der deine Heimat ist oder werden kann. Dort wirst du dich sicher fühlen und glücklich sein. Jeder von uns hat ein Gartenstück zugewiesen bekommen, um es liebevoll zu gestalten. Dieser kleine Bereich des Universums ist uns anvertraut und hier findet unser Leben statt mit allen Beziehungen, unserem Beruf, Lebensumständen und Verantwortlichkeiten. - Die Erde wird dich an den Ort rufen, den du liebst. Dort wird dein Herz aufgehen, bei Sonne und Regen.

Dieser Ort wird dich auf deinem Weg unterstützen. Du gibst ihm deine Aufmerksamkeit, deine Arbeit und Liebe, indem du ihn pflegst und die Verantwortung trägst für die Tiere, die dort leben und für alles, was auf deinem Land wächst: die Bäume, Blumen, das Gemüse oder Getreide. Die Verbindung mit der Natur bringt dich schnell dir selber näher, sie macht dich sicherer und stärker. Schon bald kannst du deine Angst verlieren und in die Kraft umwandeln, mit der du deinen Traum verwirklichst.

Wenn du jedoch dein Haus, deine Stadt und sogar das Land, in dem du lebst, hasst, schwebst du in großer Gefahr, krank zu werden... Deshalb stelle dich auf deinen Ort ein, fühle seine Energien in deinem Herzen und arbeite mit den Kräften der Erde zusammen, widersetze dich nicht den Grundelementen, sondern gehe weiter, wenn die Energien nicht mit deinen zusammenschwingen... Häufig ist die Heimat das Werk unserer Ahnen. Dieser Ort hatte ihnen damals Sicherheit und Geborgenheit geschenkt. Deine Heimat kann einfach da sein, wo du geboren bist.

Doch wenn dies nicht so ist und du nicht dort wohnen möchtest, wo deine Familie lebte, lass diesen Ort nicht vereinsamen oder verkommen. Sondern gib ihn frei für Menschen, die ihm ihre Liebe schenken und ihn lebendig halten.

Geh dann weiter auf deinen eigenen Spuren.

Hast du irgendwann deinen eigenen Ort gefunden, wo dein Herz glücklich ist, genieße die glitzernde Wasseroberfläche im Sonnenschein, wenn es dort Wasser gibt. Lausche dem leisen Rascheln der Blätter im Wind, beobachte einen Vogel und rufe ab und zu in die Stille allen vier Himmelsrichtungen zu: Ich will leben! So rufst du deine Macht. Die Schönheit des Ortes wird dich auf deinem Weg inspirieren. Deine Angst wird langsam verfliegen und dein Herz wird sich mit Liebe füllen. Diese Liebe verleiht dir die Kraft, anderen Menschen etwas zu geben, was ihr Leben bereichert. So wirst du dich lebendig fühlen und mit dir selber Frieden schließen..."

Mit diesen Worten endete die Reise und mein Begleiter verschwand, indem seine Gestalt immer nebeliger, zarter und durchscheinender wurde.

Innerlich dankte ich ihm und rief laut: „Ja, ich will leben und werde meinen Ort finden!“ Dann begab ich mich auf den Rückweg, passierte das Tor und verriegelte es, glitt hinauf auf die Erdoberfläche und begab mich wieder in den Meditationsraum.

Die untere Welt

Im Schamanischen ist die Landschaft der unteren Welt erdverbunden. Berge, Wüsten, Wälder, weite Prärien, Wasser, unberührte Natur, Wildnis, Pflanzen und Tiere. Hier herrscht ein Zustand, in dem noch alles seinen natürlichen Gang geht, ohne dass es Gut oder Böse gibt. Es existiert hier der Zustand des Paradieses.

In dieser Welt können wir praktische Hilfe und Erholung finden. Wir werden auch auf Weisheit treffen. Sie begegnet uns oft als Ratgeber in menschlicher oder tierischer Gestalt.

Wenn wir uns auf die untere Welt einlassen, betreten wir wieder unsere Kinder-Wunder-Welt. Denn hier ist es selbstverständlich, dass alles eine Seele hat und weit mehr ist als die Materie, aus der es besteht. Alles, was hier lebt, kann auf unterschiedlichen Wegen mit uns in Kontakt treten. So erlangt alles um uns plötzlich eine Bedeutung. Wir staunen und freuen uns, diesen Bereich wieder zu entdecken. Hier gibt es vieles zu sehen und wir nehmen uns Zeit, in alles hineinzuhorchen, was sich zeigt. Der Baum, die Blume und Quelle, unterschiedliche Tiere und Naturwesen sprechen mit uns.

In der unteren Welt entdecken wir Neues, das uns erstaunlich vertraut erscheint. All ihre Wesen teilen sich mit, machen unser Leben bunt, spannend und abenteuerlich. - Normalerweise hätten wir diese Erfahrung als Traum oder Phantasie abgetan und ihr keine Bedeutung geschenkt. Nach einer Reise in die untere Welt erscheint es uns aber doch irgendwie möglich zu sein, dass die Bewohner dieser Ebene uns wohlgesonnen sind und die Absicht haben, uns zu unterstützen, damit wir uns weiter entwickeln…

Die untere Welt bereisen wir, indem wir einen geeigneten Eingang in die Erde finden. Vielleicht entdecken wir einen Fuchsbau oder eine tiefe Schlucht, die wir hinabklettern… Doch immer gelangen wir an einen persönlichen Ort, der im Verborgenen liegt. Jeder wird seinen eigenen Weg finden, um in der unteren Welt seine Erfahrungen zu machen.

Den Weg in die untere Welt beginnen Sie, indem Sie sich einen Ort in unserer normalen Alltagswirklichkeit vorstellen, meistens in freier Natur. Von diesem Platz aus begeben Sie sich tief in die Erde. Indem Sie an den Wurzeln eines Baumes herabklettern, durch eine Höhle oder ein Gewässer, einen See oder Wasserfall in die Tiefe gelangen. Wenn Sie keine natürliche Öffnung finden, können Sie auch zum Beispiel einen U-Bahnschacht, einen Brunnen, eine Kellertreppe oder einen Fahrstuhl benutzen. Dann folgen Sie einem langen Tunnel, der abwärts führt. Dieser Tunnel ist indirekt oder mit Fackeln und Kerzen beleuchtet, so dass Sie sich angstfrei hindurchbewegen können. Am Ende sehen Sie Licht.

Jetzt befinden Sie sich vor einem Tor, auf dem Ihr Name steht. Sie nehmen Ihren Schlüssel und schließen auf. In der vor Ihnen liegenden Landschaft erkennen Sie eine Wiese, einen Baum, eine Quelle und einen Fluss. Sehen Sie sich alles genau an und merken Sie sich das Gesamtbild! Und nun können Sie mit Hilfe Ihres Zauberstabes beginnen, alles so zu verändern, wie Sie es schön finden, so dass die Landschaft Ihnen entspricht und Sie sich dort wohl fühlen …

Reisen ins Wurzelreich sind die gesicherte Verbindung zu den Kräften der unteren Welt. Sie sind die Basis für alle folgenden inneren Reisen und entsprechen den Wurzeln eines Baumes, der Halt und Nahrung im Erdreich findet. Ohne Wurzeln könnte er weder Blätter, Blüten noch Früchte hervorbringen und würde beim ersten Sturm zu Boden gehen.

Alle Erkenntnisse, die wir in der unteren Welt erhalten, müssen der kritischen Überprüfung durch den gesunden Menschenverstand Stand halten und brauchen ihre Verankerung im Alltag!

So nähren wir unsere Verbindung mit „Mutter Erde“ und erschaffen uns Wurzeln, die unseren Lebensbaum stärken.

Wir stehen auf den Schultern unserer Ahnen

So gibt es wohlwollende Ahnen, die uns segnend und unterstützend begleiten. Wir können uns mit ihnen in einem Gespräch austauschen oder sie bitten, den Rat der Vorangegangenen einzuberufen, damit wir ihn befragen können.

So zeigt sich z.B. bei systematischen Aufstellungen, dass es auf diesen Ebenen sehr große Unterstützung gibt, wenn es darum geht, im Dunkeln liegende Ursachen von Krankheiten, Problemen oder Verhaltensweisen aufzudecken.

In der Geistigen Welt ist es möglich, durch die verfeinerte Wahrnehmung zu erkennen, welchen Grad der Feinstofflichkeit oder Schwingung diese Wesen besitzen. Es gibt hier Lichterscheinungen, die klare Konturen und Formen haben, die sich bewegen und intelligent sind. Ahnen können sehr große Lichtwesen sein, je nachdem wie klar und hell ihre Schwingungsebene ist. Häufig leuchten sie ebenso hell wie Engelwesen – unterscheiden sich jedoch durch die Art ihrer Energie. Diese fühlt sich häufig sehr vertraut an, da wir sie ebenfalls in uns tragen. Vielleicht erinnert uns ein Blumenduft an eine Verwandte, die vor uns war, oder ein Musikstück...

Diese Großmütter und Großväter können uns unterstützen, Veränderungen in unserem Leben herbeizuführen, indem sie uns durch Wissen und Erkenntniss helfen. Vielleicht raten sie uns, gerade im Angesicht der Probleme der Welt, nach den Sternen zu greifen...

Wenn wir ihrem Beispiel folgen und einiges wie sie machen, schenken sie uns die Gewissheit: „Was sie konnten, können auch wir." Auch wir können über uns hinauswachsen, wenn wir unsere Kräfte bündeln. Die Großeltern haben es geschafft, also können auch wir erfolgreich sein. Ebenso wie sie Mut zum Wagnis hatten, Ozeane überquerten, mit wilden Tieren lebten und Schicksalsschläge meisterten, können auch wir Furchtlosigkeit entwickeln. Opfer zu bringen ist jetzt notwendig, damit andere überleben können.

Im Grunde genommen ist es keine Frage des Mutes, Mitmenschen zu helfen, wenn sie in Not sind. Es ist ehr eine Wahl, die jeder Mensch im Leben einmal zu treffen hat. Es ist wichtig, auch den Kindern beizubringen, dass jeder Mensch Prüfungen zu bestehen hat. Die Herausforderungen kommen jedoch nie dann, wenn wir sie erwarten oder damit rechnen. Diese Erfahrung einzuüben ist notwendig, damit die nächste Generation nicht vor Sorge den Blick senkt, in sich zusammenfällt und gebeugt geht. In schweren Zeiten, in denen sich das Sternenlicht nur in Pfützen widerzuspiegeln scheint, ist es wichtig, sich daran zu erinnern, was uns selber verändert hat.

Oft war es die Liebe. Wenn wir daran denken, werden wir weich, entspannen uns und können vorsichtig beginnen, das zu lieben, was uns vor Angst zittern ließ.

Damit wir nicht im Gestrüpp des Lebens hängen bleiben, müssen wir bereit sein, Verwundungen auf uns zu nehmen. Wir müssen etwas riskieren für das, was uns lieb und wichtig ist. Für unsere Kinder müssen wir den Gegenspieler besiegen. Damit das Gute siegreich ist, müssen wir uns der Angst vor Verantwortung stellen.

Sowohl in Indien als auch bei den nordamerikanischen Ureinwohnern stammen die Lebensweise und der respektvolle Umgang mit der Natur und den Menschen aus dem Wissen, dass jeder Gedanke, jedes Wort und jede Tat zu seinem Absender zurückkehrt. Inder sprechen in diesem Zusammenhang von Karma, Indianer von kosmischer Gerechtigkeit.

Wir können unsere Ahnen fragen, was wir tun sollen.

Vielleicht raten uns die Seelen, die unseren Weg vorbereitet haben, dass wir uns wehrlos mit ungeschütztem Herzen allen Verwundungen der Liebe aussetzen sollen, um eine tapfere Liebe gegen alle Mittelmäßigkeit und Anpassung zu leben.

Diese Liebe zum Leben bringt Frauen dazu, Leben zu schenken. Auch wenn dies eine allgemeine Erfahrung ist, bleibt es für jede Frau, trotz aller medizinischen Erleichterungen, ein archaisches Erlebnis. An einem bestimmten Punkt in der Schwangerschaft hat sie die Erkenntnis, dass sie den Weg bis zu Ende gehen muss, egal, was es sie kostet. Es liegt eine große Gnade darin, dass die Frau, die geboren hat, die Schmerzen vergisst. So wie das Kind auch die Schmerzen der Geburt hinter sich lassen muss, um sich dem Leben zu öffnen…

Letztendlich wird das Leben gut weitergehen.

Einzelne sind natürlich nicht für die ganze Welt verantwortlich, aber jeder kann eine Kerze anzünden.

Ein Arzt kann an einem Tag 50, 100, vielleicht sogar 150 Patienten behandeln, aber irgendwann muss auch er schlafen.

Von niemandem wird Unmögliches erwartet.
Aber es ist sehr viel besser eine Kerze anzuzünden,
als über die Dunkelheit zu schimpfen.
So können wir uns und unser Leben heilen.

Mit Hilfe der Vorfahren können wir auch uralte verankerte Familienmuster auflösen, die wir sonst an die nachfolgenden Generationen weiter geben würden. Es ist ihnen meistens eine besondere Freude, unseren Weg zu unterstützen und uns zu segnen, da es auch sie befreit.

Außer den unterstützenden Ahnen gibt es noch eine Vielzahl anderer Helfer, die sich oft in Gestalt von Krafttieren oder mythologischen Wesen zeigen, wie zum Beispiel Elfen oder Baumgeister.

Tierboten erweisen sich im praktischen Alltag als sehr hilfreich. Hat jemand einen Tiger als Verbündeten und übt Karate, wird sein Schlag so kraftvoll sein, wie der einer Pranke. Er kann eine Attacke mit der Hand ausführen wie beim waffenlosen Kampf. Seine Schläge mit der Handkante sind besonders wirkungsvoll.

Ein schamanischer Lehrer rief die acht kräftigsten Kursteilnehmer zu sich. Er nahm ein Seil in die Hand und gab den Männern das andere Seilende. Nachdem er sich mit seinem Krafttier verbunden hatte, forderte er zum Tauziehen auf. Er selber rührte sich nicht vom Fleck, so sehr sich die anderen auch abmühten.

Er schenkte den Erwartungen der anderen Menschen keine Aufmerksamkeit, sondern nur seiner eigenen Wahrnehmung. So konnte die Energie durch seinen inneren Löwen geweckt werden.

Natürlich können wir in der unteren Welt auch wichtige Kontakte zu unserem inneren Heiler, Lehrer, Krieger, Seher oder Weisen pflegen. Auch den Clown können wir treffen, zum Beispiel als Schelm, Otter, Papagei oder Affen. Der Zauberer oder Schamane lockerte eine bedrückende Atmosphäre auf durch Spaß und Humor. Dies war der Ursprung der Medizin. Die Menschen entspannten sich und nahmen es dem Spaßmacher nicht übel, wenn er dann seine Erkenntnisse lustig verpackt präsentierte.

Diese spielerische Leichtigkeit fehlt in unserer Gesellschaft an vielen Orten, ganz besonders in Krankenhäusern, Altenheimen und Hospizen.

All die Begleiter, die sich zeigen, bemühen sich, uns zu unterstützen und uns neue Sichtweisen zu eröffnen.

„Die Erde ist ein lebendiges Wesen. Sie besteht wie der Mensch aus Körper, Seele und Geist.
Sie ist unser einziges Zuhause und bringt unermüdlich Nahrung für uns, die wir in ihrem Körper leben, hervor.
In ihrer Essenz ist sie eine Frau, und ihre Liebe ist die Liebe einer Mutter, die den Menschen dient.
Was geben wir ihr zurück?“
K`anchaq Uma Juan, Quechuaindianer

Die Erde als Mutter und Pachamama

Wenn wir mit innerem Abstand an die Erde denken, dann sehen wir sie als einen sich drehenden Planeten, der durchs Universum schwebt, und wir empfinden uns klein wie Ameisen. Doch es gibt eine ältere Perspektive auf das menschliche Leben. Denn zu allen Zeiten auf der ganzen Welt wurde die Erde als Große Mutter verehrt. Sie wurde als Bewahrerin und Ernährerin ihrer Kinder gesehen.

Alle Wesen sind den Naturgesetzen, Jahreszeiten und der Erfahrung von Zeit ausgesetzt, denn sie erleben Geburt, Freude, Schmerz und Tod. In früheren Zeiten, als die Erde als Ursprung allen Lebens gesehen wurde, hatte der Tod nichts Bedrohliches, denn er bedeutete lediglich die Rückkehr in die warme Geborgenheit, in den Schoß der Großen Mutter.

Wenn wir uns mit der Erde verbinden, haben wir „festen Boden unter den Füssen", wir sind „geerdet" und stehen fest auf dem „Boden der Tatsachen". Dann sind wir realistisch und verbinden uns innerlich mit dem Planeten, auf dem wir leben. Wir finden unsere Mitte und Sicherheit, wenn wir uns in Liebe mit unserem lebendigen Heimatplaneten verbinden. Denn unser Bewusstsein verändert sich, wenn wir daran denken, dass uns die Erde nährt und birgt. Wir können uns zum Beispiel vorstellen, dass wir uns eine Höhle bauen oder in einen Berg zurückziehen in den Bauch von Mutter Erde, um dort Geborgenheit zu finden. Dann umgibt uns das Erd-reich und wir öffnen uns dem Reichtum der Erde… Nichts auf diesem Planeten ist ein stärkeres Symbol für Sicherheit, Kraft und Geborgenheit als die Erde selbst. Darum gibt und gab es in jeder Kultur das Ritual, sich real oder im übertragenen Sinn für einige Zeit der Gemeinschaft zu entziehen, um in der dunklen Stille zu heilen und sich zu erneuern. Menschen finden tiefe Geborgenheit in der Kraft der Ur-Mutter. Diese Erd-Mutter wird uns alles geben, was wir brauchen. Sie beschützt, wiegt und liebkost unser kleines Kind, das tief in uns bedürftig darauf wartet, das zu bekommen, was ihm fehlt. Die Geschichten der Großen Mutter nähren unsere Seele, bis wir uns schließlich aus ihrer Umarmung lösen…Dann ist die Kraft der Ur-Mutter wirklich präsent in uns und all das, was uns daran hinderte, ein glückliches Leben zu führen, ist von uns abgefallen. Wenn wir uns tief in Mutter Erde hineinbegeben, erinnert sie uns auch daran, dass wir Hüterinnen der Erde sind. Sich mit Pachamama zu verbinden ist eine uralte und elementar wirksame Methode, um all die Glaubenshaltungen, Zwänge und Neurosen zu heilen, die viele von uns mit sich herumtragen. Beide Worte: Mutter und Materie leiten sich vom Sanskritbegriff Artha ab, der „materieller" Wohlstand bedeutet, also Reichtum der Erde. Europäische Namen der Erde, wie Urth, Hertha oder Ertha stammen aus dieser Quelle. Pachamama, die in Südamerika verehrte im Inneren der Erde wohnende Erdmutter, wird als Kraft allen Lebens und als göttliches Wesen der Fruchtbarkeit verehrt. „Pacha" bedeutet in der Quechua-Sprache Erde. Mama wie bei uns Mutter. Pachamama ist also Beides: die Mutter des Raumes und der Zeit, der Welt und des Universums. Sie ist der Ursprung des Neuen und des Lebens an sich. In Südamerika steht Pachamama heute auch als Symbol für die Identität und den sozialen Widerstand, sie bringt die Hoffnung auf ein umfassend harmonisches Leben. Seit 2008 ist Pachamama ein Grundprinzip in der neuen Verfassung von Ecuador.

Als die Erde als Mutter gesehen wurde, war der Glaube verbreitet, dass die Göttin Gutes gibt, wenn auch die Menschen etwas geben, was ihnen etwas bedeutet. Sie spendeten und beteten beim Umgraben und Säen, beim Ernten der aus dem Schoß der Erde entnommenen Nahrung. Sie hielten Rituale ab und brachten Opfer dar, denn sie waren bemüht, ihre Mutter freundlich zu stimmen, weil sie wussten, dass sie ihren Beistand zum Überleben benötigen. Erdmütter der Vorzeit waren Künstlerinnen, Geburtshelferinnen, Töpferinnen, Weberinnen und Geschichtenerzählerinnen. Die stolzen Weberinnen hüteten die Schafe, bauten Webstühle, färbten die Wolle und verwebten die Schönheit in ihren Herzen. Die Muster hatten eine tiefe Bedeutung und stellten oft heilige Symbole dar. Sie trugen ihre Erkenntnis in das Leben, dass unser Leben reich gesegnet ist und dass es an uns liegt, das Leben angenehm zu gestalten. Sie lehrten Geduld, Stärke und Schönheit. Als Geburtshelferin lehrten sie auch, dass Offenheit wichtig ist für neue Ideen, die in das Leben kommen möchten: für eine neue Arbeit, Erfahrung oder Beziehung.

Die Schätze des Lebens liegen in den einfachen Dingen, die es umsonst gibt, wie auch in den alten Lehren, die wiederentdeckt werden wollen.

„In Schönheit beginnt dies.
In Schönheit erwacht der Tag.
Ich schütze mich mit diesem Maismehl-Opfer.
Ich schütze mich mit dieser Adlerfeder.
Ich schütze mich mit meinen Gebeten.
Ich lebe ein Leben in Schönheit.
Mögen meine Kinder in Schönheit aufwachsen.
Mögen meine Kinder in Schönheit beschützt sein.
Mögen meine Gedanken voller Schönheit sein.
Möge ich in Schönheit sprechen.
In Schönheit wandere ich.
Mit Schönheit vor mir, so wandere ich.
Mit Schönheit hinter mir, so wandere ich.
Mit Schönheit unter mir, so wandere ich.
Mit Schönheit über mir, so wandere ich.
Schönheit rund um mich her, so wandere ich.
Ich bin Schönheit.
Ich wandere in Schönheit.
In Schönheit ist es vollendet.“

Traditionelles Navajo – Gedicht

Der Panther: faszinierend und wild

Die Trommelschläge führen mich tief in die Erde in meine Seelenlandschaft. Schon während der Reise in die Tiefe spüre ich, dass meine Stirn immer kühler wird. Eine angenehme, prickelnde Klarheit erfrischt mich und dann spüre ich, wie sich mein Körper verjüngt....

Ich bin nun eine 30-jährige Frau mit langen dunklen Haaren, die ein Kleid aus weichem, weißem Hirschleder trägt, dazu weiße Lederstiefel, die bis zu den Knien gehen. Ich bin auf einer Lichtung mit anderen Frauen zusammen. Gemeinsam stehen wir im Kreis und fühlen uns geschützt. Jede von uns weiß, dass sie gleich wichtig ist für alle anderen, ein Teil des Ganzen. Wie immer sind wir 13 weise Frauen, die die Zeit hüten und alle Entscheidungen treffen, die wichtig für das Leben der Menschen sind. Unser Kreis existiert seit Anbeginn der Zeiten, um die Erfahrung miteinander zu teilen, dass es gut ist, so zu sein, wie jede ist und dass keine Notwendigkeit besteht, eine andere zu sein oder zu werden. Es treffen sich Frauen, die nach dem heißen, was sie sind - Bäuerin, Denkerin, Liebende, Händlerin, Wissende, Königin, Künstlerin, Amazone, Priesterin, Mutter, wilde Frau, weise Alte, Heilerin. Das war schon immer so.

Die Trommel erinnert mich daran, dass heute mein Tag ist, an dem ich mich ohne Angst in die Mitte des Kreises begebe, um mein Wesen zu feiern.

Ich verbinde mich mit meiner Mutter, der Erde, und weiß, dass ich mich am richtigen Ort befinde, zu dem mich all meine Erfahrungen gebracht haben. Ich rufe den Geist der vier Winde, die mich bei meiner Erfahrung begleiten und inspirieren. Dann lenke ich meine Aufmerksamkeit zum Licht und danke für meine Verbindung zum Großen Geist. Ich atme die Gegenwart der Frauen ein und fühle mich eingebunden in alles was ist. Mein Herz ist offen und ohne jede Angst. So beginne ich zu tanzen. Zu Beginn ruht meine Energie tief in mir. Dann dehnt sie sich aus mit dem Rhythmus der Trommeln und sprüht Funken. Es ist ein wilder Tanz: ungezähmt, hitzig, lustig und unerwartet für mich selbst. Erschöpft und völlig leer im Geist lege ich mich nun auf den Boden in die Kreismitte. Mein Tanz hat den scheuen Panther gerufen. Er kommt und beobachtet mich still, während seine goldenen Augen meinen Blick suchen. Ich öffne die Augen und in diesem Moment beugt er sich über mich - Ich verliere mich in seinem Blick und weiß mit jeder Faser meines Wesens: wir sind Eins.

Schon spüre ich die Trommelschläge unter meinen Pfoten, gehe graziös und anmutig meinen Weg. Mein Körper ist ganz muskulös und fest. Geschmeidig folge ich meinem Geruchssinn, meinem inneren Rhythmus und Instinkt. Ich bin ganz sicher in meinem Leben und völlig im Jetzt zuhause. In tiefster Zufriedenheit bin ich entspannt und kann die Art zu denken und zu leben von anderen Lebewesen wissen. Es ist so als könnte ich durch ihre Augen sehen und ihre Gefühle riechen... Auf diese Weise kann ich unsichtbar leben und dann plötzlich völlig präsent sein. Denn mit leisem Gang kann ich mich lautlos und unentdeckt an meine Beute heranschleichen. Die Dämmerung ist die Zeit der Jagd für mich. Meine Augen geben mir gute Orientierung und mit meinen Barthaaren kann ich feinste Luftströmungen wahrnehmen, so kann ich auch in völliger Dunkelheit Bäume und Felsen umgehen. Mit meinen sensiblen Ohren kann ich das entfernte Trippeln einer Maus wahrnehmen und auf magische Weise durch den Wald sehen auf die Landschaft, die dahinter liegt. Geheimnisvoll verborgen genieße ich das ungezähmte Spiel der Freude mit meinen Gefährten ebenso wie das selbstbewusste Spiel der Liebe und Sinnlichkeit. Ganz in mir ruhend, absolut wachsam mit eleganten Bewegungen schreite ich nun auf den Körper zu, der in der Mitte des Kreises liegt. Geschmeidig und zart wie der Wind krieche ich unter das weiße Kleid aus Hirschleder. Ich erhebe mich als 30-jährige Frau mit langen dunklen Haaren. Der Panther in mir fragt: „Was ist jetzt wichtig? Entscheide, wofür du dich einsetzen möchtest. Panther verschwinden von der Erde – durch dich lebe ich. Nutze deine – meine Fähigkeiten... Lebe deine Wildheit und Ursprünglichkeit, egal, was andere sagen – sie sind anders.... Tue das, was du tun kannst und willst! Ich lebe durch dich – du lebst durch mich. Meine einzigen Feinde sind Menschen, doch ich stelle den großen Rhythmus wieder her."

Ich danke dem Panther, ebenso wie Mutter Erde, den vier Winden und dem Großen Geist. Sie alle haben meine Reise bewacht und dafür gesorgt, dass ich heil wieder heimkehren kann…

Als junge Frau umarme ich jede der 12 Frauen, die meine Schwestern sind, und verabschiede mich. Dann reise ich mit dem Trommelschlag wieder an die Erdoberfläche und befinde mich wieder hier in diesem Raum. Etwas kaum Greifbares und gleichzeitig Bedeutungsvolles ist mit mir geschehen…

Die mittlere Welt

Die mittlere Welt ist die spirituelle Ebene unserer Alltagswelt, auf der Zeit und Raum jedoch keine Rolle spielen. Sie hat andere Gesetze.

Hierher reist man z.B. um verlorene Dinge wieder zu finden, um sich mit der Natur zu verbinden oder um weite Entfernungen, z.B. bei Heilvorgängen, zu überbrücken. Auch Kontakt mit Freunden über große Distanzen ist einigen Menschen so möglich. Derartige Erfahrungen haben Musiker in Songs verarbeitet, wie z. B. Carole King in ihrem Lied „You´ve Got a Friend“ - Du rufst einfach meinen Namen und du weißt, wo auch immer ich sein mag, ich komme gelaufen, um dich wieder zu sehen (freie Übersetzung).

Viele von uns kennen das Phänomen, dass wir ganz plötzlich an jemanden denken, das Telefon klingelt und derjenige ruft an. Es ist so, als habe er sich schon kurze Zeit vorher bei uns angemeldet. So sind wir nicht überrascht, dass gerade diese Person uns anruft.

Oder wir denken an einen Freund, von dem wir monatelang nichts gehört haben und finden einen Brief von ihm im Briefkasten.

Mit engen Freunden und in Partnerschaften ist es häufig so, dass der Eine spürt, wenn es dem Anderen nicht gut geht. Ein inneres Gefühl, ein Impuls lässt uns dann anrufen. Dies sind Begebenheiten, die sich in der mittleren Welt täglich abspielen. Sie versetzen uns häufig in Erstaunen, sind andererseits auch sehr vertraut. Denn unsere Mutter hat es uns meistens schon an der Nasenspitze angesehen, wenn wir etwas ausgefressen hatten, von dem sie nichts wissen konnte …

Die Erde ist mit Lebewesen in verschwenderischer Fülle gesegnet. Sogar heutzutage entdecken Menschen noch unbekannte Spezies. Es ist kaum zu glauben, aber auf unserem total vermessenen Planeten gibt es immer noch unentdeckte Wesen, zum Beispiel Fische, die in heißen Quellen, in unterirdischen Flüssen oder in großen Tiefen leben.

Wir wissen, dass die naturbelassene Vielfalt für uns Menschen eine große emotionale Dimension besitzt. Den Ort, an dem wir leben, nennen wir Heimat. Wir holen uns die Natur ins Haus, indem wir Blumen verschenken und Haustiere halten. Wir freuen uns über den Frühling, den Vogelgesang und genießen die frische Luft am Meer.

Als Kind haben wir Molche, Eidechsen und Frösche gefangen, Vogeljunge großgezogen und Schmetterlinge beim Schlüpfen beobachtet. Vielleicht sind wir mit einem Hund groß geworden und konnten eine Katzenmutter bei der Erziehung ihrer Jungen beobachten.

Diese Erfahrungen haben uns geprägt und sind zu schönen Erinnerungen geworden. Denn durch sie haben wir die Liebe zu anderen Lebewesen entdeckt. Wir haben erlebt, wie der tapsige Welpe voller Vertrauen und Treue an uns hing. Sind gemeinsam mit ihm groß geworden und hatten viele Jahre in ihm einen absolut loyalen Freund, der immer zu uns gehalten hat. Wir haben uns für ein anderes Leben verantwortlich gefühlt und dafür ganz viel Zuneigung erhalten.

Wesen, mit denen wir leben, die wir beobachten und erforschen, können wir auch lieben lernen und als schützenswert erkennen. Wenn wir neugierig auf die Natur bleiben, erkennen wir irgendwann auch unseren Platz darin.

Bewusste Zusammenarbeit mit der Natur

Ein interessanter Aspekt im Dialog mit der Natur ist die sogenannte co-kreative Wissenschaft. Gemeint ist damit die bewusste Zusammenarbeit mit der Natur, beziehungsweise mit ihren Kräften und Intelligenzen.

Um ein bestimmtes Ziel im Einklang mit der Natur zu erreichen wird sie selber um Unterstützung gebeten. Dies könnte zum Beispiel die Gestaltung eines Gartens sein.

Werden Landschaftsgärtner befragt, macht erfahrungsgemäß jeder einen oder mehrere Vorschläge, die sich wahrscheinlich recht stark voneinander unterscheiden. Der neue Gedanke ist nun, den eigentlichen Experten, die Natur selber zu befragen, anstatt ihr den menschlichen Willen aufzuzwingen. Denn es besteht die Möglichkeit, eine direkte Kommunikation mit der Natur aufzubauen.

Man könnte beispielsweise die verschiedenen Blumen- und Gemüsearten einbeziehen, ebenso wie die Wolken- und Regengeister. Es ist einen Versuch wert, bei Planungen dem Landschaftsengel und den Pflanzen ein Gefühl der Achtung und Liebe entgegenzubringen, wie es Pioniere international schon mit großem Erfolg praktizieren.

So zum Beispiel im schottischen Findhorn. Eileen Caddy hörte 1963 eine zarte innere Stimme, die ihr Weisungen gab. Gemeinsam mit ihrem Mann Peter setzte sie die Dinge um. Dorothy McLean hatte die Fähigkeit, mit Naturgeistern zu kommunizieren und erhielt Anweisungen darüber, was die Pflanzen benötigten, um gut zu gedeihen. So entstand auf unfruchtbarem sandigem Boden im Laufe der Jahre ein blühender Garten Eden. Wenn zum Beispiel ein Strauch umgepflanzt werden soll, wird ihm einige Tage vorher erklärt, warum dies geschieht und wohin er gepflanzt wird. Der tief verwurzelte Strauch lässt sich dann leicht aus dem Boden ziehen.

Findhorn ist das Experiment der Zusammenarbeit mit anderen Dimensionen. Die Gründer haben den Mut, kooperativ mit der Natur zusammen zu arbeiten. Für sie sind Naturgeister wie Feen, Elfen, Zwerge und die Gottheit Pan real existierend, ebenso wie Devas, die Wesen des Lichts.

Die Botschaft von Findhorn ist, dass sich die Menschen in die Kräfte der Natur einfühlen müssen, um sie verstehen zu können. Wir müssen unseren Eingebungen vertrauen und uns um das Naturreich bemühen. Denn nur das, was wir lieben, offenbart sich uns in seinem Wesen. In alles muss man sich hineinfühlen: in den Stein, das Gras, die Bäume, die Sonne, das Meer. Denn dies alles ist Teil unseres Lebens.

Findhorn steht für eine holistische Weltsicht, in der ökologische Aspekte vertreten sind, ebenso wie soziokulturelle, spirituelle und ökonomische. Inzwischen kooperiert Findhorn u.a. mit der EU und der UNESKO. Jährlich kommen ca. 4 000 Besucher aus 50 Ländern. Hier zeigt sich, dass durch die Kooperation mit der Natur praktische, effiziente und nebenwirkungsfreie Lösungen entstehen. Voraussetzung für die Zusammenarbeit mit den immensen Intelligenzen der Natur ist Vertrauen in die Intuition, da die vorgeschlagenen Lösungen häufig unserer Logik widersprechen. Wissen ist absolut notwendig. Alle Fakten sprechen jedoch dafür, dass der ausschließlich vom Intellekt gesteuerte Rationalismus nicht die wirkungsvollste und täuschungs-unanfälligste Wahrnehmungs- und Verarbeitungsmöglichkeit ist.

Außerdem müssen wir uns klar machen, dass sich die Erde in diesem instabilen Zustand befindet, weil wir meinten, alles verbessern zu müssen. Dies hat dazu geführt, dass in den letzten 100 Jahren die Tropenwälder abgeholzt, die Ozeane leer gefischt, die Luft mit CO2 verschmutzt, Abfallberge produziert, Nahrungsmittel genmanipuliert und verschwendet wurden...

Die Folgen der Gier werden jetzt für alle sichtbar. Denn purer Egoismus wurde vor Gemeinschaftsinteresse gestellt und bedroht nun unsere aller Zukunft. Diese Einsicht führt vielleicht dazu, dass wir bereit sind, uns auf neue, ungewohnte Wege einzulassen. Tatsachen zu benennen und die Wahrheit herauszufinden ist nur die eine Hälfte. Das Beste daraus zu machen, die andere.

Wären wir in der Lage, im Einklang mit der Natur zu leben und unsere Absicht nach den natürlichen Energieflüssen auszurichten, dann wäre der uns anvertraute Planet in guter Verfassung und natürlich wären auch die Menschen gesund. Da dies jedoch nicht der Fall ist, investieren wir viel Zeit und Geld in unsere Gesundheit, um Informationen zu sammeln und umzusetzen. Trotzdem scheint sich der allgemeine Gesundheitszustand rapide zu verschlechtern, gemessen an den vielen Depressionen, Allergien, Krebs-, Aids-, Demenzerkrankungen und Burnouts.

Solange nur diejenigen jungen Menschen zum Medizinstudium zugelassen werden, die ihre hohe Intelligenz bewiesen haben, aber nicht ihre Fähigkeit zum Mitgefühl, werden wir Ärzte haben, die so arbeiten, als wären sie Automechaniker. Letztendlich werden aber die Ärzte auch selber darunter leiden, denn auch sie werden irgendwann zu Patienten.

Ein sehr hilfreiches Heilungsprogramm, das mit den Energien der Natur zusammen arbeitet, ist das sogenannte MAP-Programm, das Medical-Assistance-Programm.

Es setzt Offenheit und die Bereitschaft für einen Bewusstseinswandel voraus, denn in diesem Kurs werden nicht nur Wesen aus der mittleren Welt, sondern auch aus der oberen Welt gerufen. Es wird eine Zusammenarbeit mit feinstofflichen Kräften angestrebt, die sich jedoch erst offenbaren, wenn die inneren Sinne erwachen. Im MAP-Programm werden die Kräfte des Himmels gebeten, uns zu unterstützen. Wir wenden uns an machtvolle Heilungsengel, Pan, die medizinische Abteilung der Weißen Bruderschaft und das Höhere Selbst. Alle gemeinsam stellen ein individuelles Heilungsteam zusammen, das auf allen Ebenen hilft: physisch, emotional, mental, geistig und spirituell.

Ergänzend werden evtl. noch Bachblüten oder kinesiologische Übungen eingesetzt.

Viele Menschen nutzen die Mittelwelt unbewusst, indem sie beispielsweise mit ihren Pflanzen sprechen. Kontrollierte Untersuchungen haben gezeigt, dass Pflanzen sogar auf unsere Gedanken reagieren und ein Gedächtnis haben. Wenn jemand mit einer Schere ein Blatt abschneidet, dann den Raum verlässt und sich später erneut der Pflanze nähert, reagiert diese mit heftigen Energieausschlägen, die mit der Kirlianfotographie festgehalten wurden. Spricht dagegen jemand positiv mit der Pflanze und pflegt sie, weitet sich ihre Ausstrahlung und sie wirkt im Ganzen viel gesünder. Dies ist wahrscheinlich das Geheimnis des grünen Daumens: diese Menschen lieben Pflanzen, die darauf wiederum positiv reagieren.

Es gibt sensible Menschen, die sich auf Pflanzenwesen einstimmen und mit deren Devas kommunizieren können. Dorothy Maclean, eine Mitbegründerin der Findhorn Gemeinschaft, dokumentierte viele dieser Gespräche (Heyne 9722). So auch dieses mit einer Lilien-Deva:

„Wir fühlen, dass es für euch Menschen höchste Zeit ist, euch geistig auszubreiten und in euren Horizont die verschiedenen Lebensformen, die Teil eurer Welt sind, einzuschließen. Ihr habt eure eigenen Schöpfungen und Schwingungen der Welt aufgezwungen und dabei außer Acht gelassen, dass alle Dinge Teil des Ganzen sind, so wie ihr es seid. Jede Pflanze, jedes Mineral hat seinen eigenen Beitrag zum Ganzen zu leisten, so hat es auch jede Seele. Die Menschen sollten uns nicht länger als unintelligente, nicht beachtenswerte Lebensformen betrachten."

Derartig intensive Kontakte zu Pflanzen- oder Tierwesen sind möglich. Fast jeder kann mit Pflanzen, Tieren oder Steinen Kontakt aufnehmen. Hunde- und Katzenbesitzer können sicher bestätigen, dass die Tiere es wahrnehmen und es an der Körpersprache zu erkennen ist, wenn man an sie denkt. Dann kommen sie, ohne dass man Blickkontakt hatte oder mit ihnen gesprochen hat und freuen sich auf den Spaziergang. Wenn ein Familienmitglied auf dem Heimweg ist, liegen sie schon eine Viertelstunde vorher an der Haustür und warten...

Vielleicht haben auch Sie schon einmal mit dem Rücken an einem Baumstamm gelehnt und gespürt, wie Sie sich danach ruhig und ausgeglichen gefühlt haben. Dann standen Sie mit dem erdenden Baumwesen in Kontakt.

Sollten Sie in diese mittlere Welt eine schamanische Reise unternehmen, ist es wichtig, den erhaltenen Informationen zu vertrauen, sie aber nach der Reise mit eigenen Naturerfahrungen abzugleichen und zu überprüfen!

Arbeit mit Disks

Es gibt sogenannte Disks, die die Kommunikation mit Delfinen (und anderen Wesen) erleichtern. So ist es möglich, sich auf diese besondere Frequenz einzustellen, egal, wie weit Sie sich vom Ozean entfernt befinden. Das Meer wirkt wie ein riesiger flüssiger Kristall, der telepathische Kommunikation über riesige Distanzen möglich macht.

Eine ihrer sanften Botschaften lautet:

„Wir kommen von den Sternen, genau wie viele von euch. Unsere Mission ist es, mit unserem Licht die Dunkelheit auszulöschen, die den Planeten umgibt, die Ozeane erfüllt und alles Leben erstickt.

Wir wünschen uns die Zusammenarbeit mit euch. Wenn wir dann mit euch schwimmen, könnt ihr die Einheit wiedererlangen und Frieden finden. Unsere heilenden Töne harmonisieren die verletzte Aura eures Körpers und das Wasser löst den Schmerz auf. Wir haben große heilerische Fähigkeiten. Wenn wir eure ungenutzten Gehirnregionen aktivieren, geschieht dies leicht und fließend. Ihr habt dann möglicherweise das Gefühl, dass sich der Körper auf irgendeine Weise öffnet. Vielleicht fühlt es sich so an, als würde die Hautoberfläche aus tanzenden Partikeln bestehen, die mit der Umgebung schwingen. Möglicherweise entsteht auch ein offenes, pulsierendes Gefühl oben am Kopf oder mitten auf der Stirn.

Bleibt einfach ganz ruhig. Diese Erfahrungen sind normal und dauern nicht an. Wir Delfine möchten euch gerne begleiten und lehren.

Von euch können wir lernen, wie Menschen denken. Dies ist wichtig, weil wir nur so positiven Einfluss nehmen können. Wir brauchen Verbündete auf der Erde, um unsere Mission erfüllen zu können, die eurer sehr ähnlich ist.

Alle weiblichen Menschen-Wesen sind aufgerufen, wieder als Hüterinnen der Erde ihre Macht zu nutzen.

Ihre Bestimmung ist es, mit ihren innersten Impulsen zu fließen und diesen zu vertrauen. Sie sind in der Lage, Leben zu schenken, es zu schützen und den Spuren der Liebe zu folgen. Nur durch Mitgefühl haben die Kinder, die Zukunft und die Erde eine Chance. Gemeinsam mit den Visionären, den Entdeckern unbekannter Welten und denen, die die Liebe leben, können sie die intellektuellen Angst-Krieger dazu anleiten, für das Leben und den Planeten zu kämpfen. Jetzt kämpfen viele gegen einander und gegen das Leben.

Kommt und lernt uns kennen, so dass ihr wirklich an unserem Leben teilnehmt. Dann werdet ihr unseren Blickwinkel kennenlernen und eure Seelen können heilen.

Wir sind die Engel der Meere und begleiten euch auf eurem Weg zurück in die Lichtheimat."

Die amerikanische Forscherin Lori Marino ist der Meinung, dass die Gehirne der Delfine denen der Menschen vergleichbar oder auch ebenbürtig seien. Der Ethik-Professor Thomas White will sogar nachgewiesen haben, dass Delfine alle Voraussetzungen haben, um als Individuum definiert zu werden. Selbstbewusstsein, positive und negative Empfindungen, Verhaltenssteuerung, respektvoller und liebevoller Umgang miteinander, emotionale Verletzlichkeit und die Fähigkeit, sich im Spiegel wahrzunehmen sprächen hierfür. Er folgert daraus, dass somit den Delfinen ähnliche Rechte zugestanden werden müssten, wie sie Menschen für sich in Anspruch nehmen und es böte sich die Chance, eine Ethik zu entwerfen, die „eine Wende in dem Verhältnis von Homo sapiens und anderen intelligenten Arten auf unserem Planeten herbeiführt."

Diese ungewohnte Perspektive eines Forschers zeigt, dass wir unsere Erde verändern können, wenn wir bei uns selber anfangen. Wenn wir es wagen, aus unserer alltäglichen Welt herauszutreten in eine Sichtweise, die aus wundervoller Schönheit besteht.

Bei Reisen in der mittleren Welt bleiben Sie in der Gegenwart. Sie reisen in Ihrer aktuellen Umgebung und stellen sich vor, wie Sie das Haus verlassen, dann können Sie sofort nahe oder ferne Orte erreichen. So können Sie etwas Verlorenes finden oder Wissen über die Umgebung und ihre Lebewesen erfahren.

Die Mittelwelt ist die geistige Dimension unserer Alltagswelt. Wir wirken hier durch unsere Gedanken und Gefühle und können dies natürlich auch bewusst tun.

Viele Bücher über positives Denken und seine Auswirkungen behandeln diese Ebene.

Manche Gedanken sind uns sehr wichtig. Sie beschäftigen uns ständig und es sind viele Gefühle damit verbunden.

Nehmen wir ein kleines Kind und sein Kuscheltier. Es liebt dieses Wesen und teilt seine Welt mit ihm. Irgendwann ist der Käfer, Tiger oder Teddy ganz abgewetzt. Vielleicht fehlt ein Ohr, die Pfoten sind geflickt, ein Auge ist locker. Aber durch die viele Liebe ist es lebendig geworden und hat einen speziellen Eigengeruch entwickelt.

Dieses Tier ist nun unersetzlich und einmalig. Für Eltern und Kind ist kaum eine größere Katastrophe vorstellbar, als dass das Kuscheltier verloren geht oder irgendwo vergessen wird. Es muss überall mit hin, denn es ist mit der Zeit ein Teil des Kindes geworden, ohne den es sich nicht komplett fühlt.

Diese archaische Magie wenden nicht nur Kinder an!

Wir wissen, dass der gleiche Tee unterschiedlich schmeckt. Wenn wir ihn aus einem billigen Plastikbecher trinken hat er einen anderen Geschmack, als wenn wir ihn aus einer dünnwandigen Porzellanschale trinken. Die chinesische Teezeremonie, das Ritual der Ostfriesen und die Englische „Tea-Time" belegen, dass ein Ritual und eine Zeremonie die Kraft der Transformation besitzen.

Die innere Haltung und Achtsamkeit lässt etwas wertvoll werden, was in anderem Zusammenhang als gewöhnlich erlebt wird.

Energien und Raum-Reinigungs-Ritual

Themen, die uns am Herzen liegen, durchdenken und besprechen wir mit Freunden immer wieder, um Klarheit zu erhalten. Indem wir unsere Gefühle, Ideen und Überzeugungen mit anderen Menschen teilen, schlagen wir eine Brücke aus der gewöhnlichen Wirklichkeit zur geistigen Welt.

Allmählich nehmen diese intensiven Gedanken, denen wir unsere Aufmerksamkeit und Kraft geben, dort Gestalt an.

Diese Gestalt nennt man „Elemental".

Elementale werden dauernd von Menschen geschaffen, denn wir kommunizieren ständig durch Gedanken, Gefühle, Worte und Taten mit unserer Umgebung. Wir übertragen Energie und beeinflussen die ganze Zeit alles innerhalb und außerhalb von uns. Dies geschieht meistens unbewusst, kann natürlich aber auch bewusst stattfinden.

Eine gesunde Kommunikation verbindet alles miteinander und führt zu Zufriedenheit. Sie ist für Harmonie und alles Leben unerlässlich.

Jedes Haus hat durch die gesammelten Energien und Gedanken seiner Bewohner einen so genannten „Hausgeist“ - ein Elemental.

Es ist möglich, diesen Hausgeist zu rufen und ihm zusätzliche gute Eigenschaften zu geben. Oder aber auch, ihm zu danken, ihn freizugeben oder aufzulösen. Dann kann man bewusst einen neuen segnenden Hausgeist kreieren. Wenn man zum Beispiel in ein Haus zieht, dessen Vorbesitzer finanziellen Ruin erlebten, kann dies dazu führen, dass man selber sein Geld verlegt, wichtige Termine vergisst und nachlässig mit Gelddingen wird. In diesem Fall ist es sinnvoll, dem alten Elemental zu danken, es frei zu geben und ein neues zu kreieren.

Auch Künstler schaffen es häufig, ihre Werke zu beseelen und ihnen Leben einzuhauchen. Dann umgibt sie ein bestimmter Zauber, dem sich kaum jemand entziehen kann. Manche (Ritual-) Gegenstände, die sich seit Generationen im Besitz einer Familie befinden, sind für die betreffenden Menschen sehr kostbar wegen der in ihnen gebundenen Energie.

Bewusst Elementale zu kreieren oder aufzulösen ist eine sehr praktische und lebensunterstützende Möglichkeit, um die eigene Kraft bewusst einzusetzen und zu konzentrieren. Sie lässt sich äußerst vielseitig anwenden. Dabei sind jedoch einige Regeln zu beachten.

Es ist wichtig, den Elementalen, die man rufen möchte, einen Auftrag zu erteilen und sie dann wieder frei zu geben, wenn sie ihre Aufgabe erfüllt haben. Ansonsten werden sie herrenlos und bringen Unordnung in unser Leben oder in unsere Umgebung.

Kennen Sie das Spiel „Parkplatz-Zwerge losschicken“?

Wenn man in die Stadt fährt, ist es oft schwierig, einen Parkplatz zu finden. Kurz vor dem Ziel denken alle Mitfahrer daran, die Parkplatz-Zwerge loszuschicken, um einen optimalen Parkplatz zu reservieren. Bis jetzt war es immer so, dass direkt vor unserem Ziel jemand aus einer Parklücke fuhr und wir so einen idealen Parkplatz fanden. Dieses Spiel macht mit Kindern im Auto besonders viel Spaß.

Natürlich muss man sich anschließend unbedingt bei den Zwergen bedanken!

Ein weiteres Beispiel:

Sie übernachten in einem Hotel und wünschen sich eine erholsame Nacht.

Dann ist es sinnvoll, zuerst ein Reinigungsritual durchzuführen, damit Sie den Raum von Energien der vorherigen Besucher befreien. Dieses Ritual nimmt nur ein paar Minuten in Anspruch.

Dazu rufen sie die Elementale, die in diesem Raum anwesend sind. Nach einigen Atemzügen danken Sie Ihnen dafür, dass sie ihre Arbeit gemacht haben und sagen ihnen innerlich oder mit Worten, dass sie ihren Auftrag erfüllt haben. Da sie jetzt frei sind, geben Sie ihnen die Erlaubnis, in ihre Lichtheimat zurück zu kehren.

Sie können sich zum Beispiel mit dem Licht der Kerze oder mit Hilfe der Elemente auf ihre Heimreise begeben.

Es ist sinnvoll und praktisch, bei diesen Ritualen ein Fenster geöffnet zu haben, damit die freigesetzten Energien das Haus verlassen können. Sie können die Elementale hierbei zum Beispiel durch folgende Rituale unterstützen.

Sie können einfach eine Kerze nehmen und die Wände des Zimmers im Uhrzeigersinn abgehen und die Elementale ins Licht schicken.

Eine andere Möglichkeit ist es, die Elemente um Unterstützung zu bitten, etwa so:

Kraft, ich rufe dich! Komm, sei bei mir heute Nacht!
Wind, ich rufe dich! Komm, weh´ alles fort!
Feuer, ich rufe dich! Komm, brenn´ alles fort!
Wasser, ich rufe dich! Komm, wasch alles fort!
Erde, ich rufe dich! Komm, trag alles fort!

Nachdem der Raum von alten Energien und unbewussten Gedankenmustern gereinigt ist, erschaffen Sie ein neues Elemental.

Dazu schließen sie die Augen und vergegenwärtigen sich die Eigenschaften, die dieses Elemental haben soll.

Im Fall des Hotelzimmers wird es möglicherweise für Sicherheit, Schutz und Erholung zu sorgen haben.

Dann beginnen Sie, dieses Elemental zu gestalten, so wie es aussehen und sein soll. Experimentieren Sie so lange, bis das Elemental die optimale Gestalt hat.

Dann folgt die Sonnenübung:

Sie öffnen sich der Sonnenenergie, bis Sie spüren, dass Ihr Herz ganz weit ist. Nun senden Sie einen Strahl aus Ihrem Herzen zur Sonne. Dieser Strahl enthält das Bild des Elementals. Sie geben diesem Wesen seine Gestalt durch die Sonnenenergie. Das Elemental erhält durch Sie seine Energie und Lebensdauer. In unserem Beispiel so lange, wie Ihr Aufenthalt in diesem Hotelzimmer dauert. Dann begrüßen Sie das Elemental in Ihrem Leben, so dass es seine Aufgaben übernehmen kann. Genährt wird es durch Ihre Aufmerksamkeit und liebevollen Gedanken.

Arbeit mit Elementalen ist sinnvoll, wenn Sie zum Beispiel eine neue Wohnung suchen. Dann könnten Sie einen „Finde-Fuchs" mit seiner Spürnase auf die Suche schicken. Wenn Sie eine Prüfung zu bestehen haben könnte ihr Elemental ein Professor mit dickem Bauch sein, der alle Fachbücher verschlungen hat und während der Prüfung hinter ihnen steht, um Sie zu unterstützen. Wenn Sie eine Heilpraktikerpraxis eröffnen möchten, könnten Ihre Elementale beispielsweise Trommler sein, die verkünden: „Hier wird geheilt."

„Binde die Deichsel deines Wagens an einem Stern fest."

Ralph Waldo Emerson

Das Geheimnis bleibt, der Zauber wirkt

Der Reisende spürte eine Sehnsucht, die aus der Tiefe seines Herzens aufstieg. Sie muss dort schon lange ausgeharrt haben, denn sie war jetzt von Tag zu Tag drängender und bestimmter geworden ...

Heute, so hatte er entschieden, wollte er sich Zeit nehmen, um der Spur dieser quälenden Sehnsucht zu folgen. Dazu begab er sich auf eine Reise in seine Seelenlandschaft. Diesmal reiste er in einem Fahrstuhl hinab, öffnete das Tor zu seiner inneren Landschaft und wurde dort von einem Schneehasen begrüßt. Beide kannten sich schon und liefen gemeinsam zum großen Baum, wo der Hase sagte:

„Ich bin nun schon lange dein Weggefährte und merke, dass du heute verändert bist. Was ist los?"

„Ja, mein Freund, du hast recht. Irgendetwas ist anders. In meinem Leben fehlt etwas unbeschreiblich Wichtiges, denn ich spüre eine tiefe Sehnsucht. Kannst du mir helfen, herauszufinden, was es ist?"

„Das ist möglich... Auf jeden Fall ist es ist gut, dass du gekommen bist. Bisher war ich dein Verbündeter, der dich auf deiner Flucht begleitet hat. Ich habe dir alle Tricks beigebracht, wie du es vermeiden kannst, mit dem zusammen zu treffen, was dich immer gesucht hat und von dem du dich verfolgt gefühlt hast.

Nun bist du müde vom Davonlaufen, vom Wegsehen, dich verstecken und Herumtricksen. Das ist gut, denn du kannst nicht dein Leben lang vor etwas weglaufen. Du hast schon viel Zeit mit alledem verbracht."

„Du hast Recht. Ich bin oft rückwärts gegangen oder ausgewichen, wenn es um Gefühle, Erinnerungen und Sehnsüchte ging. Über meine Sehnsucht konnte ich mit niemandem reden. Es hat sogar lange gedauert, bis ich sie mir selber eingestehen konnte.

Äußerlich geht es mir gut. Ich habe alles, was ich brauche und doch ist in mir ein inneres Rufen, das mein Herz ganz wund wer-

den lässt."
„Nun, da du bereit bist, lass uns gehen. Siehst du das Boot dort am Fluss?"

Sie stiegen ein und als sie den Fluss fast überquert hatten, bemerkte der Reisende, dass er sich ganz leicht fühlte. Als er das andere Ufer betrat, sah er an sich hinab. Er konnte zwar seine Füße erkennen, aber er fühlte den Boden kaum, sondern schien er zu schweben. Es war fast so, als ob er sich mit Schneeschuhen auf einer Wolkenlandschaft bewegen würde. - Auch das Licht hatte sich verändert, denn alles schien aus sich heraus zu leuchten. Die Luft auf dieser Seite des Flusses war glasklar und angenehm warm. Es fühlte sich für ihn jedoch so an, als gäbe es keinen Unterschied zwischen Innen und Außen, zwischen seiner Haut und der Atmosphäre, die ihn umgab. Alles war neu und gleichzeitig doch vertraut. Er bemerkte auch, dass seine Augen hinter die Landschaft blicken konnten. Aber dies schien ihm hier völlig normal. Er sah durch die Blätter der Bäume hindurch und konnte das Leben als Tanz der Moleküle aus Schwingung und pulsierenden Lichtpartikeln wahrnehmen.

Er hatte das Gefühl, nach Hause gekommen zu sein nach einer endlos langen Reise. So als ob er sich erst einmal wieder orientieren müsste an einem Ort, der ihm vertraut war, ohne dass er ihn jedoch bewusst kannte... Doch er fühlte sich hier heimisch, zugehörig und hatte den Gedanken: „Ja, hier ist alles so, wie es sein soll."

In diesem Moment nahm er eine Gestalt wahr, die er vorher noch nicht bemerkt hatte. Es war eine Frau, die ein Kleid aus Regenbogenlicht trug. Sie strahlte ihn an und ihr Anblick erschütterte ihn in seinem Innersten. Ihr überwältigendes Leuchten berauschte ihn. So viel Liebe ging von ihr aus und umhüllte seine Gestalt.

Es war die Art der Liebe, die bis auf den Grund seines Wesens blickte und sagte: „Du bist es, den ich liebe. Ich habe lange, unendlich lange darauf gewartet, dass wir uns begegnen und du zu mir kommst."

Von dieser wunderschönen Frau wurde er angezogen, ohne dass

er Widerstand leisten konnte oder wollte. Er ging auf sie zu und umarmte sie. Er wusste mit jeder Faser, dass sie die Quelle seiner Sehnsucht war. Sie hatte ihn gerufen und nun endlich hatte er sie gefunden! Es war ein tiefes Wissen umeinander, eine große Vertrautheit, als sie sich wieder erkannten. Es schien ihm so, dass diese Vertrautheit älter war als die Jahre, die er bisher gelebt hatte. Und während er sie in seine Arme schloss, spürte er, dass sie ihn vollständig machte. Sie war der Teil von ihm, der ihn immer begleitet und geführt hatte. Sie war der Teil seiner Seele, der in der himmlischen Heimat über ihn gewacht hatte. Ihre wunderbare Liebe stellte keine Bedingungen. Er spürte, wie das Licht und ihre Verbundenheit alle Angst und Dunkelheit in ihm vertrieb. Sie schwiegen, denn es schien ihnen so, als ob die große Stille Worte von schwererer Bedeutung aussprach als ihr Mund es tun könnte.

Seine Ohren waren jedoch taub für diese Worte. Ihre beiden Herzen hörten aber einen reinen, klaren Ton, der ihnen wie wunderschöne Sternenmusik klang. Es war noch schöner und tiefer als die Worte, die sie sich immer wieder über alle Grenzen hinweg zugeflüstert hatten: „Ich liebe dich!"

Sie sahen einander in die Augen und fanden sich an einem Ort wieder, an dem Körper, Zeit und Raum keine Rolle spielen. In den Augen des anderen sahen sie längst vergangene Augenblicke der Liebe vorüberziehen, wie kleine durchlichtete Wolken, die am Mittagshimmel vorübertanzen. Dann sahen sie Bilder aus vergessenen Zeiten, namenlose Gesichter, die sie in sich trugen. In ihnen war eine grenzenlose Seligkeit über die wieder gefundene Liebe, die ihr Herz leicht werden ließ, so dass es sich schwebend wie eine Feder anfühlte.

Dann spürten sie eine tiefe Müdigkeit, die sie zwang, sich nieder zu legen und die Augen zu schließen. In ihrer Umarmung traten das Land, der Baum und der Fluss zurück, ebenso der Himmel und die Erde.

Der himmlische Zwilling lebt jenseits von Zeit und Raum und sieht liebevoll auf den Reisenden, der wieder in seinen Alltag zurückgekehrt war. Er kennt das Ziel und die Bestimmung der Seele, die bei der Geburt feststand. Er beobachtet das Denken und Handeln und bewahrt die ursprüngliche unverwundbare und objektive Wesensessenz. Er wird auch als Geistführer, innerer Wächter, Höheres Selbst oder Schattenbeobachter bezeichnet. Unser innerer Zwilling steht uns zur Seite, ganz besonders, wenn wir auf dem Weg unserer Bestimmung sind. Sein göttliches Licht führt uns, so dass es sich anfühlt, als würde man im großen Fluss des Lebens schwimmen, denn alles gelingt fließend und leichter.

Die Sehnsucht des Reisenden war endlich gestillt. Er hatte gefunden, was er so lange überall gesucht hatte. Freunde beobachteten ein wissendes Lächeln, das häufig seine Lippen umspielte und es schien ihnen so, als ob seine Augen tiefer leuchteten als jemals zuvor...

Dies kam daher, dass er wusste, dass es jemanden gibt, der ihn bedingungslos liebt. Es war wieder zusammengefügt, was er verloren hatte. Dies war das Zentrum, in dem seine Identität verwurzelt war. In seinen Träumen und Seelenreisen ging er Hand in Hand mit seinem himmlischen Zwilling. Zweifel und Unentschlossenheit waren von ihm gewichen. Er lebte im Einklang mit sich selbst und den höheren Wesen und hatte seinen Platz im Leben gefunden.

Obwohl er sich an die Seelenreise nicht bewusst in allen Einzelheiten erinnern konnte, strahlte er von diesem Tag an etwas aus, das andere Menschen wie ein Magnet anzog. Sie wollten das Geheimnis kennen lernen, das sein Herz geöffnet hatte. Er teilte es mit ihnen, indem er ihnen Geschichten erzählte, die von wundersamen Begebenheiten berichteten, von Menschen, die die Sprache der Tiere verstehen, von Heilwasser, das Kranke genesen lässt und von himmlischen Gestalten, die zur Stelle sind, wenn sie gerufen werden.

Er hatte erfahren, dass Wunder auf unsichtbaren Ebenen ihren Ursprung haben und berichtete anderen von seinen Reisen, damit auch sie teilhaben konnten an den Geheimnissen, die sich ihm offenbarten.

Die obere Welt

Die obere Welt wird von den meisten Menschen als himmlisch und von höchster Zartheit empfunden. Das Licht ist so nahe und hell. Hier haben wir ein schwebendes Gefühl und alles scheint zu schwingen aus tausend Licht- und Energiepartikeln. Wir selber fühlen uns so leicht wie eine Feder. Manchmal ist unsere Gestalt sehr groß und machtvoll, dabei gleichzeitig durchscheinend zart, wie ein Schleier oder Nebel. Doch obwohl wir hier zu schweben scheinen, können wir uns zielgerichtet steuern.

Die Landschaft kann sehr unterschiedlich wahrgenommen werden, und wenn wir auch keinen Boden unter den Füßen spüren, haben wir das Gefühl, auf etwas zu stehen. Vielleicht wandeln wir in einem Palast aus Kristall oder Edelsteinen oder in einem Tempel aus Marmor - eventuell schweben wir auch in den Wolken.

Wenn Sie in die obere Welt reisen möchten, suchen Sie sich in Gedanken einen Platz in der Natur, begeben sich aber auf den Weg nach oben. Sie können zum Beispiel einen riesigen Baum, eine Leiter oder ein Seil hochklettern. Vielleicht springen Sie von der Spitze eines sehr hohen Berges oder Hochhauses nach oben. Möglicherweise wandern Sie über den Regenbogen, lassen sich vom Wind oder einem großen Vogel hoch tragen. Sie können sich auch selber in einen Vogel verwandeln oder sich von Ihrem Krafttier tragen lassen. Möglich ist auch, dass Sie mit dem Rauch eines Feuers nach oben steigen...

Ihrer Phantasie sind keine Grenzen gesetzt.

Selbst wenn Sie zuerst in die untere Welt reisen, aber in die obere Welt gelangen sollen, werden Sie den Weg auch von hier aus finden. Ihr Krafttier oder Ihre Hilfsgeister und Lehrer werden Sie lenken. Oder Sie haben von sich aus den Impuls, sich auf den Weg nach oben zu begeben.

Wahrscheinlich gelangen Sie an eine Wolken- oder Nebelschicht. Wenn Sie diese passiert haben, sind Sie in der oberen Welt angekommen. Wenn Sie jedoch noch Sterne oder Planeten sehen können, ist dies nicht der Fall!

So, wie Sie die untere Welt durch einen langen Gang erreichen, der tief in die Erde führt, gilt Ähnliches für die obere Welt. Ein langer Weg führt nach oben. Wenn er endet überschreiten Sie eine Schwelle, die kein Hindernis bedeutet, und finden sich dann in der Oberwelt wieder.

Hier können Sie Kontakt zu Ihrem Höheren Selbst, spirituellen Lehrern, Engeln und zu großen geistigen Lichtwesen herstellen. Durch sie ist es Ihnen möglich, Wissen, Erkenntnisse und Botschaften zu erhalten.

Dies ist jedoch davon abhängig, ob Ihnen der Zutritt zu den himmlischen Ebenen gewährt wird.

So, wie viele Gedanken sonst an den Mauern des Alltags abprallen und verstummen, fliegen sie hier ins Endlose und kehren gemeinsam mit Ihnen zurück.

Gechannelte Botschaften

Es gibt zurzeit immer mehr Menschen, die diese sehr subtilen Ebenen bereisen und sich hier souverän bewegen können. Sie bringen Botschaften aus der oberen Welt zu uns und inspirieren uns mit ihren Visionen. Häufig werden sie angeleitet von Mitgliedern der Großen Weißen Bruderschaft, deren erklärtes Ziel es ist, die Menschheit durch die Zeit der großen Transformation, des Wechsels vom Zeitalter der Fische ins Wassermannzeitalter, zu begleiten. Jesus Christus, Hilarion, St. Germain, Pallas Athene, Maria uva. sehr weit entwickelte Seelen gehören der Weißen Bruderschaft an. Die Botschaften dieser erhabenen Wesen an die Menschheit werden in Worte gekleidet und „gechannelt“.

„Channel“ bedeutet einfach Kanal.

Medien, die als Kanal für die Oberwelt fungieren, bringen die Energien der höchsten, göttlichen Ideen auf die Erde.

Wenn Botschaften aus der oberen Welt gechannelt werden, kann man sich dies folgendermaßen vorstellen:

Ein sehr lichtvolles Wesen (vielleicht ein Engel oder ein aufgestiegener Meister) sendet seine Schwingung und Liebe aus. Die Frequenz dieser Schwingung ist so schnell wie das Sonnenlicht, ebenso hell und mächtig.

Angenommen auf der Erde befindet sich ein Mensch, der sich auf diese feinstoffliche Ebene einschwingt. Er erhebt sich sozusagen aus den irdischen Gefilden und begibt sich auf eine innere Reise in die obere Welt. Es ist so, als ob er hochspringt und für kurze Zeit die Erde verlässt, um Wissen aus den oberen Ebenen zu holen.

Was jetzt geschieht, erinnert an das berühmte Fresco von Leonardo da Vinci, auf dem der Finger Gottes den des Adam nahezu berührt. Damit ein Kontakt zwischen diesen sehr unterschiedlichen Ebenen stattfinden kann, dimmt das Lichtwesen seine Schwingung ab, d.h. es verhüllt sein Licht teilweise. So wird ein zartes Engelwesen für den Menschen wahrnehmbar, vielleicht als Duft, Lufthauch oder es macht sich bemerkbar durch zarte Klänge oder Farben. Wenn es eine Körperform annimmt wird es für kurze Zeit auch sichtbar.

Es wird davon ausgegangen, dass jeder Mensch einen „Göttlichen Funken“ in sich trägt. Alle besitzen also mindestens eine „göttliche Zelle“. Durch den freien Willen liegt es jedoch an jedem selbst, wie er damit umgeht und seine kreative Energie nutzt.

Im Laufe des Lebens kann diese Zelle also zugemauert und versteckt werden, oder aber auch belebt und vergrößert. Wenn wir viel Raum in uns für das Göttliche freihalten, existiert sozusagen ein großer Resonanzraum für die höhere Wahrnehmung. Dann kann die göttliche Schwingung, die darauf trifft, ihren Widerhall finden. Die Art und Intensität dieses Widerhalls hängt natürlich davon ab, wie die Beschaffenheit unseres inneren Raumes ist. Ungefähr so wie die Akustik eines Konzerts von der Gestaltung des Konzertsaales abhängt.

Da jeder Mensch seine eigene Schwingungsfrequenz hat und die Nervensysteme dieser angepasst sind, ist es wahrscheinlich, dass zwei Menschen dieselbe hohe Energieschwingung völlig unterschiedlich wahrnehmen.

Denn jeder hat seine individuelle Art, Informationen aus dieser Ebene zu empfangen: während der eine Farben, Symbole oder

Seelenbilder sieht, mag der nächste aufbauende Worte, erhabene Musik oder himmlische Klänge wahrnehmen. Einige Menschen haben plötzliche tiefe Erkenntnisse, meistens dann, wenn sie völlig entspannt sind. Diese Gedankenblitze sind häufig mit dem Gefühl verbunden, völlig außerhalb der Zeit zu stehen.

Andere haben die Empfindung der Anwesenheit zarter Wesen. Bekannt ist auch die Erfahrung, automatisch zu schreiben. Oder eine innere Stimme zu hören, die Texte diktiert. Auf diese Weise sind zum Beispiel die Bücher von Eileen Caddy entstanden, Teile der Bibel und des Korans. Der sehr tiefsinnige „ Kurs im Wundern“ wurde ebenfalls diktiert und besagt in seiner Essenz folgendes:

„Nichts Wirkliches kann bedroht werden. Nichts Unwirkliches existiert. Hierin liegt der Frieden Gottes“.

Es gibt zurzeit eine große Menge gechannelter New Age Bücher.

Eine gechannelte Botschaft spricht direkt zum Herzen des Lesers, der auf seine ganz spezielle Weise darauf reagiert. Um einen Eindruck und eine direkte Erfahrung zu bekommen, folgt ein von mir empfangener Text:

Der Engel, der Dich stets begleitet

Ein Wesen von Leichtigkeit, wie ein Duft…
Eine Ahnung, die durch einen flüchtigen Hauch zur Gewissheit wird..
Es ist ein Engel, der Dich begleitet.

Du weißt von ihm, seit Du da bist,
denn ihr kamt gemeinsam auf die Erde.
Vielleicht hast Du ihn vergessen,
doch er ist der Teil von Dir,
der mit der Heimat verbunden blieb, allezeit.

Und er erinnert Dich daran, was wirklich zählt im Leben.
Obwohl er von zarter Gestalt ist, so wirkt er doch machtvoll im Geist.

Ein Körper aus Licht,
eine Schwingung der Treue und bedingungsloser Liebe zu Dir.

Mit geschlossenen Augen träumt er von der Schönheit Deiner Seele
und erinnert auch Dich daran.
Mit geöffneten Augen nimmt er ebenfalls nur Dein Licht wahr,
nicht Deinen Schatten.

Sein Herz ist offen, ewiglich
und mutig verwandelt er Deine Angst in Liebe,
Deine Schwäche in Stärke
- wann immer Du dies zulassen kannst.

In seinen Armen findest Du Trost und Sicherheit,
denn er weiß um Dich vom Anbeginn der Zeiten.
Er hat gelobt, Deine Seele zu begleiten,
mit Dir durch alle Türen zu gehen, die sich für Dich öffnen.

Du wirst ihn an seiner strahlenden Liebe für Dich erkennen.
Mit ihm gemeinsam wirst Du Deinen Weg ins Licht
und in den Frieden finden.
Denn er ist der Engel, der Dich stets begleitet.

Jutta Westphalen

Vicky Wall, eine blinde Apothekerin, experimentierte intuitiv in ihrem Labor und entdeckte das Aura Soma System. Dies ist eine ganzheitliche Heilmethode, die mit Farben, Düften und Edelstein-Essenzen auf unterschiedlichen Ebenen Einfluss nimmt und zu tiefer Selbsterkenntnis führt.

Auch innere Filme können ablaufen. Viele unserer Kinofilme sind von solchen Erfahrungen inspiriert, wie „Nachricht von Sam" oder „Der Herr der Ringe".

Denkbar ist auch, dass sich ein Mensch seinem Hobby widmet, sei es Joggen, Malen oder Sonnenuntergänge betrachten, und plötzlich das Gefühl hat, etwas ausdrücken zu müssen, von dem er spürt, dass es nicht aus seiner Persönlichkeit stammt.

Diese und viele andere Wege sind möglich, um mit der oberen Welt in Kontakt zu kommen. Die Herausforderung besteht darin, die Botschaft der hohen Schwingung für sich selbst und andere in eine verständliche Sprache oder Ausdrucksform zu übersetzen.

Urtöne

Die Arbeit von Joachim Ernst Behrend macht diesen Vorgang deutlich. Er sah die Ursache der aktuellen Krisen in unserer fast ausschließlichen Wahrnehmung über die Augen. Augen sind auf etwas Äußeres gerichtet. Das ist der Grund dafür, dass in fast allen Traditionen die Rede ist von einem „dritten Auge". Gemeint ist damit eine Instanz, die das Gesehene verarbeitet und transzendiert. Das dritte Auge könnte eine Erklärung dafür sein, weshalb Seher häufig blind sind.

Behrend beschäftigte sich intensiv mit dem Hören und wusste, dass ein spiritueller Mensch ein hörender ist. Sein Lebensmotto lässt sich vielleicht in seinem Satz zusammenfassen: "Ich höre, also bin ich."

Der Hörsinn ist der erste, der im Mutterleib voll entwickelt ist und der letzte, der sich schließt, wenn wir sterben. Kein anderer Sinn deckt unsere gesamte Lebenszeit so vollständig ab, wie der Hörsinn.

Sprachforscher wie R. Fester gehen davon aus, dass die Wortstämme von hör- und heil-, heilig, sowie hell miteinander verwandt sind. Diese Verwandtschaft gilt auch international in anderen Sprachen. Schon die frühen Menschen haben also gewusst, dass hören heilt und Heiliges berührt.

Behrendt ist sehr bekannt geworden als er die Töne der Erde, des Mondes, der Sonne und aller übrigen Planeten hörbar und erfahrbar gemacht hat. Er bezeichnet sie als Urtöne. Obwohl diese Obertöne für unsere Ohren unhörbar waren, schwingt unser Körper, mit allen Zellen und Genen, in jedem Moment mit. Sie sind seit unendlichen Zeiten lebendig und in unserer DNS fest einprogrammiert. Sie sind uns also zutiefst vertraut. Wenn wir sie nun mit unseren Ohren hören, haben wir ein „Deja-vu"- Erlebnis. Wir kennen sie, obwohl wir sie vorher noch nie gehört haben.

Sie sind Archetypen, die fest im menschlichen Unterbewusstsein kodiert sind. Zu allen Zeiten haben Forscher und Dichter die „wunderbare Harmonie der Sphären" erfühlt und beschrieben. Und auch wir sind ergriffen, wenn wir in Stille den klaren Sternenhimmel betrachten…

Um die Urtöne hörbar zu machen, berechnete er die physikalischen Schwingungsbilder der Erde und Planeten. Er bezog sich hierbei auf den Schweitzer Forscher Hans Cousto und erhielt Frequenzen, die weit unter der Schwelle des Hörbaren liegen. Er musste sie dann viele Male oktavieren, bis sie hörbar waren. Dies ist ein einfacher Vorgang, den wir alle kennen. Wenn beispielsweise ein Mann einem Kind eine Melodie vorsingt, die es nachsingen soll, „oktaviert" das Kind. Das heißt: es singt die gleiche Melodie, allerdings heller. Es singt über der dunklen Männerstimme und beide haben das Gefühl, sie singen das Gleiche.

Die menschliche Hörfähigkeit ist keine absolute Größe, denn zum Beispiel Hunde haben einen Hörbereich, der doppelt so groß ist, wie der menschliche. Delfine, Wale und besonders Fledermäuse haben einen noch viel weiteren Hörbereich.

Die Schwingung eines Planeten ist nicht nur hörbar, sondern auch sichtbar zu machen. Oktaviert man den Erdenton noch weiter, so erhält man ein leuchtendes Orangerot. Genau diese Farbe tragen seit tausenden von Jahren indische Mönche. Wird der Ton weiter oktaviert, erhält man die Eigenresonanz der DNS, wie sie Franz Popp beschrieben hat. Das bedeutet, dass die menschliche Erbmasse mit dem Erdenton schwingt.

Weltweit setzen Therapeuten unterschiedlichster Richtungen die Urtöne zur Behandlung ihrer Klienten ein. Nach den Urtönen zu meditieren heißt, ganz bewusst zu hören. Es sind unterschiedliche Obertöne wahrnehmbar und doch ist es immer wieder der gleiche Erden-, Monden- oder Sonnenton. Man kann den Klang in sich aufnehmen und die Erfahrung machen, selber zum Klang zu werden. Ein anderes Mal kann man den Ton vielleicht mitsummen, ihn im Körper wandern lassen und ins Herz nehmen. Oder den Ton mit einem Mantra begleiten, wie etwa „Ich liebe die Erde", oder „Die Erde nährt mich wie eine Mutter".

Wenn wir die Frequenz der Erde mit dem Herzen hören und verstehen, verbinden wir uns mit ihrer urweiblichen Fähigkeit: der bedingungslosen Liebe.

Auch wenn die Menschheit Mutter Erde Schaden zufügt und deshalb ihr Blut - das Öl - in großen Mengen fließt, weiß sie, dass dieser Prozess die Geburt von etwas Neuem einleitet. Und wie jedes weibliche Wesen, das neues Leben hervorbringt, braucht auch sie gerade jetzt unsere Liebe, Fürsorge und unseren Schutz. Wenn wir dies verstehen, kann ein neues aufkeimendes Bewusstsein geboren werden. Das menschliche Bewusstsein erweitert sich und lässt uns ganz andere Dinge wahrnehmen. Auch unser Zeitempfinden und unsere Fähigkeit zu lieben werden sich verändern und wir werden uns bewusst, dass es eine Intelligenz gibt, die unsichtbar und doch stets präsent ist.

Diese und viele andere Möglichkeiten machen die Arbeit mit Urtönen sehr vielseitig und kreativ. Die Planetentöne für Menschen hörbar zur Verfügung zu haben, stellt eine große Bereicherung für die Menschen dar.

Wir können uns unsere DNS wie einen Kristall vorstellen, der eigentlich ein riesiger Empfänger ist. Wir sind in der Lage, ganz neue Wellen zu empfangen, die unser Bewusstsein formen. Sie machen uns durchlässig für schamanische Methoden, Meditation, Heilungsmethoden und Kreationstechniken. In uns öffnet sich ein Raum, mit einem neuen Gefühlsleben, neuer Sinneswahrnehmung und mit neuen Möglichkeiten, um mit anderen Menschen Kontakt aufzunehmen. Wenn wir uns in tiefer Liebe geborgen wissen und beginnen, uns auch selber wirklich zu lieben, verändert sich Vieles. Es ist ungefähr so: wenn wir nachts Dinge mit einer Taschenlampe anstrahlen, können wir Einzelheiten erkennen, aber den Horizont und vieles, was sonst noch existiert, können wir nicht wahrnehmen. Doch dies wird sich ändern und wir werden alles so sehen können, wie es ist. Jeder wird seinen Weg in seinem persönlichen Tempo zurücklegen. Doch das Ziel ist für jede Seele in Liebe und geheilt zu sein. Weil schon alles existiert, bedeutet dies, dass wir uns nur all dessen bewusst werden müssen und Dankbarkeit für die Schönheit, die uns umgibt, empfinden sollten.

Wie die Planetentöne aus der abstrakten, feinstofflichen Schwingungsebene in hörbare Bereiche gelangt sind, ist ein Beispiel dafür, was einzelne Menschen in ihrem Inneren leisten, wenn sie persönliche Botschaften erhalten aus himmlischen Ebenen.

Anschließend setzen sie das Gehörte um, damit sie allgemein verständlich werden. Meistens sind sie so begeistert und inspiriert, dass sie das Wahrgenommene ausdrücken müssen.

Musik

Musiker komponieren dann beispielsweise eine Symphonie. Die empfangenen seelischen Botschaften werden von ihnen in Musik übersetzt. Und wenn dies gelingt, bezaubern sie die Herzen der Zuhörer.

Sie empfinden etwas und drücken es in Musik aus. Der Hörer wiederum nimmt die Musik wahr und übersetzt sie in seine eigenen Empfindungen.

Die Interpretation der Musik hängt allerdings von mehreren Faktoren ab.

- Wenn jemand sie hört, der glücklich ist, wird etwas anderes in ihm anklingen, als wenn er deprimiert ist.

- Die Botschaft ist auch davon abhängig, wer sie spielt und auf welchen Instrumenten.
- Dann besteht noch die Möglichkeit, die Symphonie verschieden zu interpretieren.

Wenn Sie nicht Farben, Symbole, Klänge oder Poesie wählen, um die subtilen Stimmungen auszudrücken, sondern Vorträge halten oder Bücher schreiben, werden Sie bemerken, dass in der Sprache viele Worte zu grob ausfallen und manchmal sogar ganz fehlen, um feine und zarte Schwingungen mitzuteilen.

Der Musiker Jean-Herve Peron sagt es so: „Mit Worten Musik erklären, das ist, ob du einen Architekten fragst: Können Sie mir bitte das Gebäude vortanzen?“

Die wunderbare Magie des Augenblicks kann sich entfalten, wenn eigene Grenzen überschritten werden. Dann haben wir direkten Kontakt zu unseren Gefühlen. J.-H. Peron noch einmal: „Ich bin nur das Instrument. Ich nehme die Musik auf, die überall schwebt. Sie geht durch mich durch.“

Musik kann uns dazu bringen, dass wir loslassen, entspannen und uns mit der Schönheit verbinden - mit der Schönheit der Musik, der Schönheit unseres Lebens und der Schönheit unserer Seele. Wir entdecken dann auch die Liebe wieder.

Magdalena Kozena ist eine der erfolgreichsten Opernsängerinnen. Sie ist mit Simon Rattle verheiratet und träumt davon, dass die Menschen durch die Musik eins mit sich selbst werden. „Manchmal vergesse ich, dass ich gerade auf der Bühne stehe. Ich verlasse meinen Körper und reise zu einem anderen Planeten. Eine Seelenreise wie im Nachttraum, rar und unglaublich kostbar.“

Die Anwendung von Schwingung, also Gesang, Musik, Klang und Farbe, waren sicher der Ursprung der Medizin. Später kam die Anwendung von gekochtem Wasser hinzu, dem dann Kräuter und Wurzeln beigemischt wurden. In der Homöopathie und anderen Richtungen sind diese alten Kenntnisse über feinstoffliche Informationen als Heilmittel wiederentdeckt. Heil-Mantras, Gebete, Rituale und Visualisierungen, die das Urlicht betreffen, stammen aus einer subtilen Bewusstseinsebene, aus der alles Sichtbare und Unsichtbare geschaffen wurde. Dieser innere glückselige Seins-Zustand spiegelt sich zum Beispiel auf Abbildungen des Christus wider, auf Buddha Darstellungen oder dem ägyptischer Statuen, zum Beispiel von RamsesII.

Der Begriff Schamane lässt sich aus der altindischen Gelehrtensprache Sanskrit ableiten und weist auf eine Ebene hin, die „unterhalb“ des Sichtbaren liegt.

Schamanen sprechen oft davon, dass sie sich wie ein Rohr fühlen, wie eine Brücke oder ein Kanal, der oben und unten, aber auch innen und außen miteinander verbindet. Mutter Theresa bezeichnete sich selber als Bleistift in der Hand Gottes.

Woopi Goldberg wollte selbst einmal Nonne werden.

„Aber du brauchst dieses besondere Etwas, um dich dieser Sache zu verschreiben. Gott hatte andere Pläne für mich. Er sagte, du sollst hier auf meiner Schulter sitzen und mich zum Lachen bringen. Gott ist immer bei mir. Ich weiß nicht, wie er aussieht. Aber ich spüre seine große Kraft seit meiner Kindheit.“

So wie sich Woopi Goldberg sicher ist, eine Verbindung zur höchsten Quelle zu haben, geht es auch den Menschen, die als Medium arbeiten. Ein Medium stellt sich zur Verfügung, um Botschaften auf die menschliche Ebene zu transformieren.

Die Interpretation der Information ist wie in der Musik von mehreren Instanzen abhängig:

Je klarer der Kanal ist, das heißt, je reiner das Nervensystem des Betreffenden ist, desto deutlichere Mitteilungen können überbracht werden.

Ein weiteres Qualitätskriterium der Durchsage stellt natürlich die Quelle der Information dar. Dies kann zum Beispiel der eigene Schutzengel, der Geistführer eines anderen Menschen, ein Erzengel, der Hüter eines Ortes oder ein Mitglied der Großen Weißen Bruderschaft sein.

Um zu erkennen, ob die Botschaften von der angegebenen oder vermuteten Quelle stammen, ist ein großer Erfahrungsreichtum notwendig.

Ebenso wichtig sind eine gute Unterscheidungsfähigkeit, ein sicheres Gespür für subtile Energien und eine stabile Verbindung zur eigenen Intuition.

Gleichzeitig ist eine gute Erdanbindung Notwendigkeit und Voraussetzung für diese Art von Erfahrungen.

Der Regenbogenvogel

Der junge Krähenvogel wurde von der sanften Brise geweckt, die den Sonnenaufgang ankündigte. In diesem Moment spürte er solch eine große Freude, dass er einfach singen musste. So war sein Ruf war der erste, der an diesem Morgen zu hören war. Kurze Zeit später folgte der gesamte Chor des Vogelorchesters, um den neuen Tag zu feiern.

Er wusste, dass dies ein ganz besonderer Tag für ihn war, an dem er anderes tun würde, als Nahrung an den Hängen oder auf den Wiesen zu suchen. Er erhob sich in den unbegrenzten Raum, bewegte sich harmonisch und ruhig, erfüllt von Abenteuerlust.

Dann ruhte er einen Moment auf einem großen mächtigen Baum aus. Während er dem feinen Flüstern jenseits des Windes lauschte, blickte er wie zufällig nach oben. Zu seinem großen Erstaunen sah er dort ein Loch im Himmel.

In diesem Moment flatterte eine glänzende Libelle direkt auf ihn zu. Er hatte noch nie solch schillernde Libellenflügel gesehen. Sie leuchteten metallisch im Sonnenlicht, zeigten unbekannte Farben, und änderten auf magische Weise ihre Form, Bewegung und Farbe. Dies faszinierte ihn und er konnte sich an alledem nicht satt sehen.

Die Libelle schaute ihn herausfordernd an:

„Ich bin eine Lufttänzerin zwischen den Welten, man nennt mich auch die Hüterin der Zeiten. - Was führt dich hierher?“

Verdutzt schaute der unerfahrene Vogel sie an und erwiderte:

„ Ich weiß selber gar nicht, wie ich hierher gekommen bin. Aber vielleicht kannst du mir das große Loch im Himmel erklären?“ Schon etwas besänftigt, antwortet sie:

„Dies ist eine Geheimtür zu anderen Wirklichkeitsebenen. Ich bin die Wächterin dieses Tores.

Mir ist es möglich, die Vergangenheit, Gegenwart und Zukunft gleichzeitig zu sehen, ebenso wie ich in die innere und die äußere Wirklichkeit schaue. Ohne Zeitverlust kann ich zwischen den Zeiten reisen.

Oft verberge ich das Tor. Dann blende ich Vorbeireisende mit meinem glänzenden Körper oder gewähre ihnen nur kurze Ausblicke. Wenn ein Wesen auf die andere Seite gelangen möchte, muss es mich darum bitten und auch innerlich bereit dazu sein!

Außerdem gilt es, bestimmte Bedingungen zu erfüllen."

Nun wurde der Vogel neugierig. Er fühlte eine Unruhe in seinem Herzen und fragte die Hüterin der Zeiten:

„Was muss ich tun, um durch den Eingang zu gelangen?"

„Wenn Du durch dieses Tor reist, erfährst du etwas über die Zukunft. Bevor ich dich hindurch lasse, musst du versprechen, dass du den Plan des großen Geistes nicht ändern wirst. Es ist wichtig, dass du bereit bist, die Zukunft so anzunehmen, wie das große Geheimnis sie vorausgeträumt hat.

Nur wenn du nicht eingreifst, kann das veränderliche Gewebe des Lebens in harmonischen Mustern pulsieren und in allen Regenbogenfarben leuchten. Wenn du die Zeitebenen bereist, darfst du bei deinen Besuchen nur als Beobachter am Geschehen teilhaben."

„Ist das schon alles?" fragte der kleine Besucher interessiert.

„Ja, das ist alles. Aber es wird vielleicht nicht so leicht sein, wie du jetzt denkst.

Bist du bereit, diese Regel zu akzeptieren?"

Der Vogel überlegte kurz und beschloss dann, sich auf das Abenteuer einzulassen.

„ Ich füge mich gern dem planvollen Geheimnis des großen Geistes,- Äh, ich meine dem geistigen Plan des großen Geheimnisses..., ach, du weißt schon..."

Die Libelle hatte Gefallen an dem mutigen kleinen Vogel. Sie lächelte und schloss die Augen.

Im selben Moment fühlte sich der Vogel von einer zarten Windböe in die Höhe gehoben, die ihn in schwebenden Kreisen nach oben durch das Tor im Himmel trug...

Um viele Erfahrungen reicher kehrte der Vogel zurück. Die Libelle, die den Ausgang bewachte, traute zuerst ihren Augen kaum, so sehr hatte sich der Vogel verändert. Seine zuvor einfarbigen Federn schillerten in warmen, wunderschönen Regenbogen-Farben, die sich je nach Lichteinfall veränderten. Und als er mit der Libelle sprach, klang seine Stimme wie ein bezaubernder Gesang.

„Ich grüße dich, Hüterin der Zeiten, Lufttänzerin zwischen den Welten."

Die Libelle erwiderte den Gruß und fragte:

„Wie ist es dir ergangen und was ist mit dir geschehen, dass ich dich kaum wieder erkenne?"

„Oh, ich hatte eine wunderbare Reise.

Als ich empor getragen wurde durch das Himmelstor, fiel alles, was ich bisher kannte und wusste von mir ab. Ohne mein Zutun wurde ich innerlich ganz leer und in mir entstand ein offener Raum.

Dann glitt ich von dieser Welt in eine andere.

Ich reiste entlang der feinen Lichtgespinste und Sonnenfinger, die aus der Welt des Geistes in diese Ebene reichen. So folgte ich magischen Lichtfäden in die Zukunft und sah, dass es unzählige dieser immateriellen Energiepfade aus unterschiedlichen Informationen gab. Ich wusste tief in meinem Inneren, dass alle Ereignisse auf Zeitlinien gespeichert sind und konnte den Spuren von Handlungen aus der Vergangenheit durch die Gegenwart in die Zukunft folgen. Auf diese Weise erfuhr ich vielerlei geheimes Wissen und erkannte, dass in der Zukunft Handlungsstränge in unendlich viele leuchtende Fäden zerstäuben, die mögliche Entwicklungen aufzeigen. Sie sind dort so deutlich zu erkennen, wie Spuren im Schnee.

Meine Augen sahen, wie alte Lebensweisen, Kulturen und Kontinente, Bauten und mächtige Reiche verschwanden, um Platz zu machen für Neues. Dieses Neue hat sich zunächst zart entwickelt, später zur Blüte entfaltet und zerfiel dann langsam wieder. So schlossen sich Entwicklungskreise zu spiraligen Gebilden. Das Wissen ging jedoch nicht verloren.

Ich sah, wie Menschen in der Gegenwart dem Fluss befahlen, sein Wasser in einem von ihnen gebauten, gerade verlaufenden Bett zum Meer zu tragen. Sie legten Buchten und Biegungen trocken und bauten anschließend ihre Häuser in die Auen, in denen vorher das Wasser seine Heimat hatte. Im nächsten Bild zeigte sich, wie der Fluss unendliche Wassermengen rief und sich sein früheres Gebiet mit großer Macht zurückeroberte. – Ich spürte die ungebremste Wildheit des Wassers und die Freude über seine wieder gewonnene Freiheit: wie es ohne Begrenzungen sprudeln und fließen konnte, ganz nach seiner Natur. Es stellte die Ordnung wieder her, die der Harmonie dieses Ortes entsprach.

So sah ich Reaktionen auf menschliches Handeln und auch viele Wachstumsbewegungen der lebendigen Erde. Ich erkannte Gesetze des Großen Geistes, und beobachtete, wie etwas aus dem Gleichgewicht geriet und unharmonisch wurde, wenn die Menschen diese Gesetze missachteten. Ich erhielt Wissen über Richtig und Falsch aus erster Hand, und kann nun mit mächtiger Stimme die Wahrheit verkünden. Ich sah Vieles kommen und gehen...

Das letzte Bild, das meinen inneren Raum füllte, war so wunderschön, dass ich es besser besingen als mit Worten beschreiben kann.

Ich sah die Erde wie aus weiter Ferne als Kugel. Als ich sie genauer betrachtete, erkannte ich, wie langsam überall auf ihrer Oberfläche Lichtpunkte aufleuchteten. Es sah so aus, als würden Glühwürmchen erwachen und zu strahlen beginnen. Blinkend tanzten sie und malten ein leuchtendes Muster auf der Erde. Es entstand ein weitmaschiges Netz, das ein Licht mit dem anderen verband. Es erwachten immer mehr Lichter. Das Netz wurde dichter, und schließlich leuchtete die Erde, als wäre sie in eine mit Sternen übersäte Decke gehüllt. Sie schien nun leichter, fast schwerelos zu werden. Es sah so aus, als ob das Lichtnetz die Erdkugel schwebend an einen neuen Platz trug.

Diese Bilder bauten Nester in meinem Herzen.

Ich teilte die Unruhe und Aufregung der erwachenden Lichtarbeiter und Engel, die von weitem wie Glühwürmchen ausgesehen hatten. Ich erlebte ihre immense Anstrengung, andere zu ermuntern, ihrer Bestimmung zu folgen und auch ihr Licht strahlen zu lassen.

Dann fühlte ich die Erleichterung und Euphorie aller Lebewesen, als das Lichtnetz sanft die Erde an ihren neuen Platz hob. Diese Freude trage ich nun in jeder meiner Zellen und meine Seele jubelt, weil ich dieses Wunder sehen durfte.

Ich habe der Kraft vertraut, die alles Leben hervorbringt, deshalb bin ich jetzt so, wie ich bin. Mein Gefieder spiegelt die Schönheit und Vielfalt des Lebens wieder, in dem Licht und Dunkelheit miteinander tanzen und sich in allen Farbschattierungen zeigen. Mit meinem Gesang lobe ich den Großen Geist und erinnere die Menschen an eine höhere Ordnung, damit sie jetzt alles dafür tun, dass auf der Erde auch die Kinder ihrer Enkel noch leben können." Die Libelle war glücklich darüber, dass der Vogel seine Bestimmung gefunden hatte. Sie sagte:

„Mein Freund, ich danke dir, dass du mir deine Geschichte erzählt hast. Dafür schenke ich dir einen neuen Namen, der dich immer an diese Reise erinnern wird.

Er lautet: Regenbogenvogel.

Der Regenbogen bildet eine Lichtbrücke zwischen Himmel und Erde. Alle seine Farben sind in deinem leuchtenden Gefieder enthalten und mit deinem Gesang kannst du jeder eine Stimme verleihen.

Das Rot ruft kraftvoll in die Welt: Ich will leben!

Du erinnerst mit deinem orange leuchtenden Schnabel die Menschen an ihre überschäumende Kreativität und Fähigkeit etwas Neues zu erschaffen.

Das goldene Gelb verbindet alles Leben durch wärmende Sonnenstrahlen miteinander.

Das Frühlingsgrün heilt die Herzen und erfüllt sie mit Liebe.

Das Blau des Meeres erinnert die Menschen an ihre freie Wahl, die Wahrheit auszusprechen.

Das zarte Lila kündet davon, dass die Sicht manchmal klarer ist, wenn man nach Innen schaut.

Und das Weiß steht für die Offenheit des Himmels, in dem es viele Tore gibt, hinter denen sich ungezählte Wunder verbergen."

Die Stimme der Libelle verklang und ihr Blick ruhte wohlwollend auf dem inzwischen erwachsenen gewordenen Vogel, dem Regenbogenvogel.

„Ich danke dir für meinen wunderschönen neuen Namen."
Der Vogel lächelte die Libelle vertraut an.
„Du hast mir das Tor zur Zukunft gezeigt, dafür werde ich dir immer dankbar sein! So oft ich kann, werde ich zu dir zurückkehren. - Auf Wiedersehen, Hüterin der Zeiten."

Er erhob sich, breitete seine schimmernden Schwingen aus und war schon wenig später an Horizont verschwunden.

Der Regenbogenvogel schwebt wie aus einem Traum in unseren Alltag. Er kommt aus der alten Welt der Märchen, Mythen und Träume und spricht von seelischen Dingen. Diese magische Wirklichkeit ist unserem Herzen sehr nahe, und in unserem Inneren entstehen Bilder, die uns Geschichten erzählen von geheimnisvollen Zusammenhängen. In dieser anderen Wirklichkeit, die uns schon immer begleitet, spielen Gefühle und Intuition, Magie, Farben und Symbole, Tiere und geistige Wesen eine Rolle. Weil hier alles lebt, miteinander verwoben ist und danach strebt, seine Bestimmung zu erfüllen, überwiegt eine ganzheitliche Weltsicht. Natürlicher Weise gelten in diesen Dimensionen andere Gesetze als in unserem Alltag! Logik, rationale Überlegungen und der Intellekt spielen hier keine Rolle, ebenso wenig wie Zeit und Raum wichtig sind.

„Viele unserer Ängste sind dünn wie Seidenpapier,
schon ein einziger mutiger Schritt
könnte uns durch sie hindurch tragen."

Brendan Francis

Mitbringsel von Gedankenflügen und sogenannte Wunder

In den letzten Jahrzehnten haben wir Menschen so gut wie alles verändert: viele technische Errungenschaften, Medien und Dienstleistungen machen unser Leben bequem und komfortabel. Doch bei allem äußeren Wandel haben wir es versäumt, unser eigenes Denken und Handeln zu hinterfragen. Der Fortschritt hat uns zwar einerseits Komfort und einen hohen Lebensstandart beschert. Andererseits hat er aber nicht dazu beigetragen, Frieden auf der Erde aufrecht zu erhalten oder mit anderen Menschen und der Natur in Harmonie zu leben. Im Gegenteil. Umweltbedingte Krankheiten und massive ökologische Probleme sind die Folge unseres selbstbezogenen Handelns, das weder andere Menschen noch die Umwelt im Blick hat. Die vorherrschende Art zu denken und nur auf den eigenen Vorteil hin zu leben scheinen nicht dazu geeignet, den großen Umwälzungen, denen wir auf allen Gebieten gegenüberstehen, angemessen begegnen zu können. In der Wirtschaft, Politik, Gesellschaft und Religion müssen neue Werte gefunden werden. Denn als alleiniges Ziel der Gesellschaft ungebremstes Wachstum zu sehen, hat Verhaltensweisen hervorgebracht, die auf Gier, Missachtung und Ausbeutung beruhen. Sie treten offen zutage, z.B. in der weltweiten Wirtschaftskrise.

Auch im Privatleben vieler Menschen finden große Veränderungen statt, und Familienstrukturen, die in anderen Zeiten funktionierten, brechen auseinander.

Die Frage erübrigt sich, ob Wohlstand zwangsläufig auch Zufriedenheit und Glück mit sich bringt. Denn wir sind erfreulicherweise auf dem Weg, falsche Mittel und oberflächliche Motivationen hinter uns zu lassen, um neue Visionen zu finden. Der globale und individuelle Wandel bringen uns dazu, praktische Vorschläge zu überprüfen, wie wir die persönliche Transformation und Weiterentwicklung fördern können.

„Ich war schon oft draußen im Weltall“, sagte der Kosmonaut, „und ich sah weder Gott noch Engel.“

„Ich habe schon viele kluge Gehirne operiert“, erwiderte der Neurologe, „jedoch nie einen einzigen Gedanken entdeckt.“

Diese Parabel wirft die grundlegende Frage auf:

Was ist Leben? Was ist wirklich und real? - Das was ich sehe? Das was ich fühle? Das was ich denke oder träume?

Die Wissenschaft antwortet, indem sie Zusammenhänge erklärt. Die tägliche Erfahrung zeigt jedoch, dass Einsicht allein oft nicht weiter hilft, obwohl sie natürlich zum Verständnis beiträgt.

Die Frage ist: geht es mir besser, wenn ich weiß, warum ich unglücklich bin?

Meistens nicht wirklich...

Es wird vermutet, dass wir nur einen ganz geringen Prozentsatz unseres geistigen Potenzials nutzen. So existieren in jedem von uns bisher verborgene Energiequellen, die erschlossen werden können. Und ein großer schlummernder Kreativitätspool wartet darauf, frei gesetzt zu werden. Menschen sind ein Teil dessen, was ist. Da alles ineinandergewebt, miteinander versponnen und verflochten ist, muss das menschliche Potential riesig sein.

Um das zu begreifen, erzählen die Völker seit Menschengedenken Geschichten, die inspirieren und den Blick weiten. Sie verleihen der Seele sowohl Wurzeln als auch Flügel. Aus diesem Grund brauchen wir Märchen, Fabeln, Träume und Sagen ebenso dringend wie die Luft zum Atmen. Sie spiegeln unsere Gefühle, dienen der Seelenhygiene und haben im Laufe der Jahrtausende eine Symbolsprache entwickelt, die es zu entschlüsseln gilt. Allerdings entzieht sie sich jedem rationalen Zugriff. Sie ist eine Universalsprache, die alle jetzt Lebenden, alle Ahnen und zukünftigen Menschen miteinander verbindet aus allen Kulturen. Sie erzählen von Erfahrungen, Entdeckungen auf dem Holzweg, Einsichten, Weisheiten, Visionen und erinnern an noch nicht gelebte Möglichkeiten. Ihre Botschaft lässt sich häufig auch so zusammenfassen: Wer seine innere Wahrheit erkannt hat, dem stehen ungeahnte Kräfte zur Seite, wenn er sich auf den Weg macht, um sie zu verwirklichen.

Auch Geschichten und Biografien von Menschen, die Dinge tun, die uns als Wunder erscheinen, weiten unsere Perspektive und helfen uns, die treibende Dynamik des eigenen Lebens zu erkennen. Diese Menschen überschreiten „normale“ Grenzen. Ihre besonderen Fähigkeiten zeigen uns, dass vieles möglich ist, was bisher als unmöglich galt. Ihre Lebenswege belegen, dass nicht alles so ist, wie es zu sein scheint. Ihr Wissen und Können wird auch von Wissenschaftlern mit Staunen zur Kenntnis genommen.

Wer den Film über Ben Underwood, einen sympathischen 14-jährigen Amerikaner sieht, dem fällt zunächst nur auf, wie sportlich er ist. Er fährt schnell Skateboard zwischen parkenden und fahrenden Autos, spielt Baseball, reitet, fährt Fahrrad, klettert auf Bäume und tanzt mit Mädchen.

Er verhält sich genauso, als könnte er sehen!

Als er drei Jahre alt war (1995), mussten ihm jedoch beide Augen wegen einer Tumorerkrankung entfernt werden. Seine Mutter nahm seine kleinen Hände an ihr Gesicht und sagte ihm, dass er jetzt mit seinen Fingern sehen könne. Sie hielt ihre Hand unter seine Nase und sagte ihm, dass er nun mit seiner Nase sehen könne und mit seinen Ohren…

Ben war klein und hatte keinen Grund, an den Worten seiner Mutter zu zweifeln, so geschah ein Wunder.

Der Psychologe Dan Kish sagt über Ben:

„Dieser Junge sprengt die Grenzen der Wahrnehmung."

Er hatte eine Methode des Zungenschnalzens entwickelt, mit der er sich orientierte. Seine Seele hatte einen neuen Weg des Sehens gefunden, der vielleicht aus vergessenen Dimensionen stammte. Er konnte mit Hilfe von Tönen sehen. Vielleicht auf ähnliche Weise wie es Fledermäuse oder Delfine tun…

Ben war eine große Quelle der Inspiration für alle Menschen, die von ihm gehört haben.

Wenn wir Grenzen überschreiten, gehen wir diesen Weg alleine. Aber häufig begleiten uns Gefährten bis an die Schwelle und Freunde erwarten uns auf der anderen Seite.

Auf dem letzten Weg, der zu den Ahnen führt, durchschritt eine liebende Großmutter die magische Pforte. Sie hatte sich schon vor längerem auf die Reise vorbereitet, und verbrachte viel Zeit mit den Himmelsmenschen. Auf ihre ruhige Art erkundete sie das Land ihrer Ahnen und begann, sich dort ihr Haus in den Wolken einzurichten. Nur noch ab und zu wanderte ihre Seele zurück zu den hier Lebenden. Ein weiches Faltennetz hatte sich über ihr Gesicht gelegt. Durch dessen Maschen strahlte das Licht, das sie von Innen her erleuchtete. Mit dem Alter schien dieses Licht sanfter, aber zugleich auch stärker geworden zu sein. Es machte sie leichter, durchlässiger und zarter. Inzwischen schien sie Vogelknochen zu haben, und es fiel ihr immer schwerer, einen festen Grund in dieser Welt zu finden. Es war, als würde der Magnet, der unsere Seele nach dem Schlaf immer wieder in den Körper zurückzieht, bei ihr langsam seine Kraft verlieren. Allmählich wich er zurück, bewegte sich dann auf die andere Seite und der Sog in die himmlischen Ebenen wurde für sie immer stärker.

Wenn sie aus ihrem Sehnsuchtsland zurückkam, war ihr Blick klar und wissend. Für die, die sie hier zurücklassen musste, brachte sie oft liebevoll verpackte Geschenke mit. Diese Mitbringsel waren Einsichten, zukünftige Ereignisse, Hinweise und kostbare Geheimnisse. Anschließend lauschte sie einer Musik, deren Töne ihr Flügel verlieh und sie tanzte zurück ins Licht.

Trotz ihrer Reisen zwischen den Welten war sie ganz sie selbst und lebte friedvoll in diesem Schwebezustand. Als sie alles gesagt, jeden umarmt und verabschiedet hatte, folgte sie in einem unbeobachteten Moment ihrem Engel. Als er die Silberschnur vom Körper löste, schwebte sie befreit durch die magische Pforte…

PS: Die Botschaften, die sie aus der Zeitlosigkeit brachte haben sich alle bewahrheitet.

Auch die Vision, die Akrit Jaswak (geb. 23.4.1993) beflügelt, scheint aus anderen Dimensionen zu stammen.

Er ist weit über die Grenzen Indiens bekannt und gilt als der intelligenteste Junge der Welt. Mit 12 Jahren studiert er bereits und hat ein sehr umfangreiches medizinisches Wissen. Als er acht Jahren war, hat er bei einem siebenjährigen Mädchen eine komplizierte OP an ihren Händen vorgenommen, die erfolgreich verlaufen ist.

Sein unerschütterlicher Glaube an seine Fähigkeiten hat ihn weit gebracht. In London hat er sich mit seinen medizinischen Ideen bei

Forschungsgruppen vorgestellt und die Wissenschaftler begeistert. Sein Ziel ist es, ein universelles Heilmittel gegen Krebs zu entwickeln, das die DNA repariert. Akrit sagt: „Du musst dich konzentrieren, egal, was du tust. Dann hast du Erfolg! Man muss alle Grenzen überschreiten. Man muss jedes Päckchen aufmachen. Irgendwann sieht man dann: Ich hab`s.“

Akrit traut sich Dinge zu, die andere Jungen in seinem Alter nicht interessieren. Mit seinem Selbstvertrauen, seiner hohen Intelligenz und klaren Lebensaufgabe fordert er Erwachsene heraus, ihr eigenes Feuer wieder zu entzünden. Seine überschwängliche Begeisterung und unerschütterliche Sicherheit, dass er sein Ziel erreichen wird, machen die Erde zu einem schöneren Ort.

Bei indianischen Völkern geht man davon aus, dass jeder Mensch etwas Einmaliges in sich trägt: seine „Medizin“. Hat das Stammesmitglied herausgefunden, was seine Gabe ist oder war seine Visionssuche erfolgreich, dann wird er seine „Medizin“ mit anderen teilen. Dies macht ihn zu einem sehr wertvollen Mitglied seines Volkes. Häufig erhält er zu diesem Zeitpunkt auch einen neuen Namen, der ihn und andere an seine besondere Fähigkeit erinnert.

Eine ganz besondere Gabe hatte Kim Peek (1951-2009). Er kam schwerbehindert zur Welt und seinen Eltern wurde geraten, ihn in ein Heim zu geben. Sein Leben lang konnte er sich nicht selber ein Brot schmieren oder die Schuhe zubinden. Jedoch besaß er die unglaubliche Fähigkeit, zwei Seiten gleichzeitig zu lesen: 8 Seiten in 53 Sekunden. Er kannte den ewigen Kalender auswendig und den Inhalt von mehr als 12 000 Büchern. Als er 33 Jahre alt war, kannte ihn ganz Hollywood, denn er ist der echte „Rain Man“.

Er hat mit seiner Hilflosigkeit die Herzen der Menschen erreicht. Gleichzeitig konfrontierte er intellektuelle Grenzen, indem er wie ein Computer Unmengen von Daten speichern und abrufen konnte. Der Film bewirkte, dass die Zuschauer sich mit den zwei ungleichen Brüdern identifizierten und liebevoll auf andere sehen konnten, die nicht in ein Schema passen. Für kurze Zeit entstand Nähe zu einem Behinderten, der sich in seiner Verletzlichkeit zeigte und für den seine besondere Gabe nichts Außergewöhnliches war.

Im Umgang mit Behinderten können wir viel über uns selber lernen, denn ihr Verhalten ist ehrlich, häufig sehr direkt und herzlich. Sie fordern uns auf, angemessen darauf zu reagieren und helfen uns, zu den Anfängen zurückzukehren, indem wir uns auf das besinnen, was im Leben wichtig und beständig ist. Sie verstellen sich nicht und kümmern sich nicht um Konventionen.

Auch ihre erstaunlichen Fähigkeiten zeigen, dass es große Bereiche im menschlichen Gehirn gibt, die normalerweise brach liegen.

Rüdiger Gamm (geb. 1971) ist ein Rechen- und Gedächtnisgenie, bei dem nachgewiesen wurde, dass er Gehirnregionen nutzt, die sonst ohne Funktion existieren. Außerdem wurden bei ihm eine Vergrößerung der Hirnlappen und ein stark verdichtetes Corpus Callosum festgestellt.

Auf seiner Homepage ist zu lesen:

„Als Zwölfjähriger beschloss er abends beim Einschlafen auf irgendeinem Gebiet der Beste zu werden. Er sagte sich: Warum nicht dort, worin ich der Schlechteste bin? In Mathematik!“

Zu dieser Zeit war seine Mathematik-Note eine glatte 5!

13 Jahre später gewann er den ersten internationalen Wettbewerb im Kopfrechnen. Sein IQ liegt bei weit über 200 und sein Motto lautet: „Der Geist hat keine Grenzen, man muss ihn nur zulassen.“ Er ist ein Rechengenie, spricht mehrere Fremdsprachen perfekt - gerne auch rückwärts. Rüdiger Gamm tritt in Fernsehsendungen auf, gibt Seminare als Mentaltrainer für Spitzensportler und unterrichtet an Schulen. Er betont die Notwendigkeit, angeborene Fähigkeiten und Talente permanent zu trainieren und rät seinen Schülern: „Finde deine Interessen, fördere deine Talente und lass dir vor allem nie einreden, dass du etwas nicht kannst.“

Wie stark ein Mensch ist, der an sich selbst und seine Mission glaubt, lebt uns Nelson Mandela (geb.1918) vor. Der Staatspräsident von Südafrika, ließ sich auch durch 27 Jahre Haft nicht brechen! Er überlebte und fand viel Kraft mit Hilfe eines Gedichts, das „Invictus – Unbezwungen“ heißt und von Ernest William Henley (1849 bis 1903) stammt. „Ich bin der Herr von meinem Stern, ich bin der Meister meiner Seel`“ lauten die letzten Zeilen, die er als sein Mantra zum Überleben wiederholte.

Auch der Werdegang von Evelyn Glennies (geb. 1965) grenzt an ein Wunder. Mit acht Jahren wurde sie nahezu taub, füllt aber heute als Musikerin große Konzertsäle und verdient damit ihren Lebensunterhalt. Für sie ist Hören ein ganzheitlicher Vorgang wie Atmen. Bei der Atmung sind nicht nur Nase, Mund und Lungen beteiligt, sondern auch die Haut atmet mit. Sie hört Musik mit ihrem ganzen Körper.

Samy Molcho (geb. 1936) Pantomime und weltweit anerkannter Fachmann auf dem Gebiet der Körpersprache ist der Meinung:

„Was wir sind, sind wir durch unseren Körper. Der Körper ist der Handschuh der Seele, seine Sprache das Wort des Herzens. Jede innere Bewegung, Gefühle, Emotionen, Wünsche drücken sich durch unseren Körper aus."

„Wir lachen, wenn Regeln der Logik oder Realität gebrochen werden, über das Absurde oder Extreme in einer Situation." sagt Peter Shub, der Entertainer, Schauspieler und Clown. Nur wer das Leiden kennt, wird ein guter Spaßmacher, davon ist er überzeugt. „Ich habe vier Kinder auf der Erde und eines im Himmel." Das Spielen und der Zusammenhalt in der Familie halfen ihm, weiterzumachen.

Esref Armagan (geb. 1955) hat für Volvo das Modell S60 gezeichnet, das 2010 auf den Markt kam. Er ist ein bekannter blinder Maler, der wie ein Sehender perspektivisch malt. Seine Gehirnaktivitäten wurden eingehend untersucht und es zeigte sich, dass die Sehregionen seines Gehirns aktiv sind. Er „ sieht" durch seine Finger.

Indische Yogis, die jahrelang keine Nahrung oder Flüssigkeit zu sich nehmen, lassen Ärzte rätseln. Sie beziehen ihre Energie aus Meditation, Yoga-Übungen oder dem Sonnenlicht.

All diese Wunder muss man nicht glauben. Sie haben sich tatsächlich ereignet und sind dokumentiert! Diese Menschen bezeugen mit ihrem Leben, dass etwas nur so lange unmöglich ist, wie wir glauben, dass es nicht geht. Die offensichtliche Unmöglichkeit liegt wahrscheinlich an der Vorstellung von Realität, die wir für uns selbst akzeptieren. Sie scheint aber nicht objektiv zu sein. Diese Menschen leben uns vor, wie seelische Gesundheit entstehen kann. Sie aktivieren weitgehend unerforschte Realtätsebenen.

Abraham Maslow (1908 bis 1970) war der Überzeugung: „Ohne den Glauben an das unerwartete Gute, das von außen kommt, nennen wir es ruhig: das Wunder, das uns wieder zum ganzen Menschen macht, sind wir verloren.“

Erklärungen von Zusammenhängen können aus sich heraus noch kein Glück hervorbringen. Dies zu erwarten ist ungefähr so, als würde man ein Telefon fotografieren, um herauszufinden, wer anruft…

Eine neue Perspektive zeigt sich häufig erst dann, wenn wir die intellektuelle Ebene verlassen und uns für andere Erfahrungen öffnen können: Inspirierende Musik oder ein Gedicht, ein herzerwärmendes Lächeln, ein befreiender Tanz, ein Traum, eine tröstliche Geste, ein Spaziergang am Meer, ein Anruf oder Blumen, die Freude über ein unerwartetes Geschenk… All dies kann unsere Gefühlswelt sehr schnell positiv verändern. Indem wir uns entspannen und den glücklichen Augenblick genießen, stillen wir unsere Sehnsucht nach Freude und Leichtigkeit.

John McCracken (geb. 1934), ein kalifornischer Künstler, schafft Skulpturen, die die Grenzen zwischen geistiger und materieller Welt öffnen. Sie wirken so leicht, dass sie völlig mit den Hintergrund verschmelzen. Einige erwecken den Eindruck, als hätte ein Außerirdischer sie auf der Erde abgestellt. Er errichtet beispielsweise spiegelnde Säulen in einen Wald. Dem Betrachter erscheint beim ersten Eindruck alles „normal“, doch dann nimmt er einen Knick wahr. Irgendetwas ist anders. Es existiert einen Bruch in der Wirklichkeit, der Rätsel aufgibt. Durch ihn fließt Magie in den Alltag, die Verborgenes sichtbar macht.

Mit seinen optischen Instrumenten verleiht er schwerem Material wie Metall, Holz oder Stein durch intensive Bearbeitung ein perfekt immaterielles, glänzendes Äußeres. Seine Stehlen sind raffiniert getarnt und beziehen die Umgebung mit ein, so dass aus der Realität eine Collage entsteht. Die Skulpturen strahlen so geheimnisvoll abstrakt, als wären sie Gestalt gewordene Gedanken. Sie könnten auch aus einem Ufo stammen, denn sie sind übermenschlich groß, und angefüllt mit schamanischer Energie. McCracker versteht sich als Seher, Visionär und zugleich als Materialist.

Er kann den Kopf weit in den Himmel strecken und dabei doch fest mit dem Ort verwurzelt sein.

Schamanische Reisen bringen uns in Kontakt mit dem, was unsere Seele nährt und lassen uns erkennen, was die eigenen Bedürfnisse sind. Sie schenken uns Inspiration, Trost, Heilung, Liebe und reduzieren den Stress in unseren Leben.

Seelenreisen öffnen uraltes Wissen, das in früheren Zeiten geheim gehalten wurde. Nun ist es für jeden zugänglich, aber es wird nur von denen gefunden, die damit umgehen können. Jede, die dazu bereit ist, kann sich selbst auf den Weg begeben, um die zeitlose Wahrheit, die in ihr verborgen liegt, zu erforschen und anzuwenden.

Auf einer Seelenreise entdecken wir häufig etwas, dass uns persönlich etwas bedeutet. Etwas, das nur uns gehört und ein Symbol für unsere Stärke darstellt.

Dieser Pfad wird so phantasievoll und individuell sein wie Sie. Sie werden auf diesem lebendigen und manchmal auch herausfordernden Weg begleitet. Jede Frau wird ihren persönlichen inneren Raum finden, den sie mit Ihrer eigenen Energie, Kraft, Liebe und Vision vom Leben füllen kann. Viele innere Erfahrungen und Erkenntnisse lassen nach einiger Zeit Zusammenhänge erahnen, die einen tieferen Sinn ergeben.

Die Überzeugungskraft uralter, seit Jahrtausenden überlieferten Techniken liegt darin, dass sie sowohl einfach als auch wirkungsvoll sind und zur Wahrheit führen. Mit diesen Methoden kann jeder Mensch – egal wie alt er ist, welcher Rasse oder Nationalität er angehört - seine eigenen Erkenntnisse finden, so wie Tausende von Menschen es vor ihm konnten. Da die Technik der Seelenreise universell ist, findet sie sich in jeder Kultur,- natürlich in entsprechenden Variationen. So erzählen viele Märchen von Seelenreisen und den gefundenen Lösungen.

Liest man Berichte von Wissenschaftlern und Künstlern, wie sie ihre kreativen Ideen und neuen Erkenntnisse fanden, berichten sie übereinstimmend, dass es nicht nur logisch-intellektuelles Denken war, was sie die Lösung finden ließ, sondern oft ein Traum oder eine Vision, der sie gefolgt sind.

Kekule´(1829 bis 1896), der sich intensiv damit beschäftigte herauszufinden, wie die Moleküle des Benzols angeordnet sein könnten, träumte von einer Schlange, die sich in den Schwanz biss – so fand er den Benzolring.

Albert Einstein (1879 bis 1955) war davon überzeugt, dass Phantasie dem Wissen überlegen sei, weil letzteres begrenzt sei.

Patch Adams (geb.1945), der bekannte alternative Arzt, der Humor als Medizin einsetzt, ist der geistige Vater des Klinikclowns. Er traf mit 18 Jahren als Patient in der Psychiatrie die Entscheidung, Mediziner zu werden und ein Leben in Freude zu führen. An diesem kalten Ort hat er seine Vision gefunden, die ihm neuen Lebensmut schenkte. Sie beflügelt ihn bis heute und er sagt:

„Eines der in der Weltgemeinschaft am besten gehüteten Geheimnisse ist: Wenn jemand seinen Traum erschafft und ihm folgt, dann steckt darin eine Energie, die größer ist als jede Kraft, die ich kenne.“

„Farben sind inzwischen ein gar nicht mehr so geheimer Schlüssel zu unserer Gesundheit, zu unserem Seelenleben, zu unseren karmischen Aufgaben und zu unserem Lebensschicksal. Farben enthalten Botschaften und Informationen für uns."

Ingrid und Wulfing von Rohr

Aussagen von Farben

In Visionen, Meditationen und Träumen erscheinen Tiere häufig in Farben. So überbringen sie uns eine emotionale Botschaft. Denn jede Farbe hat im menschlichen Körper auf einer feinstofflichen Ebene eine Entsprechung in den Chakren (Energierädern), die sich entlang der Wirbelsäule befinden. Die Farbe spricht uns auf diese Weise auf einer sehr tiefen Ebene an ...

Es würde den Rahmen dieses Buches sprengen, diese Zusammenhänge genauer zu erläutern. Deshalb hier nur eine kurze Zusammenfassung der Farben wie wir sie in unserem Kulturkreis interpretieren.

Rot

Rot steht für Lebensenergie, Blut und das Urvertrauen. Die Verbundenheit mit der Erde, der Lebenswille, die Durchsetzungskraft, das materielle, praktische Leben werden symbolisch durch die Farbe rot dargestellt.

Orange

Orange ist die Farbe des Feuers, der Wärme. Es steht für Kreativität, Schöpferkraft, Beziehung, Sexualität und Erotik. Orange aktiviert den gesamten Energiefluss im Körper.

Gelb

Gelb entspricht der inneren Sonne, den Beziehungsfäden, die wir aussenden. Ihre Leuchtkraft hängt davon ab, wie wir mit Emotionen umgehen, Gefühle und Erlebnisse verarbeiten. Ein leuchtendes Gelb zeigt Gesundheit und Wohlbefinden an.

Grün

Grün steht für die Natur und Harmonie der Gefühle. Es ist die Farbe der Heilung, des Ausgleichs zwischen Körper, Gefühl, Geist und Seele. Grün steht für Herzensqualitäten wie Liebe, Hingabe, Mitgefühl, Vergebung, Toleranz und Offenheit.

Blau

Blau wie der Himmel und das Meer assoziiert Freiheit, Weite, Losgelöstheit, seelische Entspannung, Vergeistigung. Blau steht für Kommunikation zwischen oben und unten, Himmel und Erde, Kopf und Herz.

Violett

Violett steht für die Innenschau, das innere Sehen, übersinnliche Wahrnehmung und Intuition. Häufig weist violett auf Veränderung und Transformation hin.

Weiß

Weiß ist ein Symbol für Reinheit, Unschuld und Klarheit. Weiß ist der spirituellen Ebene sehr nahe, es ist ein Zeichen für klare innere Erkenntnis und die Verbindung mit allem, was ist.

Schwarz

Schwarz drückt als Gegenpol von weiß häufig dunkle bzw. negative Aspekte aus. Schwarze Kleidung repräsentiert Würde oder Trauer, kann aber auch Hoffnungslosigkeit ausdrücken.

Wenn Sie sich vorstellen, Sie würden auf Ihrer inneren Reise einem Bären begegnen, könnte dies Folgendes bedeuten:

Ein gelber Bär überbringt Ihnen zum Beispiel die Botschaft, dass Sie von strahlender Gesundheit sind. Allerdings sollten Sie seinen Rat befolgen, und für guten Ausgleich zwischen ruhen und aktiv sein sorgen.

Ein violetter Bär sagt Ihnen, dass Sie gesund werden, wenn Sie etwas ändern und lernen, mehr Ihrer Intuition zu vertrauen.

Nutzen Sie die Weisheit, Vorsicht, Macht und den Mut des Bären.

Ein Bär ist stark. Rufen Sie den Bären, wenn Sie sich schwach fühlen.

Die Tiere werden auf vielerlei Art Kontakt mit Ihnen aufnehmen. Ihr Erscheinungsbild ist nur eine von mehreren Möglichkeiten, um auf ihre Botschaft aufmerksam zu werden. Gefragt sind Ihre Intuition und die Bereitschaft, sich auf diese Erfahrungen einzulassen ....

Dann werden die Tierboten zu wirklichen Begleitern und kraftvollen Helfern in Ihrem Alltag!

Geister des Waldes,
bringt uns Kunde von dem Reich,
helft unser Volk zu leiten,
gebt und der Boa Verstohlenheit,
des Falken, der Eule durchdringende Sicht,
des Rehs untrügliches Gehör,
des Tapirs rohe Ausdauer,
des Jaguars Anmut und Kraft,
des Mondes Wissen und Stille,
Stammesgeister, leitet uns!

Ayahuasca – Gesang

Der Flug der Falkenfrau

Die Reisende durchquerte das Tor zur Seelenlandschaft und wurde dort von einem Falken empfangen. Er saß auf einer nahe gelegen Mauer und blickte sie mit seinen großen Augen direkt an, indem er den Kopf zur Seite wendete. So konnte sie ihn genau betrachten und sich an seiner erhabenen Schönheit erfreuen. Ihr fiel zum ersten Mal eine kleine Zacke auf seinem gebogenen Oberschnabel auf. Sein herbstbraunes Gefieder, die gelben Beine mit den kräftigen Krallen und seine spitzen Schwanz- und Flügelfedern waren ihr schon vertraut. Denn sie hatten sich inzwischen ein wenig miteinander angefreundet. Irgendetwas Geheimnisvolles verband diese so unterschiedlichen Wesen, das spürten beide. Obwohl der Falke nicht wie ein Mensch reden konnte, wusste die Reisende intuitiv, wenn er ihr etwas mitteilen wollte.

Heute bot er ihr an, dass sie sich auf seinen Rücken setzen könne, um einen gemeinsamen Ausflug zu machen. Anfangs zögerte sie, doch dann gewann ihre Abenteuerlust. Sie stieg mutig auf.

Nun saß sie fest und hatte Halt gefunden, als sie spürte, dass sich etwas veränderte. Es war ehr eine Ahnung, als ein klares Wissen, aber sie hatte den Eindruck, dass die Kraft der Erde in ihr aufstieg. Sie erkannte diese Energie, denn sie war ihr sehr vertraut und sie fühlte sich sofort sicher und geborgen. Sie hob ihre Füße, so dass sie den Boden nicht mehr berührten, aber ihr Gefühl änderte sich nicht. Das beruhigte sie sehr.

Dann veränderte sich alles, denn sie nahm eine andere Energie wahr. Diese Schwingung kam sanft, warm und schmeichelnd. Dann zeigte sie sich klarer und immer stärker werdend. Schließlich fühlte sie sich wie ein heftiger Wind an, der an ihren Haaren zauselte und die Reisende dazu zwang, plötzlich sehr tief ein- und auszuatmen.

Sie erfuhr die Luft mit all ihren Sinnen und entdeckte den Wind, der zu ihrem Atem wurde.

Nun fluteten die beiden unterschiedlichen Energien durch sie hindurch. Die stabilisierende Erdenergie stieg in ihr auf, während gleichzeitig die Luftenergie von oben einströmte. Dies löste ein fließendes Gefühl aus und begann, ihre Wahrnehmung von sich selbst zu verändern. Sie wurde durchlässig, ihre Form schien sich aufzulösen und ihr Körper begann zu vibrieren. Gleichzeitig wuchsen die Energien in ihr und wurden immer stärker.

Fast unbemerkte geschah es, dass sie sich mehr und mehr mit dem Falken verband und beide Körper miteinander verschmolzen. Ihre Arme wurden seine ausgebreiteten Flügel. Sie fühlten sich kraftvoll an bis in die äußerste Spitze. Als sie um sich blickte, erkannte sie, wie scharf und klar ihr Blick geworden war. Die Energien der Erde und des Himmels verstärkten sich noch mehr. Nun war sie reine Kraft und konnte nicht anders: sie musste diese Stärke ausdrücken. Sie bewegte ihre Schwingen, fühlte, wie sie langsam und majestätisch vom Boden abhob. Die Energien rauschten in ihr, während sie höher und höher glitt.

Sie spürte den Wind, der sie mit sich trug. Ihr Brustkorb öffnete sich und Weite schaffte Raum in ihrem Herzen. Sie atmete tief, nahm all die sie umgebende Lebensenergie in sich auf. Und spürte, dass sie eins wurde mit der Luft. Als Teil des Himmels schwebte sie einfach dahin.

Sie war frei, absolut frei. Sie war der Falke: die unermessliche Kraft und Wildheit. Ein lauter Schrei entstieg ihrer Kehle. Berauscht flog sie schneller und immer schneller. Bis sie in rasender Geschwindigkeit, das Gefühl hatte, ihr Körper würde sich in seine Einzelteile auflösen. Erst dann verlangsamte sie sanft ihren Flugschlag. Sie spielte mit der Höhe, flog auf und ab, glitt unter den Wolken furchtlos dahin. Anschließend schwebte sie mit großer Leichtigkeit und ließ sich vom Wind tragen. Doch sie war sich jederzeit ihrer Kraft bewusst. Sie blickte auf Landschaften unter sich, erkannte Menschen und war unendlich weit entfernt von deren Problemen…

Sie überflog Täler und Flüsse, Berge und Wüsten und machte sich die grenzenlose Weite vertraut. Sie flog über sommerliche Tannenwälder kurz nach einem Regen. Sie lernte den Duft und die Farbnuancen von Pappeln, Birken, Eichen und Buchen von einander zu unterscheiden. Es machte einen Unterschied, ob sie herbe und angenehme Düfte wahrnahm oder süße, strenge, feine Aromen sah. Sie unterschied intensive, entspannende und anregende Düfte, nahm sie aber mit anderen Sinnen wahr. Sie sah die Schwingungen in Farben, Lichtern und Leichtigkeit oder Dichte. Sie fühlte die Beschaffenheit der Luft, atmete sie ein und wurde ein Teil von ihr. Bevor sie sich mit ihr verband, sah sie von oben die Dichte der Moleküle, ihre verschiedenen Farbschattierungen und die pulsierenden Lichtpunkte, die wie Leuchtkäfer um die Bäume herumflogen oder wie Lichtfäden von ihnen ausgesandt wurden. Sie verschmolz mit der Landschaft, die sie überflog und erfuhr auf diese Weise ihr besonderes Wesen. Für sie lebte alles und zeigte dies auf ganz natürliche Art, denn vibrierende Energiepunkte charakterisierten die unterschiedlichen Ebenen. Sie fühlte, dass auch ihr Körper aus beweglichen Partikeln bestand. Sie spürte das Leben bis auf die Knochen. Sie genoss die Freiheit, Wildheit und den Rausch der Freude. Es gab keinen Moment, in dem sie sich von irgendetwas, das sie umgab, getrennt fühlte. Sie liebte das Leben bedingungslos. Tief in sich ruhend und ganz sicher war sie glücklich und zufrieden.

Natürlich überflog sie auch große und kleine Städte. Dann landete sie auf Kirchturmspitzen, kehrte aber nach kurzen Ausflügen immer wieder gerne in klarere Luftbereiche zurück.

Sie liebte es besonders, ständig den Elementen ausgesetzt zu sein. Veränderungen genoss sie und begrüßte jede Herausforderung. Sie erfuhr sich in jedem Moment selber neu. Zum Beispiel, als sie bemerkte, dass sie in der Luft stehen konnte, indem sie viele kurze Flügelschläge machte. Sie fühlte sich in jeder Zelle lebendig, als sie ihren ersten Sturzflug machte. Der Rausch der Geschwindigkeit machte sie glücklich, weil sie ihre Wildheit ausdrücken konnte.

Im stillen Flug spürte sie unterschiedlichste Energien und war ein Teil des Himmels und der Wildnis.

Irgendwann nutzte sie geschickt die Abwinde, um ihr Ziel anzufliegen. Gemeinsam mit dem Falken kehrte sie zurück in ihre Seelenlandschaft. Dort dankte sie ihm und gab ihm als Geschenk einen neuen Namen. Ab jetzt wollte sie ihn: „Flügelschlag meiner Seele“ nennen. Er freute sich sehr. Dann verabschiedete sie sich und machte sich auf den Rückweg in ihren Alltag.

Die Reisende hatte durch Falkenaugen auf die Welt geschaut und seine Gefühle geteilt. Nun war seine Kraft ein Teil von ihr geworden. Sie war eine Falkenfrau und konnte ihren Verbündeten jederzeit auf seiner Ebene besuchen. So schnell wie ein Gedanke flog sie in die geistige Welt, ließ dabei alle Hindernisse hinter sich und entwickelte einen Weitblick, der ihre Mitmenschen immer wieder in Erstaunen versetzte.

Wenn sie in die Natur ging, geschah es immer wieder, dass sich ein über ihr kreisender Falke bemerkbar machte…

Botschaft von Großmutter „Gestaltwandlerin“

Jede Tierart hat ihre spezielle Weise, die Welt zu erfahren. Ein Falke erlebt sie anders als ein Adler oder Fuchs. Die Menschen sind darüber verwirrt, dass es so viele unterschiedliche Wege gibt. Doch jedes Tier kennt seine Art der Erfahrung und kann sie dich lehren. Folge immer nur einer Spur und versuche nicht, gleichzeitig Maus und Katze zu sein, denn das muss schief gehen!

Wenn du von einem Tier lernen willst, musst du dahin gehen, wo es lebt. Dann lässt es dich warten, bis es zu dir kommt und vielleicht kannst du mit ihm sprechen. Doch achte darauf, dass du nicht nur seine Worte, sondern auch das Ungesagte zwischen den Worten hörst. Denn die Wahrheit liegt nicht in dem Gesagten oder dem Verständnis der Worte. Sie muss erlebt und im Herzen erfahren werden.

Jeder Mensch hat ein Krafttier, das ihm helfen kann, seine innere Stärke kennen zu lernen. Es kann ihn lehren, er selber zu werden. Ich bringe dir die Erkenntnis, dass du ein Tier nicht nur beobachten, begleiten und mit ihm kommunizieren kannst, sondern dass du dich mit ihm verbinden kannst. Als Gestaltwandlerin krieche ich unter seine Haut, sein Fell oder Federkleid und werde selber zu diesem Tier. So erfahre ich sein Wesen, seine Kraft und Weisheit. Wir lehren auch unsere Kinder, sich mit den Tieren, Pflanzen und anderen Menschen zu verbünden. Daher stammt unsere Weisheit, die besagt:

„Urteile erst über einen Menschen, wenn du eine Meile in seinen Schuhen gelaufen bist.

Hat sich dein Urteil nicht geändert, laufe einen Tag von Sonnenaufgang bis Sonnenuntergang in seinen Schuhen."

Indem wir uns ganz für einen anderen Menschen öffnen oder uns in das andere Wesen hineinfühlen, bekommen wir tiefes Wissen und Weisheit geschenkt. Im normalen Alltag und auf anderen Wegen wäre dies nicht möglich.

Die Frau, die ein Falkengewand trägt und sich in einen Falken verwandelt, ist mit tiefem, uraltem Wissen verbunden. Sie hat sich befreit von zu viel Gepäck wie gefühlsmäßigem Ballast und geistigem Stress. Denn nur so kann sie sich emporheben in die Lüfte, um ihre Stärken zu spüren. Im Flug erkennt sie neue Lebensperspektiven und kann die Gabe des Großen Geistes annehmen. Durch die größere Sicht lernt die Falkenfrau Zeichen zu deuten, Wahrheit zu finden und ihre Unbewusstheit zu verlassen. Sie zeichnet sich dadurch aus, dass sie den Scharfblick und Instinkt des Falken nutzt, um ihr Leben zu überprüfen. Die Frau mit dem Falkengewand holt sich Rat, wenn sie unsicher wird, welche Richtung sie einschlagen soll. Ihr Verbündeter lehrt sie aufmerksam zu sein, den Botschaften des Lebens zu vertrauen und mit kühnem Herzen höhere Ebenen des Bewusstseins zu erforschen. Schwebend lernt sie Gelassenheit und das Gleichgewicht im Leben zu bewahren. Die Falkenfrau ist eine Magierin mit schnellem Gedankenflug. Wie der Greifvogel kann sie blitzschnell reagieren, um mutig die günstigste Gelegenheit zu ergreifen.

Wenn wir die Falkenfrau rufen, hilft sie uns bei der Suche nach dem Sinn unseres Lebens.

Das Krafttier, die Reisende und ihre Realität
Tierverbündete als Krafttiere, Tierboten und Helfertiere

„Die Liebe eines Tieres ermöglicht es uns, uns zu entfalten, zu öffnen, unsere Abwehr aufzugeben und uns zu entblößen- nicht nur körperlich, sondern auch seelisch und spirituell. Einem Tier gegenüber zeigen wir uns, wie wir wirklich sind…Tiere lernen uns so kennen, wie uns kein anderer kennt- unsere innerste Freude, Wutausbrüche, in tiefster Verzweiflung, Krankheit und Gesundheit. Gleichzeitig schenkt ihre ruhige und ständige Gegenwart uns eine beharrliche Liebe, die man sonst kaum auf Erden findet. Unsere Tierbegleiter sehen durch uns hindurch bis ins Innerste unserer Seele und ermöglichen das Entfalten eines heiligen Vertrauens. Wenn es so etwas wie einen Seelengefährten gibt, dann ist er sicher ein Tier". Schreibt Sharon Callahan, eine amerikanische Autorin, die private Sitzungen anbietet, in denen sie telepathisch mit Tieren kommuniziert

Wenn Sie beginnen, schamanisch zu reisen, werden Sie häufig die Erfahrung machen, dass Ihnen Dinge und Tiere auch in der Alltagswelt besonders auffallen, mit denen Sie auf Ihren Reisen Kontakt hatten.

Ihre erste innere Reise wird Sie in Ihre Seelenlandschaft bringen, die Sie erkunden und nach Ihren Wünschen gestalten können. Sie zeigt Ihnen, wie es um Ihre derzeitige seelische Verfassung steht, und Sie können sehr kreativ sein und sie so verändern, wie es Ihnen gefällt. Außerdem werden Sie wahrscheinlich verschiedene Tiere kennen lernen, die Sie auf Ihrer Reise begleiten.

Ihr Krafttier könnte sich Ihnen zeigen und mit Ihnen telepatisch in Verbindung treten. Es versteht Sie, wenn Sie es fragen: „Bist du mein Krafttier?"

Für indigene Völker war es sicher, dass jeder Mensch Verbündete im Tier- und Pflanzenreich hat. Sie gingen davon aus, dass Tierverbündete ihrem Menschen Begleiter und Lehrer sind. Das sie ihm Schutz und Führung anbieten. Häufig lebt dieses Tier schon in der realen Welt bei uns.

Um zu erfahren, welches Krafttier Sie haben, helfen ein paar Fragen und Beobachtungen. Also:

- **Welches Haustier haben Sie?**
- **Sehen Sie sich in Ihrer Wohnung um:**
- **Welche Bilder hängen an Ihren Wänden?**
- **Sind dort Tiere abgebildet?**
- **Haben Sie Tonfiguren oder Skulpturen von Tieren?**
- **Welches Tier mögen Sie besonders gerne?**
- **Wenn Sie in einen Tiergarten gehen, welche Tiere erwecken Ihre Aufmerksamkeit? Eher Fische, Vögel, Bären, Katzen, Biber, Wölfe oder Insekten?**

Tierverbündete können auch mythologische Tiere sein, wie zum Beispiel das Einhorn, Zentauren, Pegasus oder Phönix.

Ihr Krafttier bringt Ihnen seine besonderen Qualitäten und sagt oder zeigt Ihnen, durch welche Eigenschaften, Gaben oder Informationen es Ihr Leben bereichern kann.

Wenn sich die Zeichen häufen und Sie viermal auf ein Tier aufmerksam werden, nachdem Sie sich auf die Suche nach Ihrem Krafttier begeben haben, können Sie sicher sein, dass es sich um Ihr Tier handelt!

Vielleicht zeigt es sich das erste Mal auf einer schamanischen Reise. Dann schenkt Ihnen eine Freundin eine Tonfigur dieses Tieres, Sie sehen „zufällig“ einen Film über dieses Tier und Sie sind ganz fasziniert. Als nächstes bringt Sie irgendjemand mit diesem Tier in Verbindung, macht zum Beispiel eine Bemerkung, wie: du hast ja richtige Katzenaugen, bist bienenfleißig, bärenstark …

So ist es einer Freundin gegangen: Ihr Vater nannte sie häufig „Nachteule“, weil sie als Kind schon so große Augen hatte und nachts bis in die Puppen gelesen hat. Irgendwann fing sie an, Eulen zu sammeln und bekam sie von allen Seiten geschenkt als Figuren oder Bilder. Schließlich nannte sie als Lehrerin ihre Schulklasse „Eulenklasse“. Inzwischen trug sie auch eine riesengroße Brille, wie es damals modern war, und sah selber ein bisschen wie eine Eule aus.

Unser Tierbegleiter war eine Golden-Retriever- Mischlingshündin, eine sanfte „weiße Wölfin“. Sie kam als kleiner Welpe auf uns zugelaufen und für alle war es Liebe auf den ersten Blick. Sie hat ihren festen Platz in der Familie und auch im Herzen unserer Freunde. Ihr Wesen beeinflusste jeden, mit dem sie in Kontakt kam. Ihre dunklen ausdruckstarken Augen und ihr lockiges helles Fell entsprachen ihrem Charakter und drückten die Reinheit ihrer Seele aus. Ihre Fröhlichkeit öffnete die Herzen und mit ihrer unerschütterliche Loyalität war sie uns allen eine große Lehrerin. Mit 14 Jahren wurde sie von Fremden immer noch als junger Hund angesehen, weil sie so offen und verspielt auf jeden zuging.

In ihrem letzten Jahr hielt sie trotz großer Schmerzen noch an ihrem Leben fest. Obwohl ihr Körper zur Last geworden war, wollte sie bei uns bleiben. Sie verschlief ihre Tage und war schon mehr in der anderen Welt als bei uns. So bereitete sie uns sanft auf ihren Übergang vor. Uns fiel der Abschied sehr schwer, doch an ihren Augen konnten wir erkennen, dass ihr Leben zu Ende ging. Schließlich konnte sie keine Stufen mehr hochgehen und ihre Beinmuskeln waren so schwach, dass sie beim Fressen wegrutschte. Es war sehr schwer mit anzusehen, wie sie litt und dabei war, ihre Würde zu verlieren. Der Tierarzt hatte uns schon Monate vorher geraten, sie zu erlösen, aber damals war für uns alle noch nicht der richtige Zeitpunkt zum Abschied gekommen.

Schweren Herzens entschieden wir uns einige Wochen nachdem sie 15 Jahre alt geworden war zu diesem Schritt. Die Familie versammelte sich, wir legten sanfte Musik auf, die sie liebte und nachdem wir uns alle von ihr verabschiedet hatten, wurde sie ganz ruhig. Als der Tierarzt kam und ihr ein Schlafmittel spritzte, wusste sie, dass sie in die andere Welt hinüberwechseln würde und ließ ihren müden alten Körper los. Ihr Übergang von der körperlichen in die spirituelle Welt war sehr sanft.

Wir haben sie auf ihrer Decke mit Blumen und kleinen Beigaben ins Grab gelegt. Am Ende der Zeremonie hatten wir alle das Gefühl, dass es ihr gut geht und sie froh ist, frei zu sein. Alle Schwere und Traurigkeit über den Verlust wandelte sich, und wir erinnerten uns an ihre Spiele, ihre süßen Ringellöckchen, daran, welch liebevolle Mutter sie ihren Hundebabys gewesen ist und wir wussten, dass wir sie niemals in unserem Leben vergessen werden. Für uns war sie ein Wesen aus Licht, das seinen irdischen Körper zurückgelassen hatte.

Wenn ich sie auf Seelenreisen besuche, sehe ich einen jungen fröhlichen Welpen mit weißem flauschigem Fell. Obwohl für mich ihr Körper durchsichtig erscheint, erkenne ich ihre Energie sofort und freue mich, dass es ihr gut geht. Ich spüre dann ihre Gegenwart und sie lässt mich wissen, dass wir immer verbunden sein werden.

Sie hat Freude, Glück und Zauber in unser Leben gebracht und ihre Aufgabe wunderbar erfüllt. Auf ihrem letzten Weg hat sie uns ganz viel beigebracht über den großen Kreislauf. Sie machte uns bewusst, dass Liebe auf der Erde ihre abgemessene Zeit hat, um gelebt und ausgedrückt zu werden. Sie lehrte uns Verantwortung für sie zu übernehmen, so dass ihr Leiden beendet wurde und zeigte uns, dass der Übergang so sanft sein kann wie Ausatmen.

Das innere Wachstum und die Liebe, die Tiere und ihre Menschen einander schenken kann man nicht ermessen.

„Die Menschen hier kennen keine Wildtiere. Sie kennen nur Hund, Katze, Schwein, Kuh und Huhn." sagt der Eskimo-Schamane vom Stamm der Kalaallit, Angaangaq Angakkorsuaq. Für Menschen, die mit und von der Natur leben, ist dieses Unwissen völlig unverständlich. Er berichtet in seinen Vorträgen nicht nur vom schmelzenden Eis in Grönland, sondern auch vom Eis in den Herzen der Menschen in Deutschland und anderen Westeuropäischen Staaten. Seine Landsleute können es nicht glauben, wie weit wir uns von Mutter Erde entfernt haben. Dass unsere Angst vor einem Braunbären, der aus Österreich nach Bayern kam so groß war, dass er erschossen wurde.

Für ihn steht es außer Frage, dass sich nicht nur die Tiere den natürlichen Gegebenheiten anpassen müssen, sondern auch die Menschen.

Die Nachtvögel machen naturverbunden lebenden Menschen mit ihren Rufen keine Angst, denn sie gehören in der Wildnis dazu. Das Leben mit der Natur verlangt jederzeit höchste Konzentration, große Bewusstheit und Verbundenheit mit dem Geschehen. Dies spiegelt sich in den Gesichtern wider.

Dem modernen Menschen ist demnach vieles verloren gegangen, als er sich von seiner natürlichen Umgebung entfernt hat. Denn große Städte sind oft geprägt durch Lärm, Zerstreuung, Autoverkehr und Aggressionen. Es leben viele Menschen auf engem Raum, so dass durch die vorhandenen Spannungen nächtliche Ängste entstehen.

Wenn wir jedoch dieses bewusste natürliche Leben wiederhaben möchten, müssen wir den Rahmen erweitern, den wir bisher an Lösungsmöglichkeiten kennengelernt haben. Dies geschieht, wenn wir einen Schritt zurückgehen und die Erfahrungen der Menschen nutzen, die vor uns waren. Mit unserem Krafttier sprengen wir unseren bisherigen Lebensrahmen und können neue Perspektiven, Problemlösungen und Lebensfreude finden. Mit ihm wird unser Leben wieder mit der Natur verbunden. Denn unser Krafttier gibt uns klare Rückmeldungen und Botschaften. Es drückt sich deutlich aus und unterstützt uns mit seinen speziellen Fähigkeiten auf unserem Weg der Selbsterkenntnis, so dass wir wieder fühlen, wer wir sind. Dann kann man souverän von einer Seite seines Lebensbuches auf eine andere springen und sich überall zurechtfinden.

- **Wenn Sie Kontakt zu ihrem Krafttier haben, können sie sich einige Fragen stellen, um mehr Verständnis zu bekommen.**
- **Auf welche Weise kommt das Tier zu ihnen?**
- **Wie bringt ihr Tier Sie zum Lachen?**
- **Hat das Tier eine Angewohnheit, die Sie ärgert?**
- **In welcher Lebensphase kommt dieses Tier zu Ihnen?**
- **Haben Sie etwas von dem Tier gelernt?**
- **Wenn Sie das Tier beschreiben: welchen Charakter erkennen Sie?**

Da Ihr Krafttier ein Teil von Ihnen ist, können Sie nun vor jede dieser Aussagen schreiben: Ich bin…

Dann können Sie erkennen, für welchen Aspekt Ihrer Persönlichkeit das Tier steht.

Nehmen Sie Ihr Krafttier in Ihr Herz und beginnen Sie ein Gespräch mit ihm. Sie können dem Tier danken, dass es bei Ihnen ist und sein Leben mit dem Ihren verbindet und ihm alles mitteilen, was Sie wollen.

Ganz sicher werden Sie Antworten erhalten von Ihrem Tierbegleiter. Auf jeden Fall wird die Natur auf Sie reagieren und Ihnen Zeichen schicken. Dann ist Ihre Achtsamkeit, Intuition und erhöhte Aufmerksamkeit wichtig.

Vielleicht achten Sie auf besondere Wolkenbilder…

oder auf den Wind, der eine Feder vor ihre Füße legt…

Ein Krafttier begleitet einen Menschen meistens ein Leben lang, jedoch können andere Krafttiere hinzukommen und Hilfestellung geben bei speziellen Aufgaben, zum Beispiel beim Heilen.

Tiere handeln instinktgemäß, d.h. in völligem Einklang mit ihrer Umgebung. Sie entscheiden schnell und handeln ohne Reue. Dabei gibt es kein Zögern. Das wilde, ungezähmte Tier handelt einfach nach seinem Lebensauftrag und kennt die notwendigen Strategien. Es agiert sozusagen aus seiner Mitte heraus, aus der es auf Grund seiner Natur nicht herausfallen kann.

Wenn Tiere von Menschen gezüchtet sind, um besondere Fähigkeiten oder Charaktermerkmale zu zeigen, ist ihre Instinktnatur jedoch häufig auch verkümmert, wie beim modernen Menschen. Doch es gibt auch Ausnahmen.

Carla Bruni-Sarkozy, Musikerin, Modell und Gattin des früheren französischen Präsidenten lebte einige Jahre ihre ursprüngliche Wildheit ganz selbstverständlich. Deshalb wird sie von Freunden und früheren Lebensgefährten als Amazone oder Tigerin beschrieben. Sie empfindet genauso. Auf ihre zahlreichen Affären angesprochen sagt sie selbstbewusst: „Ich bin eine Katze, eine Italienerin".

Martha Argerich, eine argentinische Pianistin, wird als „Königin der Tasten" bezeichnet, aber auch „Löwin am Klavier" genannt. Zum Einen wegen ihrer berühmten Mähne und zum Anderen wegen ihrer berüchtigten Launen.

Das Buch: „Die Wolfsfrau“ stand nicht grundlos bei fast jeder emanzipierten Frau im Bücherregal...

In den seltensten Fällen kennen moderne Menschen ihre Lebensaufgabe, da die einseitige Schulung des Intellekts den Blick auf die Gesamtheit des Lebens verstellt hat, in der sich alles auf das Ganze bezieht. Wenn wir uns jedoch wieder mit unserer Instinktnatur verbinden, handeln wir aus unserer Balance und dem inneren Ort der Kraft heraus. Aus diesem Grund ist es wichtig, unseren Tierverbündeten zu kennen. Denn dann können wir dem eigenen Lebensauftrag gemäß handeln.

Dieses Wissen ist auch im Christentum bekannt, denn häufig werden Heilige und auch Jesus mit einem Tier abgebildet bzw. in Zusammenhang gebracht.

Es ist bemerkenswert, dass es weltweit keine Form des Schamanentums gibt, in der nicht das Tierreich als Rat- und Kraftspenderin eine große Rolle spielt.

Von unserem Krafttier lernen wir Zweierlei.

Wenn wir unseren Tierverbündeten kennen, können wir uns zum einen fragen, wodurch sich dieses Tier auszeichnet und welche herausragenden Eigenschaften seine Besonderheit ausmachen. Zum anderen können wir erkunden, welche Funktion es im ökologischen Gleichgewicht hat.

Nehmen wir an, Sie haben eine Schildkröte als Krafttier erkannt. Schildkröten können sowohl an Land als auch im Wasser leben, sie tragen einen Panzer, sind nahe der Erde, werden häufig sehr alt und groß. Sie kommen jedes Jahr an den gleichen Strand zurück, um ihre Eier zu legen.

Das Tier kennt seine Bestimmung und führt sie instinktiv und klar aus. Wenn Sie von Ihrem Tierverbündeten auf sich schließen, kann sich Ihnen in gleicher Klarheit Ihre Bestimmung und Berufung offenbaren.

Die Botschaft der Schildkröte an Sie könnte also zum Beispiel so zu verstehen sein:

Wenn Sie sich angegriffen fühlen, bitten Sie um den Schutz der

Schildkröte. Halten Sie sich den Rücken frei, stärken Sie Ihren „Panzer“ oder ziehen Sie sich für eine Weile darunter zurück. Rufen Sie die Schildkröte, wenn Sie sich nicht geerdet, sondern abgehoben fühlen, damit Sie wieder Ihrem physischen Körper zuhören und ihn achten. So lernen Sie, Ihr eigenes Tempo zu finden und entwickeln einen intuitiven Zugang dazu, den „richtigen Zeitpunkt“ zum Handeln zu wählen.

Die Wasserheimat der Schildkröte lehrt Sie, mit dem Fluss des Lebens zu schwimmen, eine Leichtigkeit der Gedanken und Gefühle zuzulassen und den Fluss des Gebens und Nehmens nicht zu unterbrechen.

Welche Gefühle und Eigenschaften Sie persönlich mit diesem Tier verbinden, hängt von Ihnen und Ihren Erfahrungen ab. Ein Hase kann beispielsweise geschickt, unermüdlich, liebevoll und todesmutig sein, jemand anderes sieht einen Hasen, der vor seiner Angst und seinem Schmerz davonläuft oder sich wie eingefroren fühlt.

Die Botschaft ist: es gibt immer einen Weg- aus jeder Situation. Der Hase kann für Mut und Geschicklichkeit stehen, mit der eine Situation zu lösen ist. Oder er konfrontiert uns mit unseren größten Ängsten und lehrt uns darauf zu achten, wie wir denken. Wer sich ständig Sorgen um Dinge macht, die in der Zukunft eintreten könnten, muss damit aufhören, Kontrolle ausüben zu wollen und sich stattdessen seinen Gefühlen stellen. Der gelähmte Hase könnte auf eine notwendige Ruhepause hindeuten. Der Hase lockt sie auf Wiesen und Felder, wo sie sich erholen und ihre Ängste fallen lassen können. Sie werden sehen: kein Adler wird sich an Ihrer kostbaren Lebensenergie gütlich tun können.

Häufig wird in ursprünglichen Kulturen der Name des Tierverbündeten neben den ursprünglichen Namen als „Medizin-Name“ gestellt. Einer meiner Söhne antwortete zum Beispiel im Kindergarten auf die Frage nach seinem Namen ganz selbstverständlich und zum großen Erstaunen der Kindergärtnerin:

„Ich bin Frederik Schneller Puma Westphalen“.

Den eigenen Tierverbündeten kann man auf einer schamanischen Reise bzw. auf einer inneren Reise in die Seelenlandschaft kennen lernen. Dann ist die Frage:

- **Welches Tier ist mein Krafttier?**

Die Reisende sollte also genau darauf achten, welche Tiere sich zeigen und wie sie sich verhalten.

- **Kommt es auf Sie zugelaufen?**
- **Können Sie mit dem Tier Kontakt aufnehmen?**
- **Können Sie mit ihm sprechen oder sich mit den Tieren verständigen?**
- **Lässt sich ein Tier streicheln, dürfen Sie es berühren oder sogar auf ihm reiten?**
- **Freut sich das Tier, dass es endlich als Begleiter, Freund und Helfer erkannt worden ist?**

Der enge Kontakt mit dem Krafttier auf einer Seelenreise wird Sie lehren, auf Ihre eigene innere Natur zu lauschen und ihr zu vertrauen.

Tierboten,

wie zum Beispiel der Aal, sind machtvolle Schutztiere, die sich zu verteidigen wissen und große Heilkräfte in sich tragen. Ein Aal kann sich blitzschnell in eine Waffe verwandeln, mit der er sein Leben verteidigt und den Angreifer lahmlegt, denn das Blut des Aals enthält ein lähmendes Nervengift. Dies kann er als ihr Begleittier einsetzen, um emotionale Gifte, wie Neid, Eifersucht, Mangel- und Opferbewusstsein zu neutralisieren. So schützt er seinen Menschen vor eigenen und fremden negativen Gedanken und Gefühlen. Er findet seinen ganz eigenen Weg, selbst über nahezu unüberwindliche Hindernisse. Wenn er Ihr Begleittier ist, zeigt er Ihnen wie Sie unaufhaltsam Ihren Weg gehen können, indem Sie sich auf Ihre Fähigkeiten und Kräfte besinnen.

Helfertiere

sind oft kleine Tierboten, wie Marienkäfer, Grillen, Bienen, Libellen oder Glühwürmchen. Sie können in aktuellen Lebenssituationen große Hilfe leisten. Dies wird in Märchen beschrieben, in denen Ameisen, Mäuse und Fischschwärme schwere Aufgaben lösen. Bei kleinen Tieren ist es häufig hilfreich, sich vorzustellen, wie sie im Verband –als Schwarm, Herde oder Staat- zusammen wirken. Dann ist ihre Kraft und Macht deutlicher erkennbar. Sie unterstützen uns oft dabei, wenn wir uns erneuern und heilen wollen, indem sie helfen, etwas aufzulösen und neu aufzubauen. Zum Beispiel unseren Körper. So ist es möglich, bis auf die Zellebene zu wirken.

Wenn wir unsere Tierverbündeten und unser Krafttier kennen, ist es selbstverständlich, dass wir auch in unserem Alltag dieses Tier besonders schützen und auf keinen Fall sein Fleisch essen. Denn seine Freunde isst man nicht.

Liste von Krafttieren

„Im Zentrum der Erde stehe ich
und sende stehend meine Stimme aus,
zu euch, ihr Donnerwesen,
sende ich stehend meine Stimme aus.

Im Zentrum der Erde stehe ich
und sende stehend meine Stimme aus,
zu euch, dem Volk der Büffel,
sende ich stehend meine Stimme aus.

Im Zentrum der Erde stehe ich
und sende stehend meine Stimme aus,
zu euch, dem Volk der Hirsche,
sende ich stehend meine Stimme aus.

Im Zentrum der Erde stehe ich
und sende stehend meine Stimme aus,
zu euch, dem Volk der Tiere,
sende ich stehend meine Stimme aus.
Lied der Lakota

Es folgt eine Liste von Krafttieren, denen Sie auf Ihren inneren Reisen begegnen können. Bei weitergehendem Interesse empfehlen wir Ihnen, eines der in der Literaturliste genannten Bücher zu Rate zu ziehen.

Adler

Der Adler ist ein mächtiger Greifvogel mit einer Flügelspannweite von über zwei Metern.

Bei allen Völkern ist er ein Symbol für Kraft, Weisheit, königliche Würde und Erhabenheit. Er gilt als König der Lüfte und seine Federn sind äußerst kostbar, da sie seine Kraft bergen.

Auf Grund seiner Stärke, seiner Fähigkeit, sich hoch in die Lüfte zu schwingen, und seines Scharfblicks wird der Adler mit dem Geist und dem Schöpfer in Verbindung gebracht.

Ein Adler ist ein Tier, das Sie darin unterstützt, sich in geistige Ebenen zu erheben, um Ihren Mut, Ihre Vision und Freiheit zu finden. Er fordert Sie auf zu handeln, indem Sie sich entspannen und mutig los fliegen. Mit ihm gemeinsam können Sie von oben auf Ihren Lebensweg blicken, um klar zu erkennen, welche Schritte jetzt vor Ihnen liegen.

Ameisen
Sie leben in großen Ameisenstaaten, jede Ameise dient der Königin entweder als Kriegerin, Baumeisterin, Arbeiterin, Amme etc. Ihre größten Lehren sind Geduld, genaue Planung, Umsicht für andere, energievoller Einsatz der eigenen Fähigkeiten und Zusammenbringen unterschiedlicher Facetten. Bei ihnen gilt: Das Ganze ist mehr als die Summe seiner Teile.

Bär
Ein Bär kann aufrecht stehen wie ein Mensch, er hält Winterschlaf und ernährt sich hauptsächlich von Beeren, Wurzeln, Insekten und kleinen Tieren.

Er lehrt uns, ein Gleichgewicht zwischen Aktivität und Ruhe zu finden. Zeiten der Stille sind wichtig, um die eigene innere Welt zu erfassen und die physischen Kräfte zu regenerieren bzw. zu heilen.

Delphin
Delphine gehen gerne Beziehungen zu Menschen ein. Sie leben in Familien bzw. Schulen bis zu 100 Tieren zusammen und verhalten sich untereinander sehr fürsorglich. Sie können lange unter Wasser schwimmen und verständigen sich über Rhythmus und Klang. Der Delphin ist ein Bote uralter Weisheit aus den Meeren. Er lehrt uns, im natürlichen Fluss des Lebens zu schwingen. Er öffnet Ihr Herz für Ihre Mitmenschen, Ihre Umgebung und deren subtilen Botschaften. Er lehrt uns Lebensfreude und die Kunst, Lebenskraft einzuatmen und damit jede Zelle neu zu beleben. Die Gesellschaft von Delphinen heilt Menschen.

Eidechse
Eidechsen lieben Sonnenbäder, legen Eier, aus denen selbständi-

ge Jungechsen schlüpfen. Eidechsen können bei Gefahr ihren Schwanz abwerfen, so dass sie dem Feind entwischen.

Ihre Botschaft lautet: Wenden Sie sich wieder dem Licht zu, regenerieren Sie sich, vertrauen Sie Ihrer eigenen Intuition.

Fische

Sie leben im Wasser, besitzen Flossen und Kiemen, ihre Haut ist schuppig, sie können auf feinste Strömungsveränderungen reagieren. Häufig leben sie in Schwärmen.

Fische sprechen von Ihren tiefsten Gefühlen, die Ihnen vielleicht nicht bewusst sind. Sie verbinden Sie mit dem „Meer der Weisheit des Lebens“ und mit Ihrer Intuition.

Fuchs

Füchse sind schlaue, anpassungsfähige und natürliche Regulatoren unserer Umwelt, da sie Wühlmäuse, Insekten, aber auch Beeren und Früchte fressen. Der Fuchs stellt sich häufig tot, um seine ahnungslose Beute zu fangen.

Er weist Sie darauf hin, dass Sie achtsam und klug handeln sollten. Benutzen Sie die Schläue und Geschicklichkeit des Fuchses.

Hase

Der Hase kann schnell und ausdauernd sprinten und Haken schlagen, um Verfolger abzuhängen. Er ist listig und sagt Ihnen, dass Sie Ihre Angst besiegen müssen, indem Sie handeln. Nutzen Sie das Hakenschlagen des Hasen, um Ihre Angst zu verwandeln. Hasen sind sehr zahlreich und Beutetiere für viele andere. Daher leben sie uns als Grenzgänger den schnellen Übergang vom Leben zum Tod und zur Wiedergeburt vor.

Wolf

Wölfe leben in Rudeln. Sie jagen gemeinsam und markieren ihr Revier. Wissenschaftler sind sich einig, dass der Wolf das erste vom Menschen domestizierte Tier war. Ein Wolfswelpe muss in den ersten Wochen seines Lebens gezähmt werden, damit er sich gefühlsmäßig an den Menschen bindet. Ein gezähmter Wolf half bei der Jagd.

Wegen seiner Intelligenz war er das Totemtier von Nomaden, die sich nicht unterordnen. Bei Bauern galt er als unberechenbarer und gefährlicher Jäger. Er ist ausdauernd, sehr anpassungsfähig, sozial, vorsichtig und geduldig.

Die Botschaft des Wolfes kann sein, sich wieder mit dem wilden, ungezähmten Wesensteil in ihnen zu verbinden.

Hund

Ein Hund, ist ein beschützender, intelligenter, treuer Freund des Menschen. Er kann sich gut anpassen, ist lernfähig, loyal und unterstützend.

Der Hund will Ihnen sagen, dass es oft besser ist, zusammen zu halten, wachsam zu sein und Unterstützung zu geben bzw. darum zu bitten. Nutzen Sie die Wachsamkeit und den feinen Geruchssinn des Hundes, wenn es darum geht, Gefahren aufzudecken.

Katze

Katzen sind hauptsächlich in der Dämmerung aktiv. Wildkatzen sind sehr menschenscheu, wachsam, verspielt und eigenwillig.

Sie erinnern Sie an die Kraft der Führung und des Überlebens. Ein guter Anführer und starker Jäger muss eine gute Kondition haben. Die Katze lehrt Sie, mit Ihrer eigenen Macht klug umzugehen. Und zwar nicht, um Andere zu unterdrücken, sondern um eigene Fähigkeiten anzuwenden, um Ihre innere Unabhängigkeit und Souveränität zu bewahren.

Löwe

Der Löwe wird als „König der Tiere“ bezeichnet. Er stellt einen Herrschaftsanspruch, steht für Dominanz und Macht.

Wenn ein goldener Löwe auf Sie zukommt, erinnert er Sie daran, dass Sie in Ihrem Leben jetzt hervortreten sollen und zu dem stehen müssen, was Ihnen wichtig ist. Drücken Sie Ihre Autorität aus, stehen Sie zu Ihrer Macht und zu dem, was Sie können! So bereichern Sie Ihre Gemeinschaft.

Vielleicht erinnert eine stolze Löwin Sie auch daran, ihre Kinder zu beschützen. Kinder können auch Ideale, kreative Ideen oder Visionen sein.

Weiße Löwen sind äußerst selten und gelten als göttliche Wesen. Sie sind Symbole höchster Macht und in freier Wildbahn bis auf ein Rudel ausgestorben.

Pferd

Pferde sind unabhängig, stark und schnell. Die Stärke eines Autos wird immer noch in PS gemessen ...

Ein Pferd erinnert Sie an Ihren Mut, Ihre Kraft und Ihre Freiheit. Vielleicht sagt es Ihnen, dass Sie reisen sollen, um Ihren Horizont zu erweitern und neue Menschen kennen zu lernen.

Reh

Rehe leben in Rudeln und sind meistens in der Dämmerung aktiv. Sie sind sanftmütig, geschickt im Springen, Klettern und Schwimmen.

Rehe fliehen, sobald sich Menschen nähern, und so kann das Reh Ihnen sagen, dass Ihnen irgendetwas zu nahe kommt, das Ihnen nicht gut tut und vor dem Sie sich in Sicherheit bringen sollten. Eine Entscheidung scheint anzustehen, die Sie treffen müssen: ja oder nein? Bleiben oder gehen? Sanftmut als Antwort auf Aggression? Vertrauen Sie Ihrer Intuition, Ihrem inneren Gefühl, so wie das Reh instinktiv entscheidet.

Schlange

Schlangen leben ganz nahe auf der Erde im Verborgenen. Sie können ihre Haut erneuern, wobei sich sogar die Haut auf den Augen neu bildet. Manche Schlangen sind giftig, manche heilkräftig.

Die Schlange ist ein Symbol für Wandlung und Heilung, Sexualität, Tod und Wiedergeburt. Sie erinnert Sie an Ihre eigene Stärke und Kraft, Ihre alte Haut abzustreifen und in eine neue zu schlüpfen. Schlangen umgibt etwas Geheimnisvolles und Uranfängliches. Die

Energie des spiralenden, sich schlängelden Wesens, das seine Grenzen überschreitet und seine Umgebung beeinflusst, ist seit Menschengedenken ein Symbol für den Kreislauf und die Erneuerung des Lebens. Da sich Schlangen ins Dunkle verkriechen, um Winterschlaf zu halten, haben sie eine starke Verbindung zur Unterwelt. Sie sind ein Ur-Symbol für die Energie der Ahninnen und Göttinnen.

Schmetterling

Schmetterlinge durchlaufen eine vollständige Verwandlung (Metamorphose) vom Ei über die Raupe und Puppe zum Schmetterling. Die Raupe stirbt, wenn der Schmetterling geboren wird. Er zeigt, dass es nur einen schmalen Grad gibt, zwischen Leben und Tod. Naturverbundene Menschen respektieren den Tod und sind sich der kurzen Schönheit des Lebens bewusst, die der Schmetterling symbolisiert.

Ein Schmetterling kann Sie an die „Leichtigkeit des Seins“ erinnern, auf eine seelische Verwandlung hindeuten oder Sie fragen, an welcher Stelle Ihres Wandlungszyklus Sie stehen. Vielleicht sind Sie Ihrer gegenwärtigen Situation entwachsen und brauchen Mut, Ihre Freiheit zu leben und die Vergangenheit hinter sich zu lassen. Es braucht erfahrungsgemäß viele Schritte, bis man seine Bestimmung lebt und seine Visionen auf die Erde geholt hat. So legt auch der Schmetterling einen langen Weg zurück, bis er die Fähigkeit zu fliegen erlangt.

Spinne

Spinnen können sich auf einem selbstgesponnenen Faden fortbewegen und kunstvolle Netze knüpfen, in denen sie ihre Beute fangen.

Die Spinne erinnert Sie daran, wie wichtig es ist, dass Sie Ihren Lebensfaden mit Schönheit, Geduld und Genauigkeit weben. Die Wachsamkeit der Spinne ist nötig, um zu erkennen, ob Sie sich in Ihrem eigenen Netz verfangen haben oder ob Sie von anderen getäuscht wurden und in eine Falle geraten sind. Lassen Sie sich nicht von Angst erregenden Situationen lähmen, sondern nutzen

Sie die Schnelligkeit einer Spinne.

Vogel

Die Federn der Vögel wirken wie Tragflächen und ermöglichen ihnen zu fliegen. Sie legen Eier, die weltweit als Ursprung des Lebens gelten. Da Vögel sowohl in der Luft als auch auf der Erde zuhause sind, gelten sie als Mittler zur geistigen Welt.

Sie verkörpern auch die Energie der Ahninnen und stehen für den Kreislauf und die Kontinuität des Lebens.

Sie sind Boten zwischen der sichtbaren und der spirituellen Welt und unterstützen so die Freiheit der Gedanken. Zugvögel sprechen von der eigenen Abenteuerlust, Singvögel verdeutlichen den Wunsch, die eigenen Gefühle klar zum Ausdruck zu bringen, Wasservögel erinnern daran, den eigenen Gefühlen mehr zu vertrauen und Raubvögel sind häufig Überbringer von Visionen. Ihr Geschenk ist Freiheit, Mut und Handlungsbereitschaft.

Wal

Wale sind die größten Lebewesen auf der Erde. Ihr Gesang gibt viele Rätsel auf. Sie sind friedliebend, sanft, intelligent und gehen sehr vorsichtig mit Menschen um.

Die Begegnung mit einem Wal öffnet uraltes Wissen, das in Ihren Zellen gespeichert wurde. Die eigene innere Stimme wieder zu vernehmen und die Heilung Ihrer Gefühle bringen Sie wieder zurück auf Ihren Lebensplan.

Der Flötenspieler

Er saß am Fluss in seiner Seelenlandschaft. Da nichts geschah, schloss er die Augen, entspannte sich und lauschte. Doch es war vollkommen still. Das Wasser trieb träge dahin, ohne zu plätschern. Selbst die Vögel und der Wind schwiegen, so dass die Blätter bewegungslos verharrten. Es gab keinen Ton, kein Geräusch – nur Stille…

Dann nahm er doch etwas wahr:

Er hörte eine ergreifende und berauschend schöne Melodie.

Sie malte mit Tönen und spielte musikalisch mit Farben, die er vor seinem inneren Auge sah. Die Musik begann leise, wie ein Windhauch. Sie drückte Lichtspiele auf dem Wasser aus, verfließende Konturen im Dämmerlicht. Dann lauschte er dem tanzenden Rhythmus der Atmosphäre, der ganz seinen Gefühlen entsprach.

Der Ursprung dieser Töne lag nicht außerhalb von ihm. Er hörte sie nicht mit seinen Ohren, sondern fühlte sie tief in sich. Er spürte, wie die Musik aus seiner Tiefe, aus ihm selber aufstieg. Zunächst war es wie eine leise dahinperlende Träumerei in Tönen. Sie wirkte übernatürlich schön mit ihren feinen Klangnuancen. Dann nahm er sich steigernde Akkordexplosionen wahr und wurde von der Poesie der Musik hinweggetragen.

Er ahnte, dass das Gehörte viele verloren geglaubte Geheimnisse enthüllte. Vieles war vom Vergessen gefressen worden und offenbarte sich gerade jetzt neu. Er war bezaubert und ein tiefes Gefühl der Ruhe erfüllte ihn. Diese Musik drückte so vieles aus, was er ersehnte: Hoffnung, Freiheit, Liebe und Wissen. Sie war vielschichtig, anmutig und gleichzeitig einfach. Sie erzählte vom Sinn des Lebens und der Harmonie der Schöpfung auf eine berauschende und heilige Art.

Sein Herz konnte diese Sprache aus Tönen und Klang, aus Licht und Farben verstehen. Langsam begann es sich zu erinnern, während er lauschte.

Er hatte jegliches Zeitgefühl verloren, aber schließlich stand er blinzelnd auf, um den Ursprung der Musik genauer zu erforschen. Er lauschte angestrengt und bewusst, doch seine Ohren nahmen weiterhin nur Stille wahr. Und als er sich die Ohren zuhielt, konnte er die Melodie deutlich hören.

So erkannte er, dass die Quelle der Töne wirklich in ihm selber lag. Dies erstaunte ihn. Er verstand es nicht, denn es fühlte sich zwar wunderbar an, gleichzeitig aber auch unwirklich und schwebend. Er fühlte, dass dies eine besondere, eine mystische Erfahrung war.

Sie ließ ihn dankbar und glücklich zurück. Er fühlte sich reich beschenkt, denn er wusste: Als Person war er nicht der Ursprung dieser Musik, obwohl sie in ihm entstand.

Vor seinem inneren Auge sah er für einen kurzen Moment ein Bambusrohr und er verstand: er war dieses Rohr, durch das der Große Geist mit seinem Atem, dem Wind hindurch blies, so dass eine Melodie hörbar wurde…

Als er sich umsah, entdeckte er eine Flöte, die neben ihm auf einem Stein lag.

Vorher hatte er sie gar nicht bemerkt. Instinktiv nahm er sie und begann auf ihr zu spielen. In seinem Inneren hörte er viele Melodien: von fließend und zart, über wagemutig und machtvoll, dann singend und improvisierend. Er spielte sie auf der Flöte und es fühlte sich ganz selbstverständlich und leicht an.

Der Flötenspieler hatte das erhabene Gefühl, dass jetzt alles so war, wie es sein sollte. Für diesen Moment war er geboren worden. Sein ganzes bisheriges Leben hatte auf diesen einen Augenblick zugesteuert, in dem er sein Schicksal erfüllte und Flöte spielte. Jetzt schaute sein wirkliches zeitloses Wesen durch seine Augen und übernahm die Führung. Eine große Glückswelle umspülte ihn und nahm ihn mit sich.

Während er spielte, erwachte die Umgebung aus ihrer tiefen Stille. Zuerst regte sich der Wind. Als Hauch zog er sanft und frisch einmal um die Erde, um sie aus ihrer Ruhe zu wecken und wach zu küssen. Dann wurde er zur Bö und begann zu tanzen. Er spielte mit den Wolken und Blättern. Daraufhin wurden die Vögel munter und fingen an zu zwitschern, das Wasser erwachte und begann sein plätscherndes Lied. Es war, als würde die ganze Umgebung die Starre abschüttelte, um sich nach dem Lied des Flötenspielers zu wiegen.

Die Musik war für alles Leben wie ein lang herbeigesehnter Regen für das ausgetrocknete, durstige Land. Sie war ein Segen für alle Pflanzen und Lebewesen, die voller Freude darauf reagierten.

Schließlich nahm er die Flöte und reiste zurück in seine Alltagswelt. Da es eine Zauberflöte war, spielte er mit ihr weiterhin die in Vergessenheit geratenen Melodien des Lebens. Was mit Worten nicht zu erklären war, spürte jeder, der das große Glück hatte, diese Musik zu vernehmen. Die Menschen wurden verzaubert, wenn sie den Flötenspieler hörten und manche erinnerten sich …

„Logik dient dem Beweis, Intuition der Entdeckung."

Henrie Poincaré

Kaleidoskop der geistigen Möglichkeiten

Der Flötenspieler lauschte auf seiner spirituellen Entdeckungsreise so lange, bis sich ihm sein eigenes Geheimnis offenbarte. Sich selber und seine Berufung fand er, indem er seinen zarten Wahrnehmungen vertraute und Vernunft, Wissenschaft und Abstraktion hinter sich ließ. Von diesem Moment an war er frei für neue Erfahrungen und besaß sehr viel mehr Wissen, als er durch lesen oder studieren je erfahren konnte. Denn er wurde sich seiner direkten Verbindung zum universellen Geist bewusst. Auf diese Weise konnte das Wunder geschehen, das ihn verwandelte. Seine Magie offenbarte sich ihm und er verstand intuitiv, dass er einfach Gottes geliebtes Kind ist. Er lauschte dem Geheimnis und erkannte sich selbst durch seine innere Melodie. Diese Töne trugen ihn wie auf Armen in sein eigenes Herz.

Als er dann seiner inneren Musik Ausdruck verlieh und sie auf der Flöte spielte, trat eine Wahrheit nach der anderen zutage.

Bis er sich selber im großen liebenden Herzen des Schöpfers wieder fand. Nun konnte er Gottes Stimme für andere hörbar werden lassen. Mit der Flöte war in der Lage, seine tiefsten Erfahrungen auszudrücken. Dies begeisterte ihn so sehr, dass seine Freude und Musik die Umgebung belebte und mit Schönheit erfüllte.

Als andere Menschen den magischen Schöpfungsmelodien lauschten, wurden auch sie verzaubert und erinnerten sich an ihre eigene Vision vom Leben.

Für den Flötenspieler war es ein Abenteuer, das Verborgene aufzuspüren, aber nur so lange, bis er es als seine Lebensaufgabe erkannte.

Es ist sicher nicht die Bestimmung jeden Menschen, Neuland zu erforschen. Trotzdem, es ist schon alles da, man muss es nur von oben holen, um den eigenen Ton und die persönliche Melodie zu finden. Dieser Weg fordert von uns, Vertrauen in die Intuition zu entwickeln. Aus diesem Grund kann es sinnvoll sein, sich einmal Gedanken darüber zu machen, welche Möglichkeiten in uns angelegt sein könnten, denn häufig halten uns Denkblockaden von Erkenntnissen fern.

Die moderne Genforschung hat bisher etwa 5-10% der DNS entschlüsselt. Die restlichen 90% sind in ihrer Bedeutung noch weitgehend unklar und liegen im Verborgenen.

Welche Potenziale liegen brach, von denen wir bisher nichts wissen!?

Da ein Großteil unseres Potentials noch unerforscht ist, könnten wir spekulieren, dass Menschen sehr viel mehr Möglichkeiten haben, als bis jetzt bekannt ist. Dann wäre es möglich, Phänomene einzuordnen, wie sie Genies und außergewöhnlich begabte Menschen haben. Oder auch die Palmblattbibliotheken, in denen Jahrhunderte alte Aufzeichnungen über Seelenwege und wichtige Lebensdaten verzeichnet sind, die den Besuchern vorgelesen werden. Erfahrungen aus Rückführungen könnten erklärt werden und vieles mehr.

Der geheimnisvolle große Speicher würde dafür sprechen, dass Menschen multidimensionale Wesen sein könnten. Dann hätten diese magischen Lebewesen allerdings die Wahrheit über sich selbst vergessen. Sie würden stattdessen in der Überzeugung leben, dass der kleine Teil von ihnen, der sich im Körper befindet, das Ganze sein müsste. Und doch hätten sie eine Ahnung und Sehnsucht nach etwas Unbestimmten, für das sie keinen Namen haben.

Sie wären dann zurzeit in der Situation, als würden sie auf einem Stern leben und an der Spitze eines der Zacken stehen. Da sie alleine stehen, und in die Endlosigkeit blicken, beweinen sie ihre Einsamkeit und ihr Schicksal.

Um ihre Situation zu ändern, müssten sie sich nun bewegen und ganz einfach umdrehen. Denn sobald sie ihre Blickrichtung wechseln, schauen sie in die Mitte des Sterns und entdecken plötzlich ihre Verbundenheit mit allem anderen, das immer schon da war.

Nehmen wir einmal eine Kernaussage ernst, die alle Naturvölker und Religionsstifter vertreten. Sie sind davon überzeugt, dass alles miteinander in Verbindung steht und vernetzt ist. Häufig sprechen sie vom „Gewebe des Lebens“. In diesem Energie-Netz haben auch die Menschen einen Platz, ebenso wie Tiere, Pflanzen und andere Lebensformen, aber auch die vier Himmelsrichtungen, die Erde und Sonne, der Mond und andere Planeten. Demnach sind wir ein Teil vom Grossen Ganzen. Vielleicht wie ein Stern am Himmel oder ein Sandkorn am Strand.

Angenommen, dies ist so, dann bedeutet es auch, dass die Quelle oder der Große Geist in jeder seiner Schöpfungen gleichermaßen präsent ist. Gott oder das Unbenennbare verbindet alles durch Energiefäden der Liebe miteinander. Bedingungslose Liebe ist sozusagen der Leim, der im subatomaren Bereich das Universum zusammenhält.

Der Spirit oder die Liebe ist überall. Das bedeutet, er ist natürlich nicht nur außerhalb von Dir. Sondern auch in Dir als Göttlicher Funke.

Die Schöpfung und alles was ist, sind dann in Samenform in jedem Menschen angelegt und unter bestimmten Bedingungen abrufbereit.

In seiner Essenz wäre die Liebe und die Natur, aber sogar die ganze Welt und das Universum in jedem Menschen enthalten. Die DNS würden also das gesamte kodierte menschliche Potential repräsentieren, das Alles-was-ist beinhaltet.

Wenn der Mensch mit allem verbunden ist, was existiert, müsste er unter idealen Bedingungen in der Lage sein, das Bewusstsein und seine Aufmerksamkeit auf die gesamte Schöpfung zu lenken. Eventuell wäre in ihm also die Möglichkeit angelegt, wie durch einen geschliffenen Kristall durch unterschiedliche Facetten zu schauen. Dies würde bedeuten, je konzentrierter das Bewusstsein ist, desto klarer wird ein Teil. Der Rest der Welt ist dadurch unsichtbar. Der Mensch könnte seinen Blick gezielt ausrichten, um Erfahrung und spezielles Wissen abzurufen. Auf diese Weise könnte er Bewusstheit auf der tiefsten Ebene erlangen. Es könnte im Menschen also die Möglichkeit veranlagt sein, jede der Schöpfungsebenen zu bereisen und zu erfahren. Es gibt demnach mehr, als das, worauf wir jeweils unser Bewusstsein richten. - Ganz sicher sind jedoch die entsprechenden Tore nur für Seelen passierbar, die bestimmte Prüfungen und Initiationen erfolgreich bestanden haben. Denn die subtilen Energien und Ordnungen müssen geschützt sein.

Vielleicht existieren Hologramme, Bewusstseinswelten und Parallelrealitäten im Geflecht aus Zeit und Raum. Es ist denkbar, dass wir in einer beweglichen Wirklichkeit leben, die sich durch jede Handlung, innere Haltung und Impulse verändert.

Die greifbare Realität ist möglicher Weise eine Täuschung. Vielleicht existiert ein Gitter, das aus verschiedenen Realitäten besteht, die alle gleichzeitig existieren. Wenn diese verschiedenen Realitäten ineinandergreifen, werden uns die unterschiedlichen Dimensionen bewusst.

Zum Beispiel erleben wir im Traum eine Szene, in der unsere Katze überfahren wird und vor Entsetzen stoßen wir einen Schrei aus. In der Alltagsrealität finden wir auf dem Weg vor unserer Haustür einen wunderschönen Schmetterling. Dies berührt uns sehr, obwohl wir es nicht erklären können, wir heben ihn auf und legen ihn in ein schönes Kästchen.

Der Schrei im Traum beeinflusste den Lauf der Dinge und veränderte die Realität. Der Schmetterling bot sich an, für unsere Katze zu sterben, damit sie länger bleiben kann.

Die DNS könnte zum Beispiel Kodierungen enthalten, von jeder auf der Erde vertretenen Spezies. Ebenso könnte genetisches Material gespeichert sein als Kaleidoskop der Erinnerung, das uns mit allen jemals gemachten Erfahrungen der Menschheit verbindet - in allen Zeitebenen, Kulturen und Inkarnationen. Es könnten auch Verbindungen zu verschiedenen Dimensionen und höherdimensionalen Lichtsprachen existieren. Möglicher Weise sind Verbindungskanäle zu allen lebenden und fühlenden Wesen im Universum angelegt. So könnte die DNA aus Mantren und Buchstaben der Namen Gottes bestehen, sowie aus Ton- und Farbsequenzen. Auch latente Entwicklungsmöglichkeiten des Menschen könnten enthalten sein. Zum Beispiel, wie die feinstoffliche Struktur unseres Körpers bewusst auszurichten ist auf Licht-Frequenzen, wie etwa die Heilkraft des Christus, die Schöpferkraft, die Liebe oder Quelle des Lebens.

Die Menschheit hat noch niemals so viel intellektuelles Wissen besessen, wie jetzt. Menschen, die beispielsweise im alten Ägypten lebten, dachten auf ganz andere Weise als wir, nämlich in mythologischen Bildern. Sie brachten eine große Hochkultur hervor, die uns noch heute fasziniert.

Die Frage, die unsere Kinder an uns stellen werden, lautet: „Was habt ihr uns hinterlassen, was unsere Seele nährt?"

„Die alten Dakota Indianer waren weise. Sie wussten, dass das Herz eines Menschen, der sich der Natur entfremdet, hart wird. Sie wussten, dass mangelnde Ehrfurcht vor allem Lebendigen und allem, was da wächst, bald auch die Ehrfurcht vor dem Menschen absterben lässt. Deshalb war der Einfluss der Natur, die den jungen Menschen feinfühlig machte, ein wichtiger Bestandteil ihrer Erziehung." sagte Luther Standing Bear, ein Oglala-Lakota Indianer

Naturvölker setzten ihren Jugendlichen Grenzen, leiteten sie an und kontrollierten sie. Dadurch fühlten sie sich sicher und gehalten. Unsere Jugend wächst dagegen weitgehend ohne Mentoren auf, und so ist ihr Verhalten ein Spiegel unserer Zeit: ein Spiegel der Maßlosigkeit. Diese Grenzenlosigkeit wird deutlich, wenn man das Überangebot in den Supermärkten einmal mit Abstand betrachtet. Dann wird klar, welch eine Dekadenz an Reichtum und Armut sich einander gegenüberstehen. Geht man in die Lebensmittelabteilung und schaut sich dort um, erkennt man, neben dem Übermaß, dass die angebotene Nahrung häufig so gut wie keine Lebensenergie mehr enthält,- so dass auch hier ein Umdenken notwendig ist. Durch ihr rebellisches Verhalten weist uns die junge Generation auf Vieles hin.

Unsere derzeitige Lebensweise setzt Wertmaßstäbe, die es zu hinterfragen lohnt. Zum Beispiel die Wirkungen der digitalen Zivilisation auf zwischenmenschlichen Beziehungen, soziales Verhalten, die Lebensfreude und Umwelt.

Obwohl Vieles bekannt ist, fällt es so schwer, unser Verhalten zu ändern… So haben Wissenschaftler herausgefunden, dass es in der Erdgeschichte nach früheren Korallenriffsterben Millionen von Jahren gedauert hat, bis sich diese wieder erholten. Obwohl wir dies wissen, lassen wir es in unserem Verhalten unberücksichtigt. So zeigt es sich immer wieder, dass nicht das Wissen, sondern erst die Erfahrung und persönliche Erkenntnis die Menschen verändert.

Unsere Vorstellung von Realität ist sicher unvollständig. Diese Erkenntnis hat Physiker, wie Max Plank und Werner Heisenberg, aber auch andere Wissenschaftler, Mediziner und Musiker dazu gebracht, gläubig oder spirituell zu werden. Denn sie erkannten, dass unserer materiellen Welt eine spirituelle zugrunde liegt.

Wir leben in einer Zeit, in der Veränderungen in sehr kurzen Zeiträumen stattfinden. Dies verlangt von den Menschen große Flexibilität, damit wir die zahlreichen Erfahrungen integrieren können. Folgendes Bild könnte ausdrücken, was zur Zeit auf feineren Ebenen geschieht. Wir können uns vorstellen, dass wir hier in der westlichen Welt mit unserer Art zu denken, zu fühlen und zu leben wie in einer Zeitspirale leben. Es ist vorstellbar, dass andere Kulturen auch ihre eigenen Spiralen besitzen, die ihnen ebenso vertraut sind, wie uns unsere. Es ist ebenso denkbar, dass auch andere Lebensformen (Tierarten, Pflanzen…) in ihren Spiralen leben. Wenn sich nun diese Energie-Spiralen gegenseitig berühren würden, könnte dies bedeuten, dass sich das menschliche Bewusstsein und das unserer Freunde in Bruchteilen um ein Vielfaches erweitert und uns Erfahrungen zur Verfügung stehen, die unser Leben bereichern und uns heil und ganz werden lassen. Wir würden uns wieder in das unsichtbare Energienetz einfügen, das alle Lebewesen miteinander verbindet.

Im täglichen Verhalten stärken wir es sicher durch gegenseitigen Respekt und Achtung vor anderen Lebensformen, durch Mitgefühl und natürlich durch liebevolles Verhalten. Dann wird das Leben leichter, denn wir sind „in unserem Lebensfluss“ und in Verbindung mit allem, was ist. Die feinstofflichen Energien, die hinter der materiellen Welt existieren, unterstützen uns. So holen wir uns unsere ureigene Energie zurück, um unser volles Potential auszuschöpfen. Reisen in die Seelenlandschaft sind ein praktischer Weg dorthin, denn wir nehmen bewusst Kontakt auf zu unserer Seele, deren Bestreben es immer ist, uns zu heilen und uns darin zu unterstützen, dass wir vollständig unsere Möglichkeiten ausschöpfen.

„Einige Dinge werden immer stärker sein
als Zeit und Raum,
wichtiger als Sprache und Lebensart.
Zum Beispiel, deinen Träumen nachzugehen
Und zu lernen, du selbst zu sein,
mit anderen das wunderbare Geheimnis
zu teilen, das du entdeckt hast."

Sergio Bambaren

Die Kraft des Verborgenen

Bei Reisen in die Seelenlandschaft können Sie für sich ganz neue Erfahrungen machen und so die Magie allen Lebens erneuern.

Angenommen, Sie reisen in ein bisher unbekanntes Land und verbinden sich dort mit Ihrem Krafttier.

Nehmen wir an, es ist einen Wolf: Sie spüren, wie sich ihre Sinne schärfen. Sie riechen, schnüffeln und nehmen Witterung auf, können ganz feine und diskrete Düfte wahrnehmen, ebenso wie sehr strenge, stechende Gerüche. Ihr Hörvermögen steigert sich enorm. Gleichzeitig spüren Sie, wie Ihre körperliche Wendigkeit zunimmt. Sie verhalten sich wie ein Wolf, fühlen ihren dynamischen Körper und empfinden wie ein Wolf. Für kurze Zeit sehen sie die Welt durch seine Augen.

Wenn Sie anschließend wieder als Mensch in Ihren Alltag zurückkehren, wird eine wilde Leidenschaft Ihr Herz erneuert haben. Das Herz wird den Schmerz erinnern, wenn der Wolf verschwindet. Denn es ist ein gutes Gefühl, ein Wolf zu sein. Er ist ein machtvolles ungezähmtes Wesen ohne jedes Schuldgefühl. Er liebt instinktiv, leidenschaftlich und ohne einen Hauch von Zweifel. Niemand kann sich seinem Zauber entziehen. Man wird emotional mitgerissen und tief berührt von diesem ungestümen Wesen. Solch eine innere Erfahrung lässt Sie verändert zurück.

Es ist also möglich, wahre Schätze aus dem Verborgenen zu heben. Diese können im Zusammenleben der Menschen äußerst hilfreich und notwendig sein, wie z. B. Heilkräfte.

Menschen, die anderen Hilfe und Heilung bringen, gibt und gab es zu allen Zeiten und in allen Kulturen. Dieses ursprüngliche Wissen über Lebenszusammenhänge und Krankheiten ist bei Schamanen in Sibirien ebenso zu finden wie bei Indianern, den Inuits, den Aboriginies, den Völkern Afrikas und Europas. Gerade in letzter Zeit bestätigen Forschungen der Biologie, Psychologie und Neurophysiologie viele Erkenntnisse dieser ursprünglichsten aller „Natur – Wissenschaften". Wichtige Arzneimittel entstammen dem Kräuterwissen der Schamanen. Auch Hypnose und davon abgeleitete Entspannungstechniken, sowie Psychotherapiemethoden haben ihre Wurzeln in der schamanischen Heilpraxis.

In unserer Beziehung zu Gesundheit und Krankheit lassen sich zurzeit zwei unterschiedliche Tendenzen beobachten. Einerseits zwingt unser Gesundheitssystem die Ärzte dazu, sich stark auf die Symptombehandlung zu konzentrieren und eine kostenintensive, hoch technisierte Apparatemedizin einzusetzen. Andererseits nimmt die Zahl der psychosomatischen Krankheiten ständig zu. So werden ganzheitliche Heilansätze und vorbeugende Maßnahmen für die körperliche und geistige Gesundheit zunehmend wichtig und in Anspruch genommen. Dies bewirkt ein Umdenken der Menschen. Die Verantwortung für die eigene Gesundheit wird ehr selbst getragen und nicht mehr dem Arzt oder der Klinik übergeben. Diese neue Sichtweise hat Vorbeugung und einen selbstverantwortlichen Umgang mit den eigenen Energie-Ressourcen im Blick.

Die Lebensführung, die Art zu denken und die persönliche Gesundheit werden wieder mehr im Zusammenhang gesehen und als voneinander abhängig wahrgenommen. Dieser Bewusstseinswandel wird auf zwei Ebenen deutlich:

Heilpraktiker, Gesundheitsberater, Fitnessclubs und Wellness werden verstärkt anerkannt und in Anspruch genommen. Außerdem findet eine Hinwendung zu Entspannung, Psychohygiene, Meditation, geistiger Versenkung und Spiritualität statt. Dies macht eine Werteverschiebung von der materiell-rationalen auf die emotional-ganzheitliche Ebene deutlich.

Unsere Vorfahren lebten in unmittelbarer Verbindung zur Natur und

Erde. Ihre Erfahrungen und ihr traditionelles Wissen waren getragen vom Eingebundensein in die Naturgesetzmäßigkeiten. Krankheiten und Katastrophen wurden als Störungen des Gleichgewichts zwischen den Menschen und den Naturkräften angesehen. Über viele Jahrhunderte entwickelten sich Rituale, Praktiken und Heilverfahren, die heute als Schamanismus bekannt sind. Die Schamanen, Medizinmänner und –frauen kannten veränderte Bewusstseinszustände, um Heilungen durchführen zu können. Sie galten als Bindeglied zwischen den Menschen und dem „Großen Geist“ (Spirit), dem Göttlichen.

In ihren Praktiken gehen auch heute noch die spirituelle und die materielle Ebene ineinander über. Schamanen unternehmen Reisen in verborgene Welten, um Körper, Gefühl, Intellekt und spirituelles Selbst wieder in Einklang zu bringen. Sie sind durchlässig für Vergangenes, Zukünftiges und Gegenwärtiges. Ihre Fähigkeit, begeisterungsfähig und neugierig zu bleiben und improvisieren zu können stammt aus dem Grundvertrauen in sich selbst. Sie haben den Mut und die Fähigkeit, Impulse und Inspirationen der inneren Führung umzusetzen. Dies macht ihre Lebendigkeit aus. Ihr unerschöpflicher innerer Reichtum besteht in Ihrer Wandlungsfähigkeit.

Es ist eine Tatsache, dass wir nicht nur aus Fleisch und Blut bestehen, sondern auch aus Spirit und Licht. Die persönliche Erfahrung der Unendlichkeit lehrt uns dies. Sie können sie beobachten, wenn Sie einem selbstvergessenen Kind beim Spielen zusehen. Oder einen Geisteskranken beobachten. Sie erleben sie, wenn sie ganz vertieft etwas tun, das sie lieben, so dass sie jedes Zeitgefühl vergessen. Wenn sie bei einer Geburt anwesend sind, erleben Sie ebenfalls die Gegenwart so intensiv, dass Sie das ewige Jetzt erfahren. Nordamerikanische Indianer nennen dieses ursprüngliche Erleben, das noch nicht von der Welt geformt ist „Wakan“, was soviel wie Geheimnis bedeutet.

Ihr eigenes Geheimnis zu ergründen wird Sie mit dem Großen Geheimnis verbinden und Ihre Lebensweise verändern.

Sie können auf vielen verschiedenen Wegen in ihre Seelenlandschaft reisen, einen „heiligen Raum“ betreten und mit dem Geheimnis in Kontakt treten. Hier können Sie Unendlichkeit, Frieden, Gnade, Trost, Inspiration, Vergebung und Segen erfahren. Wenn

Sie dies tun, schlagen Sie den Pfad der Kraft ein. Denn Sie erfahren den Spirit in seinem eigenen Bereich, der Unendlichkeit. Hier lassen Sie Ihr kleines Selbst, Ihre Persönlichkeit zurück. Und verbinden sich mit Ihrer Seele und der Schöpfung.

Wir können bewusst einen „heiligen Raum" erschaffen, in dem wir zeitlose Momente erfahren können. Hier sind sowohl die Vergangenheit als auch die Zukunft verschwunden und nur das Hier und Jetzt existiert. In diesem Zustand der Unendlichkeit sind alle Illusionen aufgelöst. Dies wirkt auch auf den Körper und hat unmittelbare Folgen auf das Immunsystem. Diese Energie beeinflusst unsere Gesundheit. Denn jede unserer Zellen ist an diesem Prozess beteiligt. Sie regenerieren sich und dies führt dazu, dass sich das gesamte feinstoffliche Energiefeld stabilisiert. Der Körper reagiert auf all unsere Gedanken, Gefühle und Vorstellungen. Verbinden wir uns mental mit dem Unendlichen, dem Gesunden und Heilen, so schaffen wir für uns selber einen „heilig-enden" Raum. In diesem inneren geheimen Garten können wir die Quelle unserer Kraft wieder finden. Unser Körper erinnert sich an seine ursprüngliche Schwingung - bevor Energieblocks und Narben durch das Leben entstanden sind - und beginnt, sich zu harmonisieren und zu heilen.

Wenn wir die lineare Zeitebene hinter uns lassen und die Seelenebene bereisen, betreten wir das Heilige, den heilen Raum in uns selbst. Da dieser Raum vollkommen harmonisch ist und losgelöst von jedweden Einflüssen des Alltags, kann in ihm Regeneration und Heilung stattfinden und Wahrheit wirken. Sich hier aufzuhalten, wirkt befreiend. Es wird wie ein Segen erlebt und öffnet den Blick.

Wenn wir auf neue Zusammenhänge stoßen und über das Konkrete und Begrenzte hinausschauen, bereichert dies unser tägliches Leben auf unerwartete Weise. Sich mit der Kraft der verborgenen Wirklichkeit zu beschäftigen, öffnet das Herz und lässt uns Liebe empfinden. Unsere Gefühlswelt verändert sich durch eine positive Grundhaltung und lebensbejahende Glaubenssätze. Indem wir dieses alte Wissen nutzen, weitet sich der eigene Horizont und lässt neue Möglichkeiten entstehen. Es lehrt uns, dass wir in uns hineinhören müssen, wenn wir im Äußeren neue Wege finden wollen.

Gleichzeitig ist auch die andere Sichtweise stimmig, die besagt: Nur wenn wir selbst nachdenken und Zusammenhänge hinterfragen, wenn wir eigenständig denken und uns eine Meinung bilden und wenn wir handeln und die Verantwortung für uns selbst übernehmen, erfahren wir wahre Grenzenlosigkeit und Freiheit. Erst wenn wir eine neue Perspektive einnehmen können, verlassen wir unseren Kreisverkehr des Denkens und Fühlens.

Oder um mit Albert Einstein zu sprechen:

„ Probleme kann man niemals mit der gleichen Denkweise lösen, durch die sie entstanden sind."

In jeder Kirche und in jedem Tempel gibt es Vorräume oder Übergangsbereiche, die die Gläubigen vom Alltag zum „Allerheiligsten", dem Altar führen. Sowohl das Veränderliche, Flüchtende, Fluoreszierende, Fließende, als auch das Feste, Felsige, Steinige und Haltgebende waren schon immer da. Zwischen Beidem, dem Sichtbaren und dem Verborgenen existieren in der Natur fließende Grenzzonen.

Es gibt vielerlei Ränder, die Übergänge von einer Ebene zur anderen ermöglichen: alle Dinge, die selber ohne Grenzen sind, wie zum Beispiel ein Fluss, Nebel, Dunst, Tau, Wolken, auch die Dämmerung, das Zwielicht oder stille Momente zwischen Tönen.

Es spielt keine Rolle, ob es sich um zeitliche oder räumliche Grenzen handelt. Häufig sind die Schwellen auch zwischen dem Raum unter freiem Himmel und der Erde. Hier finden sich Eingänge in andere Ebenen. Dies ist der Grund, weshalb wir bei schamanischen Reisen einen Eingang in die Erde aufsuchen, um uns dann auf einer Ebene wieder zu finden, die einerseits neu für uns ist, sich jedoch andererseits für unsere Seele vertraut anfühlt.

Manche Dinge sind schon auf Grund ihrer Charakteristika magisch. So zum Beispiel Tau: Er besteht aus Wasser, das jedoch aus der Luft kommt, nicht aus einer Quelle, einem Fluss oder dem Meer. Es fließt nicht durch seine Schwerkraft, sondern ruht perlend und glitzernd auf Gräsern, Blättern und Halmen. Außerdem entsteht Tau, wenn die Nacht dem Tag weicht, also an einer zeitlichen Grenze.

Auch Nebel ist magisch, denn wir können uns bei Nebel nicht auf unsere gewohnten Sinneseindrücke verlassen. Wir können nicht erkennen, wo die Erde aufhört und der Himmel oder das Wasser beginnen. Dies ist das Geheimnis der „Nebel von Avalon“.

Die Morgen- und Abenddämmerung sind magische Zeiten und wurden schon immer zum Gebet genutzt. Auch die Tierwelt reagiert auf diese Zeiten auffällig. Zum Beispiel singen die meisten Vögel vor und nach dem Sonnenaufgang, während dessen herrscht jedoch Stille.

Der Wechsel zwischen der inneren und der äußeren Welt ist jedem von uns vertraut. So kennen wir bestimmte Momente, in denen wir oder ein Kind so von unserer Tätigkeit fasziniert waren – so völlig versunken in ein Spiel oder Buch, den Ausblick auf den Sonnenuntergang (oder Fernseher), dass alles andere ausgeblendet wurde.

In Gesprächen nehmen wir häufig Zwischentöne wahr: hinter einer offensichtlichen Botschaft versteckt sich eine zweite…

Während einer schamanischen Trance wird dieser magische Zustand bewusst herbeigeführt. Das Erleben von Zeit und Raum verändert sich: die Welt wird zur „Anderwelt“ und die Zeit zur „Traumzeit“.

Auch wenn uns die Trance während einer geführten Reise in fremde Welten und andere Zeiten bringen kann, bleibt ein Teil von uns mit unserem Alltagsbewusstsein verbunden und kann dadurch auch leicht und einfach wieder in das Tagesbewusstsein zurückgeführt werden. Denn zum Beispiel der Gehörsinn funktioniert während der Trance genauso wie im Wachbewusstsein.

Um innerlich zu reisen, müssen wir mutig Schwellen überschreiten und durch unbekannte Türen gehen. Unsere Neugier ist hierbei unsere Führerin. Das Vertrauen in die eigenen Fähigkeiten wächst mit jeder Reise, die wir auf uralten Naturpfaden wandern.

Das Vermächtnis eines heiligen Ortes

Ich reise schnell in die Tiefe durch viele Erdschichten und gelange in meine Seelenlandschaft. Dort erwartet mich am Tor ein alter Indianer. Er hat eine beschützende, väterliche Ausstrahlung und ich weiß, dass ich ihm vertrauen kann. Er sagt: „Sei gegrüßt, Frau mit den goldenen Katzenaugen. Du wirst schon erwartet, denn der Rat der Alten hat mich erwählt, heute dein Begleiter zu sein. Komm, ich werde dir geheimnisvolle Dinge zeigen…". Seine Worte machen mich neugierig und so wandere ich mit ihm. Wir gehen schweigend bis an den äußersten Rand meiner Landschaft, bis zu einem Gebirge, das ich vorher noch nie richtig wahrgenommen habe. Hier rasten wir kurz, bevor wir einen der Berge besteigen. Es gibt hier zahlreiche Höhlen, die ich gerne sofort erkunden möchte, doch mein Begleiter erinnert mich daran, dass wir eine bestimmte Höhle erforschen wollen. So gelangen wir nach einem anstrengenden Aufstieg endlich an unseren Bestimmungsort. Mein Lehrer sagt: „Diese Höhle ist ein Ort der Erinnerung und des heiligen Wissens. Hier wird die Geschichte meines Stammes bewahrt. So wie überall die Geschichte der Erde abzulesen ist für denjenigen, der es versteht, die Zeichen zu deuten, können die Menschen hier der Energie der Geschichte folgen und etwas darüber erfahren, wie frühere Generationen z. B. Frieden geschlossen haben, ihre Kinder aufgezogen haben oder welche Jagdmethoden sie hatten. All die Tiere, die an den Wänden zu sehen sind, wurden von meinen Ahnen zum Angedenken an ihre Seelen gezeichnet. Sie haben die Tiere gezeichnet, die hier gelebt haben. Aber auf einer tieferen Ebene sind auch ihre ganz besonderen Fähigkeiten gemeint, die eine Geschichte erzählen.

Du musst wissen: an diesem geheimen Ort lebt alles und hat eine tiefe Bedeutung, die wir mit unseren feinen Sinnen erfassen können, wenn wir ruhig sind und uns darauf einlassen. In jedem Fall wirkt sie auf uns wie jedes Geheimnis. Lass es mich erklären. Wenn du hier einen Baum siehst, mag ein ganz realer Baum gemeint sein, den du noch finden kannst. Vielleicht steht er aber auch für menschliches Wachsen und Lernen. Wir alle wissen, dass das wahre Wesen des Baums größer ist als das, was man sieht. Das ist genau wie beim Menschen. Der Baum über der Erde ist ebenso groß wie seine Wurzeln unter der Erde. Diese unterirdische Hälfte zeigt die Seite von uns, die mit dem Mond verwandt ist: mit dem Schlafen und Träumen, mit dem Verborgenen und Unbewussten. Während der Baum über der Erde in der Sonne steht, zeigt er offensichtlich unsere bewusste, wache Hälfte des Geistes... So kannst du in die Bilder hineinhorchen und vieles erfühlend wissen. Heute geht der uralte Traum still an deiner Seite.

Wenn wir gleich die Fackeln löschen, kannst du zuerst die Bilder nicht mehr wahrnehmen, aber das Licht hat sie zum Leben erweckt. Ihr Spirit erfüllt die Luft und sie werden beginnen, dich zu begrüßen und zu lehren. Indem du deine Atemluft mit den Spirits teilst, kannst du alles erfahren. Sie lieben dich und halten viele Geschenke für dich bereit, denn du hast dich als würdig erwiesen, bei ihnen zu sein." In der Dunkelheit wird mein Kopf ganz leer. Dann sehe ich einen kleinen 5-jährigen Jungen, der sich mit seinem Großvater - meinem Begleiter - in der Höhle befindet. Ich beobachte, wie der Junge beginnt, im Dunkelen sehen zu können. Dabei sind seine Sinne ganz wach, wie bei einem Tier das jagt. Das Sehen ohne Lichtquelle geschieht bei ihm ganz selbstverständlich, ohne Verzögerung oder Erstaunen....

Er entdeckt einen Durchbruch, krabbelt hindurch und gelangt in eine weitere Höhle, in der sich klares Wasser befindet. Er schwimmt im See, genießt es, fühlt sich ganz leicht, wie neugeboren... Dann sucht er ein Gefäß, findet einen Krug auf einem Felsvorsprung, füllt ihn mit Wasser und kehrt zu seinem Großvater zurück. Der alte Mann freut sich, trinkt von diesem besonderen Wasser, gewinnt neue Kraft und weiß, dass er in der kommenden Zeit sein Wissen an seinen Enkel weitergeben wird. Ich verstehe, dass nur der kleine Schüler, der durch diesen engen Durchgang zur Wasserhöhle passt und von sich aus daran denkt, heiliges Wasser für seinen Lehrer mitzubringen, der zukünftige Schamane sein kann. Ein alter Schamane mag also durchaus mehrere Schüler haben, aber sein Nachfolger steht durch diese erste Prüfung schon recht früh fest…

Ich sehe, dass auch Erwachsene an einer anderen Stelle die Höhle erreichen können, um sich zu erneuern. Das Wasser enthält spezielle Mineralien, wirkt sehr erfrischend und heilend. Um diese Reinheit zum Wohle aller zu bewahren, wird die Höhle geheim gehalten…

Als nächstes sehe ich, dass der indianische Großvater ein Feuer macht. Im flackernden Licht scheinen die Figuren an den Höhlenwänden lebendig zu werden. Der Großvater erklärt seinem Enkel vieles, was er wissen muss als zukünftiger Schamane seines Stammes…

Doch meine Zeit in der Höhle geht zu Ende, ich ziehe mich leise zurück, um die Beiden nicht zu stören. Zum Dank lege ich vor den Höhleneingang eine schöne Feder und einen Kristall für meinen Begleiter.

Die Trommel ruft. Ich begebe mich auf den Rückweg, schließe das Tor zu meiner Seelenlandschaft, verwahre den Schlüssel und steige nach oben zur Erdoberfläche. Dann befinde ich mich wieder bei den anderen in der Meditationsrunde.

„An einen Kraftort gehe ich,
um heiler und Heiler zu werden."

Jutta Westphalen

Magische und machtvolle Orte

Jeder Mensch findet in seinem Leben immer wieder Orte der Kraft und der Heilung. Dies kann zum Beispiel eine besondere Ecke in einem Garten sein, ein bestimmter Stein am Ufer eines Baches, ein auffallender Baum im Wald oder ähnliches.

Als Kind hat fast jeder so einen Platz. Es ist unser „geheimer" Platz, ein Ort, der für uns eine magische Bedeutung und Funktion hat. Es ist der Ort, an dem wir mit unserem inneren „heiligen Platz" in Kontakt treten. Hier können wir alles aussprechen, was uns belastet. Wir können alles erleben, was uns erfreut. Und alles zurück lassen, was wir loswerden müssen, um in der alltäglichen Welt wieder weiter gehen zu können.

Für manches Kind ist es vielleicht nur der Platz unter der Bettdecke.

Manchmal teilen Kinder, wenn sie in den Kindergarten oder in die Schule kommen, diesen Platz mit der besten Freundin oder dem besten Freund. Dies ist ein Ausdruck tiefsten Vertrauens, denn der Platz, das Versteck ist „geheim".

Verrät die Freundin, der Freund, diesen Platz an andere, entsteht eine tiefe Verletzung. Das Kind muss sich einen neuen Ort suchen, der ihm Zuflucht und Schutz sein kann – und einen neuen Freund.

So gelangen wir oft im Laufe der Jahre zu zwei Schlussfolgerungen:

Plätze im Außen sind immer dann Kraftorte, wenn sie für mich diese Bedeutung haben, aber ich muss sie mit anderen teilen. – Und:

Mein geheimer Ort im Inneren ist besser geschützt. Hierher kann nur ich alleine kommen.

Wenn wir unseren Kraftort im Inneren gefunden haben, ist uns ein ganz wesentlicher Schritt gelungen. Denn jetzt wissen wir, dass es in uns einen Ort gibt, den wir immer aufsuchen können, wenn wir zur Ruhe zu kommen.

Das mag im Stress des Alltages und der steten Geräuschkulisse unserer Gedanken, unter der dauernden Berieselung mit Informationen und den tausend Anforderungen, die von allen Seiten an uns gestellt werden, nicht immer leicht sein. Aber es lohnt die Anstrengung der Übung, den Zugang zu Ihrem Inneren Ort freizuhalten und zu pflegen.

Wer seinen Ort der Kraft gefunden hat und seinen Platz kennt, kann Ordnung ins Chaos bringen und seinen Einfluss im Leben geltend machen.

Orte der Kraft können im Außen erschaffen werden. Jeder tut dies für sich, wenn er sein zuhause liebevoll gestaltet, mit dem Ziel, sich dort sicher und geborgen zu fühlen. Schon immer haben sich Menschen Höhlen und Rückzugsorte gesucht.

Ein Kind baut sich vielleicht eine Höhle aus Möbeln, Kissen und Decken oder draußen aus Steinen, Zweigen und Ästen. Oder Erwachsene bauen mit Ihnen ein Baum- oder Spielhaus.

In einigen Fällen gelingt es, dass mehrere gemeinsam so einen Ort der Kraft erschaffen. So bauten eine Kollegin und ich gemeinsam mit Kindergruppen drei Jahre lang ein Tipi im Wald. Die Regeln waren vorgegeben:

Es durfte nur Baumaterial verwendet werden, das bereits als Totholz herumlag. Jeder half mit, so gut er konnte, - egal ob dieser Jemand drei oder dreizehn Jahre alt war. Der Platz gehörte allen und darum sorgten auch alle dafür, dass er sauber hinterlassen wurde.

Inzwischen wurde dieses Tipi bereits ein Ziel für andere Kindergruppen und sicher auch für andere Erwachsene. Nicht alle halten sich an diese Regeln. So waren wir alle einmal sehr betroffen, als wir sahen, dass Motorradfahrer das Tipi für ihre Mutproben kaputtgefahren hatten und alle Hölzer gebrochen waren.

Aber nach einiger Zeit hatten wir es neu aufgebaut und es wurde schöner und größer als vorher. Den Kindern war auf diese drastische Weise gezeigt worden, wie wichtig Regeln im Umgang miteinander sind. Seit dem achteten sie sehr darauf, dass ihr Tipi nicht kaputt ging! So war hier ein Kraftort und Erfahrungsraum für viele Menschen entstanden.

Natürlich gibt es Kraftorte auf der Erde, die jeder kennt, wie zum Beispiel die Pyramiden, Stonehenge, die Maya Städte Yukatans usw. An diesen Orten bewirkt die Energie, dass sich Menschen „anders" fühlen. Hier ist die Schwingung „höher". Wir können die göttliche Musik leichter hören, fühlen uns erhoben und unsere Seele erinnert sich an vieles …

Kraftorte ermöglichen durch ihre besondere Energie leicht einen Wechsel vom Alltagsbewusstsein in andere Wirklichkeits- und Wahrheitsebenen. Es scheint so, als ob sich die Welten hier berühren und nur ein hauchzarter Vorhang diese von der anderen Ebene trennt. Vielen gelingt es, für kurze Zeit den Schleier beiseite zu schieben und einen Blick auf geheimnisvolle Dinge zu erhaschen. Dieser Magie kann sich kaum jemand entziehen!

Hinzu kommt die Kraft, die aus der Vergangenheit herrührt, da sich Hunderte von Generationen dort versammelt haben, die gleiche oder ähnliche Empfindungen hatten. Durch ihre Gebete oder Andachten wird diese heilige Energie aufrechterhalten, die wie Sonnenlicht in den Steinen gespeichert bleibt. Jeder, der die abgetretenen Stufen betritt, die zu alten Kirchen, Domen, Moscheen, Klöstern, Tempeln, Königsgräbern, Pyramiden oder Wallfahrtsstätten führen, kennt diese Empfindungen.

„Die Black Hills sind heilig für die Lakota. Beides- die heilige Pfeife und die Black Hills- gehören in unserer Religion zusammen. Die Black Hills sind unsere Grabstätte. Die Knochen unserer Großväter liegen in diesen Hügeln. Wie könnt ihr erwarten, dass wir unsere Kirche und unsere Grabstätten für ein paar Dollar des weißen Mannes verkaufen? Wie werden sie niemals verkaufen."

Frank Fools Crow; Lakota

Für die Lakota-Indianer ist dieses Gebiet das Herz von Mutter Erde und somit ein heiliger Ort.

Kraftorte und Energiekonzentrationen sind immer dann zu beobachten, wenn mehrere Menschen mit der gleichen Absicht zusammen kommen.

In Meditationsgruppen ist dies besonders gut zu erleben. Nachdem die Teilnehmer gemeinsam ihre Aufmerksamkeit auf die inneren Ebenen gelenkt haben, fühlen sich alle energiegeladen und kraftvoll.

Schon Jesus sagte: „Wenn zwei oder drei in meinem Namen zusammen sind, dann bin ich mitten unter ihnen."

Dies ist sicher die tiefere Ebene der Wahrheit, dass „das Ganze mehr ist als die Summe der Teile". Es entsteht etwas Neues. Ein energetischer Kraftzuwachs, der häufig als Inspiration, Lebenslust und neuer Mut empfunden wird.

In Buchhandlungen findet man viel Literatur darüber, wie man aus seiner Wohnung einen Kraftort machen kann. Dabei ist das Augenmerk auf den Fluss und die Lenkung der uns umgebenden Lebensenergie gerichtet. Dieses Wissen ist sehr hilfreich, um sich körperlich, emotional und intellektuell wohl zu fühlen.

Berücksichtigen wir zusätzlich das Wissen um den Energiezuwachs, wenn sich Menschen mit gleicher Absicht zusammen tun, dann ist es sicher hilfreich, wenn zum Beispiel eine Familie, Wohngemeinschaft oder Firma einmal darüber nachdenkt, welches gemeinsame Ziel sie zusammen hält.

Wenn die gemeinsame Inspiration, Vision und Sehnsucht bewusst und benannt ist, wird das spirituelle Selbst mit einbezogen. Damit wird auch hier „das Ganze mehr ist als die Summe der Teile".

Ein Beispiel für die Entstehung eines solchen Kraftortes ist ein Orchester. Jede Person und jedes Instrument bringt seine Schwingung, seinen Ton in das Ganze ein. Erst wenn alle aufeinander „eingestimmt" sind und ein gemeinsames Ziel haben, nämlich das gewählte Musikstück aufzuführen, kann Harmonie entstehen. Die Resultate solcher Aufführungen und Konzerte hat wohl jeder schon einmal erlebt. Ob bei Rock- oder Popkonzerten in großen Arenen oder Klassikkonzerten in Musikhallen, Konzertsälen oder unter freiem Himmel: es entstehen nicht nur bei den beteiligten Musikern starke Emotionen, Freude oder Ergriffenheit, sondern dieser Funke springt auch auf das Publikum über. Musik von Flügeln und

Pianos, von Harfen und Flöten steigt von der Erde auf in den Himmel. Sie existiert nur in dem Augenblick, in dem sie entsteht und verflüchtigt sich, wenn sie verklingt.

Derartige Erlebnisse bleiben allen Beteiligten sicher lange im Gedächtnis, weil sie „Edelsteine“ in der „Schatzkiste der persönlichen Erinnerung“ darstellen.

Sicher sind derartige Gemeinschaftserlebnisse ein Grund für das Entstehen der unterschiedlichsten Festivals und Konzertreihen in allen Teilen Europas.

Auf eine Familie übertragen kann dies beispielsweise bedeuten, dass bestimmte Traditionen und Rituale entwickelt werden. So könnte eine große oder weit verstreute Familie sich jedes Jahr für einige Tage an einem bestimmten Ort treffen. Um Zeit miteinander zu verbringen, Beziehungen zueinander zu pflegen, um neue Mitglieder zu begrüßen und gegangene zu erinnern. Erfahrungsgemäß sind solche Familientreffen immer dann besonders erfolgreich, wenn sie an einem neutralen Ort stattfinden. Frühling oder Sommer bieten sich als Zeitraum an. Dann sind Spaziergänge besonders schön, Kinder können meist draußen spielen und es bestehen keine „Festtagserwartungen“, wie etwa zu Weihnachten. Familien, die solche oder ähnliche Traditionen entwickelt haben, erscheinen Außenstehenden immer als besonders harmonisch, da jeder um den anderen weiß und seine Entwicklung kennt und begleitet.

Wenn man als Einzelkind aufgewachsen ist oder die eigene Herkunftsfamilie solche Treffen ablehnt, lassen sie sich gegebenenfalls auch mit der „Wahlverwandtschaft“ einrichten.

„Unsere Tipis (Zelte) waren
rund wie Vogelnester
und immer im Kreis aufgestellt,
im Ring des Volkes,
einem Nest aus vielen Nestern."

Black Elk (Sioux)

Der geheimnisvolle Kreis: das Medizinrad

Das Medizinrad stellt einen magischen Kreis dar, der die ganze Welt in sich einschließt. Es sind Kreise aus Steinen, die überall auf der Erde zu finden sind. Sie sind ein Spiegel des Universums und gleichzeitig unserer Seele. Jeder Stein hat seinen Platz und gemeinsam stehen sie für die Verbundenheit allen Lebens, das sich im Gleichgewicht befindet.

Man kann es als Landkarte bezeichnen, mit deren Hilfe die Ordnung im Universum abgebildet wird.

Das Kreissymbol findet sich überall in der indianischen Kultur: Als runder Kalender der Azteken, steinerne Medizinräder, als runde Behausungen wie Tipi und Wigwam oder als Schwitzhütte. Beratungen, Rituale und Tänze fanden im Kreis statt. Auf diese Weise war niemand einem anderen Menschen vorangestellt oder übergeordnet. Alle erinnerten sie daran, dass das Leben ein ständiger Kreislauf ist. Im Medizinrad hat der Mensch jede mögliche Position einzunehmen, um Erfahrungen zu sammeln, sich zu verändern und persönlich zu wachsen.

„Das Medizinrad, meine Kinder, „ sagte der Häuptling, „ist die Spiegelung des Großen Geistes, des Universums, unter den Menschen." (Hyemeyohsts Storm).

Das Medizinrad ist vier Mal unterteilt, was die Himmelsrichtungen repräsentiert. Der Himmel steht für die Oberwelt, die Erde unter dem Medizinrad symbolisiert die Unterwelt. Der Mittelpunkt des Kreises stellt das Zentrum des Universums dar und alle Punkte unter, über und im Medizinrad bewegen sich in Spiralen auf die Mitte zu. Alle Elemente und Mineralien, Pflanzen und Tiere, die materielle und die geistige Welt, sowie der Mensch haben ihren

Platz und sind vertreten.

Nach schamanischem Denken wird jeder Mensch auf einem bestimmten Platz im Medizinrad geboren. Im Laufe seines Lebens muss er das Medizinrad umrunden, um andere Positionen kennen zu lernen. Seine aktuelle Position zeigt, wo er sich gerade im Verhältnis zu seinem eigenen Zentrum befindet. Wer seinen Mittelpunkt bewusst erreicht hat, befindet sich im inneren Gleichgewicht.

„Jedes Menschen Weg der Wahrnehmung ist seine Medizingabe. Jeder Mensch hat seine Medizingabe. Aber die Menschen dürfen nicht zulassen, dass sie sich ihr Leben lang an nur einem dieser Wege der Wahrnehmung festbinden. Menschen müssen lernen, auf allen vier Wegen wahrzunehmen, so dass sie ein Ganzes werden. Denke nach über diese Art, die Dinge zu sehen...." (ders.).

Obwohl der Name „Medizinrad" indianischen Ursprungs ist, wird der Kreis weltweit genutzt, um einen heiligen Bereich zu schaffen. Solch ein heiliger Raum ermöglicht es uns, den Alltag hinter uns zu lassen und Kontakt zur geistigen Welt herzustellen. In diesem Kreis ist die Atmosphäre rein, heilsam und sicher.

Manchmal wird das Mandala oder der Kreis als Schnitt durch einen Baumstamm dargestellt, wobei die Wurzeln das „Unten" und die Zweige das „Oben" bezeichnen.

Jedem dieser Bereiche werden bestimmte Kräfte und Eigenschaften zugeordnet:

Die vier Himmelsrichtungen,

die vier Jahreszeiten,

die vier Lebensphasen und

die vier Elemente (Erde, Feuer, Wasser, Luft).

Ebenso ist jedem Segment ein Archetyp oder Urbild zugeordnet: der Krieger, Heiler, Seher und Lehrer.

Wenn wir lernen, diese Archetypen nacheinander in uns zu erwecken, umrunden wir das Medizinrad, nehmen ungewohnte Sichtweisen an und aktivieren neue Kräfte in uns. So können wir uns und unsere Umgebung zu einem harmonischen Ganzen, einem Kreis, zusammenfügen und die Türen zum inneren Verborgenen wieder öffnen.

Spirituelle Erfahrungen sind grenzüberschreitend. Jede Überschreitung einer Schwelle beinhaltet das Erlebnis von Veränderung, Horizonterweiterung, neuer Wahrnehmung und von Transformation.

Wenn wir im Leben mit Schwierigkeiten konfrontiert sind, gelangen wir an die Grenze unseres Bewusstseins. Wir reagieren dann mit emotionalen Blockaden, die sich als Ängste, unkontrollierte Gefühle oder wirre Gedanken äußern können. Im Äußeren erleben wir sie häufig als Arbeitsverlust, Trennung oder Krankheit.

Mit Hilfe von spirituellen Erfahrungen überschreiten wir bisher gültige (Bewusstseins-)Grenzen. Jede Grenzüberschreitung lässt uns neu und verändert in unseren Alltag zurückkehren. So erweitern sich unser Erfahrungshorizont und unsere „bequeme Zone". Das bedeutet, dass wir eine größere Sicherheit und Souveränität entwickeln, mit bisher unbekannten Dingen gelassen umgehen zu können. Das Ungewöhnliche beginnt uns zu faszinieren. Wir werden immer sicherer beim Ausprobieren neuer Wege und können uns irgendwann auch unseren Ängsten stellen, die sehr viel unserer Lebensenergie binden. Mit der wiedergewonnenen Kraft können wir neue Facetten unseres Wesens entdecken. Vielleicht sogar, dass es großen Spaß bringt, sich auf Unbekanntes einzulassen. Der Weg im Medizinrad bietet eine große Chance zum persönlichen Wachstum.

Dieses Buch soll dazu beitragen, die Warnsignale eines Ungleichgewichts zu entdecken und zu beseitigen. Denn jede Träne enthält auch eine Perle der Erkenntnis. Wir müssen es wagen, unser Denken zu ändern und mit Abstand auf die aktuelle Situation zu schauen. Der Weg besteht darin, unsere eigene Rolle zu erkennen und das Ganze in einen neuen Bezugsrahmen zu stellen.

Eine Reise in die Seelenlandschaft öffnet viele unbekannte Türen, um sich selbst ganz neu zu erfahren. Neue Pfade aufzudecken und zu verfolgen, führt zurück ins Gleichgewicht.

„Wenn wir uns heilen, heilen wir die Erde.
Wenn wir die Erde heilen, heilen wir uns.“
Sun Bear, Medizinmann der Anishinabe-Indianer

Sie können Ihren Weg der Heilung in Ihrem eigenen Tempo und unabhängig von Lehrern und anderen Bedingungen gehen.

„Damit das Mögliche entsteht,
muss immer wieder das Unmögliche
versucht werden.“

Hermann Hesse

Die Kraft der vier Archetypen im Alltag nutzen

Das Wort Archetyp stammt aus dem Griechischen und bedeutet „Urbild“. Die Urbilder des Heilers, Lehrers, Kriegers und Sehers, finden sich in der Überlieferung aller Völker der Erde. Diese Archetypen sind laut C. G. Jung angeboren, egal ob wir sie zur Kenntnis nehmen oder nicht. Sie leben in unserem Inneren und sind Wesenheiten der Seelenlandschaft jeden Menschen. Deshalb können wir sie als Instanzen unserer Seele ansprechen, wenn wir uns auf eine innere Reise begeben. Die vier gewählten Archetypen finden sich in fast allen archaischen Traditionen und sind auch heute noch ein Bestandteil der Überlieferung aller Naturvölker.

Zahlreiche Lebenserfahrungen der unterschiedlichsten Bereiche (Partnerschaft, Familie, Beruf, alltägliche Begegnungen) lehren uns, dass es wichtig ist, diese inneren Instanzen jederzeit aktivieren zu können. Dies erfordert allerdings eine gewisse Übung. Jeder gerät täglich in Situationen, in denen er seine innere Kriegerin, Heilerin, Seherin oder Lehrerin aufruft, ob bewusst oder unbewusst.

Tun wir das nicht oder haben wir kein „gutes Verhältnis“ zu unseren inneren Instanzen, kommt es leicht zu Missverständnissen oder Übergriffigkeiten zwischen Menschen.

Eine fehlende innere Lehrerin lässt mich uneinsichtig werden. Fehlt mir die innere Kriegerin, bin ich wehrlos Eingriffen anderer in meinen Privatbereich ausgeliefert. Hat die innere Heilerin keine starke Position, bin ich zu verletzlich, um meinen Alltag bewältigen zu können und wenn meine innere Seherin „schläft“, verläuft mein Leben eher planlos und zufällig. Mir fehlt dann der rote Faden.

Diese vier unterschiedlichen Aspekte in uns funktionieren nicht voneinander getrennt, sondern sind „Schwestern“, die miteinander kooperieren. Ist jedoch eine Funktion geschwächt, so gerät der Mensch in Situationen, die Herausforderungen darstellen, Probleme beinhalten oder Konflikte auslösen.

So macht es praktischen Sinn, seine inneren Ratgeber besser kennen zu lernen, ein intensives „persönliches“ Verhältnis zu ihnen aufzubauen und sie optimalerweise in jeder Situation direkt oder indirekt als Helfer an seiner Seite zu haben. Ganz unterschiedliche Reiseziele in die Seelenlandschaft können jederzeit dazu beitragen, die jeweilige geschwächte Funktion wieder zu aktivieren und neu zu beleben.

Die Seherin schenkt uns eine Vision, ein Ziel. Von ihr erhalten wir eine Ahnung davon, was in unserem Leben Wirklichkeit werden könnte. So begeben wir uns auf den Weg, und je genauer unsere Zielvorstellung ist, desto sicher werden unsere Schritte auf der Reise sein. Für unsere Reiseplanung sind natürlich die Erkenntnisse anderer, ihre Erfahrungen und ihr Wissen hilfreich. So kommt die Lehrerin in unser Leben. Sie bringt uns in Kontakt mit dem Wissen, das seit Generationen in uns schlummert und stets darauf wartet, zum richtigen Zeitpunkt aktiviert und abgerufen zu werden. Für unsere gesamte Lebensreise ist es wichtig, dass wir so heil wie möglich und gesund sind. Die innere Heilerin hat das Wissen, was uns fehlt und wie wir uns heilen können. Ihr Rat ist immer nahe, sobald wir uns eine halbe Stunde Zeit nehmen, um eine Reise in unsere Innenwelt zu unternehmen. Schließlich sollten wir nicht ungeschützt auf eine Reise gehen. Unsere Kraft und das, was uns ausmacht, sollten respektiert und gesichert sein. Notfalls müssen wir auch in der Lage sein, uns zu verteidigen. Dazu ist es wichtig, der Kriegerin in uns den Auftrag zu geben, auf unsere Grenzen und „Gebiete“ zu achten. Nicht um in den Krieg zu ziehen, sondern um den Schutz für unseren heiligen Bezirk zu sichern.

Diese vier Archetypen haben ihre Entsprechungen in vielen Medizinrädern und anderen Viererkreisen.

Die Seherin steht im Osten, ihr Element ist die Sonne bzw. das Feuer, ihre Stärken sind Geduld und die Vision, ihr Heilmittel ist der

Gesang.

Dem Osten entspricht als Jahreszeit der Sommer.

Viele Generationen vor uns waren Visionäre, die den Traum hatten, dass es den Menschen irgendwann möglich sein wird, fliegen zu können. Noch vor 20 Jahren war Fliegen ein Abenteuer, was heutzutage so selbstverständlich ist, wie Auto fahren.

Die Heilerin steht im Süden. Ihr Element ist die Erde und ihre Verbündeten sind die vierbeinigen Tiere. Ihre größte Stärke ist die Liebe und mit ihren Geschichten heilt sie die Seelen. Als Jahreszeit entspricht der Frühling dem Süden.

Joanne K.Rowling ist eine moderne Heilerin, die mit ihren zauberhaften Büchern die Phantasie, Magie und Träume in unsere Welt zurückträgt.

Helene Grimaud ist eine gefeierte Pianistin und Wolfsfrau. „Die Wölfe haben mich gelehrt, im Augenblick zu leben“. Ihre Musik fasziniert durch Leidenschaft, Wildheit und Ursprünglichkeit. Auch sie ist eine Heilerin der Gefühle.

Die Lehrerin steht im Westen und ihr wird das Element Wasser zugeordnet, ihre Verbündeten sind alle Tiere, die im Wasser leben. Ihre Stärken sind Weisheit, Klarheit und Offenheit. Sie offenbart sich durch Stille.

Der Herbst entspricht als Jahreszeit dem Westen.

Jirina Prekop lehrt noch in hohem Alter, wie Menschen miteinander auskommen können - was für jeden hilfreich ist.

Simon Rattle ist ein moderner Lehrer, der Zeichen setzt, indem er benachteiligten Kindern durch Musik und Tanz Selbstvertrauen schenkt und neue Perspektiven eröffnet.

Die Kriegerin steht im Norden, ihr Element ist die Luft und ihre Verbündeten sind die Geflügelten. Ihre größte Stärke ist die richtige Anwendung von Kraft. Sie heilt, indem sie sich tanzend zeigt und ihre innere Position kommuniziert.

Dem Norden entspricht als Jahreszeit der Winter.

Moderne Kriegerinnen sind zum Beispiel Christina Aguilera, die eine harte Kindheit hatte und sich erfolgreich ihren Platz erkämpft hat, sowie

Erin Brokowitsch, die als alleinerziehende Mutter Giftskandale aufdeckt und erfolgreich große Unternehmen zur Rechenschaft zieht.

Rüdiger Nehberg ist ein moderner Krieger, der sich für das Überleben der Yanomani- Indianer einsetzte und nun vehement dafür kämpft, dass die Beschneidung von Mädchen weltweit verboten wird.

Da im Alltagsleben Archetypen meistens nicht klar getrennt voneinander auftreten, sind Überschneidungen natürlich. Jedoch zeigen sich diese Kräfte zu bestimmten Zeiten (**sehr**) hilfreich. Dann ist es sehr hilfreich zu wissen, ob beispielsweise gerade die innere Kriegerin das Sagen hat, oder die Lehrerin…

Sie finden zu jedem Archetyp eine Liste verschiedener möglicher „Reiseziele“.

Es empfiehlt sich, pro Phantasiereise nur ein Ziel auszuwählen. Die genannten Möglichkeiten sind Vorschläge und es steht jedem frei, seiner eigenen Intuition und Kreativität zu folgen.

Im Spiegelsaal der Gefühle

Die Reisende steigt hinab in einen See. Sie schwimmt tiefer und tiefer, bis sie den Boden erreicht. Zu ihrer eigenen Überraschung kann sie unter Wasser so selbstverständlich atmen wie ein Fisch. Auf dem Grund des Sees entdeckt sie einen Spiegel. Als sie davor steht, erkennt sie, dass er nicht ihre reale Figur wider gibt, sondern ein wunderschönes Wesen, das merkwürdigerweise ihre Augen hat. Dieser Spiegel zieht sie magisch an, denn sie ahnt, dass er ein Geheimnis birgt und das Tor zu einem verborgenen Schatz ist. Einer Eingebung folgend, macht sie einige Schritte auf den Spiegel zu und entdeckt, dass sie durch die Spiegelfläche hindurch treten kann.

Nun befindet sich an einem fremden Ort, der rundherum von Spiegeln umgeben ist. Egal wohin sie schaut, sie sieht sich – so wie ihr Körper ist: von jeder Seite, von vorne und hinten. Das Licht ist kalt, und sie beginnt sich unwohl zu fühlen. Suchend schaut sie sich um, kann jedoch keinen Platz entdecken, an den sie sich zurückziehen kann oder wo sie sich selber ausweichen könnte. Überall sind Spiegel. So schaut sie in ihr Spiegelbild und sieht immer nur sich - in vielfachen Varianten. Sie dreht sich in der Mitte des Spiegelsaals, schaut auf ihre Füße und beginnt dann, auf einen der Spiegel zuzugehen. Plötzlich verändert sich das Bild: Es zeigt ihr jetzt nicht mehr ihre Gestalt, sondern eine Situation. Sie sieht sich selbst, wie sie die Fassung verliert, wütend ist, meckert und schimpft. Gleichzeitig hört sie die Worte, die sie sagt.

Erschrocken tritt sie beiseite.

Doch nun steht sie vor einem anderen Spiegel. Auch dieses Bild verändert sich und zeigt eine unangenehme Situation: Sie sieht sich, wie sie Verantwortung an andere abgibt und ihnen anschließend die Schuld zuschiebt, weil etwas nicht so geklappt hat, wie sie es wollte.

Im nächsten Spiegel sieht sie sich, wie sie überzeugen und gewinnen will. Sie sieht, wie sie sich verhält, was sie sagt und wie sie aussieht, wenn sie Recht haben will.

So umrundet sie den Spiegelsaal, nimmt sich in Situationen wahr, die ihr sehr vertraut sind und alle ihre schlechten Angewohnheiten widerspiegeln. Sie schaut auf ihre Schwächen wie Neid, Eifersucht, Gier, Streitsucht und fühlt sich den Tränen nahe. Sie will nur noch weg von hier, kann aber keinen Weg nach draußen finden. Schließlich stellt sich wieder in die Mitte des Raumes und schließt die Augen, um ihre Schwächen nicht weiter ansehen zu müssen.

Nach einigen Augenblicken, in denen sie tief durchatmet und sich beruhigt, sagt ihr ein inneres Gefühl, dass ihre Schwächen nur ein Teil von ihr sind. Ein Teil, den sie nicht mag, dessen Wahrheit sie aber anerkennen muss, wenn sie ehrlich mit sich bleiben will. Gleichzeitig erinnert sie sich, dass sie auch ganz andere Seiten hat und nicht nur schlecht sein kann. Es muss da noch mehr von ihr zu erkennen sein.

Diese innere Überzeugung lässt sie all ihren Mut zusammennehmen, bevor sie wieder die Augen öffnet. Als sie jetzt wieder in den ersten Spiegel schaut, zeigt er ihr eine Situation, in der sie selbstständig etwas vollbracht hat, das sie mit Stolz und Freude erfüllt. Sie sieht ihr Bild vor

Selbstbewusstsein strahlen. Im nächsten Spiegel sieht sie, wie liebevoll sie mit Kindern und Tieren umgeht. Auch dieses Bild strahlt Freude und Zuversicht aus.

Fröhlich schaut sie in den nächsten Spiegel, der sie an einen der vielen Kindergeburtstage erinnert, die sie durch ihre Kreativität mit geringem Aufwand und viel Spaß für die Kinder unvergesslich gemacht hat.

Die Runde durch den Spiegelsaal zeigt ihr diesmal all ihre Stärken, zum Beispiel ihr Talent zum Kochen, ihren grünen Daumen und ihren Humor, ihre Fähigkeit, aus Gewöhnlichem etwas Besonderes zu machen und ihre Gabe, Freunden zuzuhören und ihnen neue Wege aufzuzeigen. Diesmal ist ihr Verweilen in der Mitte des Saales voller Glück. Denn sie fühlt sich geborgen und sicher. Sie kennt jetzt nicht nur ihren Schatten, sondern auch ihren Schatz. Die Stärken, die ihr Leben und das ihrer Umgebung mit Leichtigkeit und Freude erfüllen.

Hier, in der Mitte des Raumes, schließt sie erneut die Augen, um auf ihre innere Stimme zu hören. Diese raunt ihr zu, dass immer noch etwas fehlt... Denn sie ist in ihrem Leben nicht allein. Ihre Familie, Freunde und Kollegen umgeben sie, Bekannte und Verwandte gehören zu ihrem Kreis. Aus den Perspektiven anderer Menschen blickt sie nun auf sich. Ein drittes Mal beginnt sie ihren Weg an den Spiegeln entlang.

So schaut sie in die Augen ihrer Mutter, die ihr zu ihrem achtzehnten Geburtstag liebevoll einen Ring ihrer verstorbenen Großmutter überreicht, sie umarmt und ihr versichert, wie stolz sie und auch Großmutter auf sie sind.

Die Reisende sieht in der nächsten Reflektion, wie ihre Kollegin sie ausschimpft, weil sie wieder einmal den Kaffeefilter in der Maschine vergessen hat.

Das nächste Bild zeigt ihr den strahlenden Blick ihres Kindes, dessen Faust ein kleines Geschenk für die liebste Mama der Welt umschließt.

Viele solcher kleinen und großen Situationen ziehen in den Spiegeln an ihr vorbei. Sie sieht Menschen, die ihr Steine in den Weg legen, die sie verletzen oder kritisieren. Sie betrachtet ihr Gesicht, wenn ihr Unrecht geschieht oder sie schockiert ist. Sie sieht aber auch, wie Menschen auf sie blicken, die sie lieben und achten. Die sie respektieren wegen ihrer Einmaligkeit, Kreativität und Lebendigkeit. Sie erkennt, wie ihr Gesicht strahlt, wenn sie glücklich ist und weiß, dass sie geliebt wird.

Ein drittes Mal kehrt sie in die Mitte des Spiegelsaales zurück, schließt die Augen und horcht in sich hinein. Diese Widerspiegelungen sind wahr, das fühlt sie. Die Klarheit der Sicht ist wichtig für sie, um die Angewohnheiten abzulegen, die ihr ein schlechtes Gefühl verursachen. Ihre innere Stimme mahnt sie, diese Aufgabe mit Geduld und Nachsicht anzugehen.

Jetzt weiß sie, dass sie sich selber erkennen kann, wenn sie in ihrer eigenen Mitte ruht und aus der Stille heraus in die Spiegel schaut.

Dazu braucht sie einen gewissen Abstand und darf nicht zu nah vor den Spiegeln stehen, weil sie sonst den Blick für das Ganze verliert. Sie erkennt, dass Probleme mit anderen Menschen wie Lehrer für sie sind, die ihr beibringen, sich selber ehrlich zu betrachten, sich treu zu bleiben und an ihren Stärken festzuhalten.

Sie beginnt, sich in diesem besonderen Raum zu Hause zu fühlen und begreift, dass jeder der vielen Spiegel gewisse Wahrheiten und Realitäten zeigen, durch die sie etwas neu sehen und erkennen kann.

Dies ist ein Ort, an dem sie lernen und über sich hinauswachsen kann. Ein stilles Lächeln steigt aus der Tiefe ihres Wesens auf, denn jetzt kann sie „Ja" sagen zu sich selber. Sie spürt eine neue Kraft in sich aufkeimen, mit der sie an ihren Schatten und Schwächen arbeiten wird. Sie weiß jetzt um ihre Einzigartigkeit und ganz verschiedenen Fassetten des Wesens, dass sie ausmacht. Diese Erfahrung macht sie sehr glücklich.

Jetzt gibt der Spiegelsaal sie wieder frei. Die Spiegel kippen langsam nach hinten und werden vom Wasser überspült. Die Reisende durchschwimmt den Eingangsspiegel, durch den sie wieder zurück in den See gelangt. Sie wirft einen letzten Blick in diesen Spiegel und erkennt sich selbst, so wie sie ursprünglich gedacht war. Sie sieht die Schönheit ihrer Seele, die sich in ihren Augen wider spiegelt. Dann schwimmt sie an die Oberfläche des Sees und kehrt in ihren Alltag zurück.

„Vision ist die Kunst, unsichtbare Dinge zu sehen."

Jonathan Swift

Osten: Der Weg der Seherin

Um mit Großmutter Seherin in Kontakt zu kommen, ist es wichtig, dass Sie sich auf ungewohnte Arten des Sehens einlassen. Sie hat große Macht und bewegt uns dazu, aus neuen Perspektiven auf unser Leben zu schauen. Auf diese Weise entdecken Sie viele Facetten und Bilder, die ihr Leben bereichern und meistens eine tiefe Freude und Lebenslust schenken. Sie stillen eine ganz tiefe Sehnsucht nach Lebendigkeit, Kreativität, Unerwartetem und Unerforschtem. Um mit diesem wunderbaren Bereich in Ihnen in Kontakt zu kommen benötigen Sie nichts- nichts weiter als Zeit für sich alleine.

Die Seherin hat unseren Lebenstraum vor Augen. Sie kennt unser Ziel, das wir in diesem Leben erreichen wollen, und weiß um unsere Begabungen und Talente. Die Seherin besitzt die leise innere Stimme, die uns als Sehnsucht nicht ruhen lässt, bis wir unsere Mission erfüllt haben. Sie ruft uns auf, unser wahres Selbst auszudrücken und alle Rollen hinter uns zu lassen. Sie lehrt uns, die Dinge so zu sehen, wie sie wirklich sind, anstatt so, wie wir sie sehen wollen.

Dies beinhaltet Wahrheitsliebe, Integrität und klare Kommunikation. Außerdem unsere große Kreativität, mit deren Hilfe wir das ausdrücken können, was wir wahrnehmen.

Sehen können wir auf ganz verschiedenen Ebenen.

Mit den Augen nehmen wir Äußeres wahr.
Einsicht gewinnen wir durch inneres Sehen.
Unsere Intuition lässt uns innere Bilder sehen und ganzheitliches Sehen schenkt uns eine Vision.

Mit den Augen sehen

• Die Seherin tritt in unserem täglichen Leben in vielerlei Gestalt auf, wenn sie uns beibringt, genauer hinzuschauen, und zu beobachten, um Zeichen erkennen und deuten zu können. Die Hebamme, Mutter oder Großmutter zeigt der Wöchnerin, wie sie mit ihrem Neugeborenen umgehen kann. Sie gibt der jungen Mutter Sicherheit, indem sie ihr beibringt, die verschiedenen Tonlagen und Stimmungen ihres Babys richtig zu interpretieren. Dazu muss sie lernen, die gesamte Situation intuitiv zu erfassen. Nur so erfährt sie, ob das Kind hungrig oder müde ist, ob es gewickelt werden muss oder Bauchweh hat, seine Ruhe haben möchte oder sich nach Nähe sehnt.

• Eine weise indianische Seherin würde uns dazu bringen, innerlich eine Frage zu stellen, die uns am Herzen liegt. Sie würde mit uns in die Natur gehen und sagen:

„Such dir jetzt einen kleinen Ausschnitt aus all dem heraus, was dich umgibt. Vielleicht ein Stück Rinde, das vor dir liegt, ein bestimmter Zweig oder Äste am Baum, die Feder oder Blume, die deine Aufmerksamkeit auf sich zieht, egal was es ist.

Und nun bleibe in Stille sitzen, betrachte diesen Ausschnitt und wiederhole innerlich deine Frage.

Die Natur antwortet dir. Wenn du genau hinschaust und die Verbindungen erkennst, wirst du deine Frage beantwortet bekommen. Es gibt keine Zufälle, denn die Natur ist total bewusst."

Dies ist das Sehen, indem wir Äußeres wahrnehmen und ihm eine Bedeutung geben, die Sinn macht.

Einsicht gewinnen wir,

wenn wir gelernt haben, unserer Intuition zu vertrauen. Langsam entwickelt sich dann die Fähigkeit, Zusammenhänge zu erkennen, obwohl man diese nicht erklären kann. Sie sind als Geistesblitz oder Eingebung bekannt.

• Eine Lehrerin, die diese Art des Sehens unterrichtet, wird ihren Schülern beibringen, auf jeden Impuls ihrer Intuition zu reagieren.

Denn auf diese Weise erhält die spirituelle Instanz in uns das Signal, dass sie gehört wird.

- Vielleicht leitet Ihre Lehrerin Sie dazu an, auf Ihre Träume zu hören und ein Traumtagebuch zu schreiben.

- Oder zu beten und Kontakt mit Ihrem Schöpfer aufzunehmen.

- Möglich ist auch, dass Sie die Aufgabe erhalten, eigene Lieder oder Gedichte zu schreiben,

- zu malen, zu meditieren oder häufig in die Natur zu gehen.

Jeder Mensch möchte in seinem wahren Wesen erkannt werden. Dieser Wunsch könnte die Beliebtheit von Horoskopen, Tarot und Engel-Karten, Channellings, Handlesen, chinesischem Gesichtslesen, Aurafotografie und Wahrsagen erklären.
All diese intuitiven Methoden lassen Raum, um Schwingungen aufzunehmen, die sonst nicht wahrgenommen, geäußert oder beachtet werden. Auch wenn es in der Astrologie, Handlesekunst und bei Channelings wissenschaftliche Grundlagen und klare Systeme gibt, sind es häufig gerade die spontanen Eindrücke, Ideen, inneren Bilder, Farben und persönlichen Inspirationen, die das Herz desjenigen berühren, der zur Beratung kommt.

Unterschiedliche Sichtweisen und Einsichten

Besonders Frauen lieben es, Filme anzusehen, in denen es um Beziehungen von Menschen zueinander geht. Vielleicht gibt uns dies die Möglichkeit, aus unterschiedlichen Sichtweisen zu beobachten, wie andere Menschen mit Konflikten umgehen. Durch Beobachtungen können wir so neue Verhaltensweisen kennen lernen.

Frauenfreundschaften sind häufig über viele Jahre sehr intensiv und überdauern so manche Ehe, besonders, wenn diese Frauen ganz unterschiedliche Lebenswege gehen. Wie zum Beispiel eine

Künstlerin und eine Ärztin, eine Bäuerin und eine Stadtfrau, eine alleinstehende Lehrerin und eine Familienfrau, eine allein erziehende Mutter und eine Witwe, die 20 Jahre älter ist.

Die unterschiedlichen Erlebniswelten, Alltags Erfahrungen und Lebensperspektiven liegen so weit auseinander, dass in der Freundschaft durch Sympathie, Vertrauen und Vertrautheit eine große gegenseitige Wertschätzung und Achtung entsteht. Dies eröffnet für Beide völlig neue Sichtweisen auf das Leben. Jede kann für die andere Türen öffnen, durch die keine alleine gehen würde, weil sie diese Möglichkeiten wahrscheinlich nie wahrgenommen hätte.

Auf diese Weise kann jede ihr vertrautes Gebiet verlassen und ohne Angst, Seite an Seite mit ihrer Freundin neues Land erobern und ihr Gesichtfeld erweitern. Vielleicht kommt es auch dazu, dass sie ihr eigenes Leben neu überdenkt und ein Gefühl für ihren Platz und die eigene Aufgabe entwickelt. Sie achtet ihre Freundin und erkennt deren Stärke. Zum Beispiel würde die Stadtfrau in Panik geraten, wenn sie eine Herde ausgebrochener Bullen wieder auf die Weide treiben müsste. Sie ist mächtig beeindruckt, dass dies für ihre Freundin, die Bäuerin ist, zu deren Aufgaben gehört. Oder eine Frau traut sich, vor mehreren Hundert Leuten zu sprechen- ohne Konzept. Ihre einzige Vorbereitung sieht so aus, dass sie vorher eine halbe Stunde für sich alleine spazieren geht und dann einen lebendigen, intelligenten Vortrag hält. Ihr Mut und Vertrauen wirkt ansteckend auf ihre Freundin.

Eine Frau reist alleine nach China, Südafrika und Amerika, einfach aus Abenteuerlust. Sie ist voller Vertrauen in ihre Kraft und darauf, dass sie jede neue Situation meistern wird. Ihre Freundin wird dadurch inspiriert, auch ihre eigenen Wünsche zu verwirklichen.

So bereichern sich Frauen gegenseitig, wenn die Eine etwas tut, was die Andere kaum zu denken wagte. Die Freundschaft macht das Leben bunt, vielschichtig und steckt voller Herausforderungen durch die Entdeckung neuer Sichtweisen.

Enge Beziehungen und Freundschaften lehren uns auch viel über die dritte Art des Sehens: die Einsicht.

Ohne großes Nachdenken können uns Zusammenhänge klar werden. Wenn eine Freundin mutig handelt, führt uns diese Einsicht vielleicht zu der Erkenntnis: „Das will ich auch und ich kann das auch".

Vision

Dieses neue Bild von Ihnen selber kann man als Vision bezeichnen. Es ist ein Ziel, das Sie erreichen möchten.

Dies kann etwas Persönliches betreffen, wie ein eigenes Haus zu bauen, eine Praxis, Firma oder ein Atelier zu übernehmen. Vielleicht möchten Sie auch den Führerschein oder Flugschein machen, Märchenerzählerin werden, eine Sprache lernen, eine Prüfung ablegen oder lernen wie man Wolle spinnt, filzt oder Obstbäume beschneidet.

Eine Vision kann aber auch etwas Außergewöhnliches betreffen, wie zum Beispiel sich für das Überleben der bedrohten weißen Löwen einzusetzen oder ein Projekt ins Leben zu rufen, in dem Großfamilien gemeinsam leben und arbeiten, oder ein Heilungszentrum für verlassene oder kranke Kinder aufzubauen, oder eine Universität zu gründen, in der Gegensätze aufeinander prallen: Alte lernen moderne Technologie von Jungen, Junge lernen von den Erfahrungen der Alten oder ein Projekt ins Leben zu rufen, in dem Manager lernen auf einem Bauernhof zu arbeiten, in einem Kindergarten oder einer Großküche....

Eine Vision in sich zu tragen ist eine enorme Kraftquelle. Manche Menschen kommen auf die Welt und wissen mit jeder Faser, was sie ihr Leben lang tun möchten und was sie von der Seele her berührt. Einer meiner Söhne kam so zur Welt. Schon im Vorschulalter fragte er jeden über Urzeittiere und biologische Zusammenhänge aus. Da er noch nicht lesen konnte, hielt er seine Umgebung ganz schön auf Trapp, denn alle verfügbaren Erwachsenen lasen ständig irgendwelche Sauriergeschichten oder Biologiebücher, um seine Fragen beantworten zu können. Dann kam häufig: „Aber Opa hat gesagt...".

Für ihn war es von Anfang an klar, dass er Biologe wird.

Die meisten Menschen haben ihr Lebensziel jedoch nicht so offen vor sich liegen. Es ruht dann verborgen im Unterbewusstsein und möchte erst im Laufe der Jahre gefunden werden. Dazu hat es sich als hilfreich erwiesen, eine Zeit zu fasten und in Einsamkeit zu verbringen, so wie es die Menschen immer getan haben, um das zu finden, das für sie wesentlich ist.

Die eigene Vision gefunden zu haben ist ein großes Glück. Die innere Seherin ist unsere Begleiterin, die uns auf diesem Weg anleitet.

Es ist Zeit, Kontakt mit der inneren Seherin aufzunehmen oder selbst zur inneren Seherin zu werden, wenn Sie in Ihrem Leben das Gefühl haben, Sie laufen mit Scheuklappen durch die Welt. Vielleicht ist Ihre Spontaneität und Lebendigkeit auf der Strecke geblieben. Oder Sie befinden sich in der Falle der Selbstaufopferung für Andere. Vielleicht ist auch Ihr Humor abhanden gekommen. Und Sie definieren sich nur noch über Ihre Arbeit. Oder Ihr Leben ist durch starre Sichtweisen langweilig und öde geworden.

Um wieder Inspiration und eine klare Sicht auf Ihr Leben zu erhalten, reisen Sie in Ihre Seelenlandschaft.

Dann entwickelt sich das innere Sehen. Wenn Sie ausdrücken, was Sie wahrnehmen, wird es authentisch sein und Ihrer Vision entsprechen. Wer eine Vision geschenkt bekommen hat, muss diese Erfahrung zuerst schützen, damit sie ihm nicht ausgeredet oder kaputt analysiert wird. Wenn er sie genährt hat, indem er sie aufgeschrieben, gemalt, getanzt oder ihr sonst eine Form gegeben hat, ist sie stark geworden und kann mitgeteilt werden. Es entsteht dann eine Eigendynamik, denn mit jedem Erzählen fühlen sich mehr Menschen inspiriert und möchten dabei sein, wenn diese Idee Gestalt annimmt.

Ihr Krafttier als Seher rufen

Bitten Sie Ihr Krafttier, seine Sichtweise mit Ihnen zu teilen und vielleicht andere wohlgesonnene Tierfreunde zu besuchen, um auch deren Weltsicht kennen zu lernen.

Völlig verschiedenen Arten der Wahrnehmung ergeben sich zum Beispiel aus den Perspektiven von Maus (auf Bodenhöhe), Delphin (aus dem Wasser), Bär (aus der Mitte) und Kondor (aus der

Luft).

Dies hat Hyemeyohsts Storm in „Sieben Pfeile“ so beschrieben: „Mäuse wohnen ihr ganzes Leben in der Nähe des Bodens, bauen ihre Nester und suchen ihre Nahrung zwischen den Wurzeln des hohen Grases …

Deshalb sehen Mäuse die Dinge nie aus der Ferne. Alles, was sie sehen können, ist dicht vor ihnen, wo sie daran mit ihren Nasen schnüffeln und es mit ihren Schnurrbarthaaren berühren können … Ein Mausmensch wäre einer, der alles aus der Nähe betrachtet und dessen Sicht auf seine unmittelbare Umgebung beschränkt ist. Er wäre ein Sammler. Er könnte Tatsachen zusammen tragen, Informationen materielle Objekte oder sogar Ideen … Aber weil er nicht weit genug sehen kann …, könnte er nie all das, was er gesehen und gesammelt hat, gebrauchen oder verstehen.“

Die innere Seherin aktivieren

Sie können in der Seelenlandschaft eine Seherin rufen, damit sie Ihnen zum Beispiel hilft, Ihr Ziel im Leben wieder klar erkennen zu können. Oder wenn eine Situation unübersichtlich und verworren erscheint, können ihre Fähigkeiten hilfreich sein, ebenso vor wichtigen Entscheidungen.

• Vielleicht führt die Seherin Sie an einen See, und weist Sie an, auf die Wasseroberfläche zu schauen und ihr die Bilder zu beschreiben, die Sie sehen.

Anschließend wird sie Zeit mit Ihnen verbringen und sie werden das Gesehene gemeinsam entschlüsseln.

• Oder sie führt Sie an einen wunderschönen Ort und gestattet Ihnen, durch die unterschiedlichen Facetten eines Kristalls zu blicken …

• Vielleicht treffen Sie sie auch an einem Kraftort, an dem sich ein Medizinrad befindet. Dort unterweist sie Sie darin, die Energien der unterschiedlichen Richtungen wahrzunehmen. So können Sie auf eine Situation in Ihrem Leben aus vier verschiedenen Richtungen blicken. Zusätzlich noch von oben, vielleicht von einem Baum aus, und unten. Von hier aus können Sie erkennen, welche Wirkung die Handlung auf die Erde hat, welche Impulse Sie setzen und wie diese auf andere Menschen wirken.

Lassen Sie sich von Ihrer Intuition und Vision inspirieren! Ihre eigene Intuition ist ein buntes Feuerwerk von Ideen. Auf diesen subtilen Ebenen der Versenkung wird Ihre innere Führung den richtigen Weg und die ideale Art finden, um Ihnen eine ungewohnte Sichtweise zu ermöglichen. So können eigene Grenzen ausgedehnt werden.

Beispiel:

Sie wünschen Heilung für sich oder eine Situation. Zunächst suchen Sie die Experten im Außen auf (Arzt, Heilpraktiker, Psychologe ...).

Dann könnten Sie durch innere Reisen ganz neue Möglichkeiten kennen lernen, zum Beispiel

die Heilkraft von Kristallen erfahren,

die Weisheit von Steinen abrufen,

Heilkräfte von Kräutern und Bäumen nutzen,

sich auf Tierbeobachtungen einlassen und deren Lebensfreude genießen. So können Sie endlich wieder lachen lernen. Sie wissen ja, dass Humor eine direkte positive Wirkung auf unser Immunsystem und die Heilkräfte hat. Dies erlaubt Ihnen, ganz neu zu sehen. Kristalle, Steine, Pflanzen und Tiere haben andere Lebenserfahrungen und Rhythmen als wir. Wenn wir für kurze Zeit mit ihnen atmen, bereichert und weitet dies unsere Weltsicht völlig.

- Oder bitten Sie die Quellfrau, Ihnen von ihrem Zauberwasser zu geben, das Sie die Wahrheit sehen lässt.

Anschließend verbringen Sie Zeit mit der Frau, die die Hüterin des Lebenswassers ist und bitten die, Ihnen das Gesehene zu erklären

- Wenn Sie Klarheit wünschen, steigen Sie in Ihr Baumhaus und blicken von oben auf Ihre Situation in unterschiedliche Richtungen. Der neue Blickwinkel wird Ihnen Erkenntnisse schenken, die wichtig sind.

- Die Seherin macht mit Ihnen eine Innere Reise:

„Einige Millionen Sandkörner befinden sich in deiner Hand. Jedes Sandkorn steht für eine Lebenserfahrung. Vielleicht auch für die Anzahl der von dir gelebten Leben…

Jetzt ist es an der Zeit, dass du deine Hand leerst und dich für ganz neue Erfahrungen öffnest. Während die Sandkörner auf den Strand rieseln, lässt du alle Erfahrungen los. Gleichzeitig verstehst du ihre jeweilige Botschaft und atmest diese Erkenntnis ein. Es sind Erfahrungen, die zu dir gehören, wie deine Arme und Beine. Es ist deine Freude, Leichtigkeit und Liebe, dein Humor und Schmerz. Es sind deine Verletzungen und Enttäuschungen. Alles Schöne und Schwere, dein Licht und auch dein Schatten. Und all das, was du gelernt hast. - Welche Konsequenzen du aus dem Erlebten gezogen hast… Jetzt ist es an der Zeit, sich all dessen bewusst zu werden und sich Vieles neu anzuschauen.

Es ist ein bisschen wie ein Umzug. Du nimmst alles in die Hand, fragst dich, wann du es zuletzt gebraucht hast und ob es noch zu dir gehören soll. Welche Gefühle weckt es in dir? Wenn es nützlich, schön und harmonisch ist, kommt es mit, sonst darf es gehen.“

Alte Energien loszulassen verhilft zu ganz viel Klarheit, nicht nur im Äußeren, auch ganz besonders im Inneren. Alte Muster und Konditionen, die früher sinnvoll waren und unser Überleben gesichert haben, blockieren jetzt häufig unsere Lebensfreude und den Humor. Sie lassen uns fest werden, unbeweglich und knorrig. Wenn wir uns jedoch leicht und durchlässig machen, können wir flexibel auf andere Menschen antworten, Situationen neu erleben und wie das Wasser immer einen Weg finden. Wenn es nicht auf die altbewährte Methode geht, dann eben anders…

• Bitten Sie darum, dass Sie einen Blick auf die Situation werfen dürfen, wie sie evtl. in drei, sechs oder zwölf Monaten ist. Visualisieren Sie, dass Sie sich an einer Zeitlinie befinden, an der Sie entlang reisen können. Stoppen Sie Ihr Reisegefährt an bestimmten Abschnitten, um genauer zu schauen. Sie können zum Beispiel einen mächtigen Vogel bitten, Ihnen als Reittier zu dienen. So können Sie den roten Faden Ihres Lebens von oben betrachten wie einen Flusslauf und klar erkennen, wo sich Inseln, kleine Buchten, Nebenarme oder Stromschnellen befinden. Sie werden wichtige Stationen Ihres Lebens aus der Vogelperspektive betrachten und erkennen, in welche Richtung der eingeschlagene Weg Sie führt.

„Wenn du es träumen kannst, kannst du es auch machen."

Walt Disney

Der Fischschwarm

Sie hatte Schmerzen – schon seit Tagen fühlte sie sich matt. Eigentlich wollte sie einen Arzt aufsuchen, entschied sich dann aber doch, lieber im Bett zu bleiben, um auszuschlafen …

Langsam glitt sie in einen Dämmerzustand und fand sich in ihrer vertrauten Seelenlandschaft wieder. Am Tor wurde sie von einem Pferd begrüßt, mit dem sie ganz selbstverständlich sprechen konnte. Sie nahm seine Einladung an, auf seinen Rücken zu steigen, um sich an ihr Ziel bringen zu lassen. Ohne Eile brachte das Pferd die Frau an das Flussufer. Dort stieg sie ab, um den Ausblick zu genießen und die frische Luft einzuatmen. Nach kurzer Zeit bemerkte sie eine Frau, die in einiger Entfernung stand und sie von dort aus freundlich begrüßte:

„Willkommen, hier an diesem schönen Ort. Man nennt mich „die Heilerin vom großen Fluss“. Schön, dass du den Weg gefunden hast! Hier bist du sicher und kannst dich entspannen.“

Diese Worte brachten die Reisende dazu, Vertrauen zu fassen. Die beiden Frauen begannen miteinander zu plaudern, sich vertraut zu machen, und schließlich erzählte die Reisende von ihren Beschwerden und Schmerzen.

Die „Heilerin vom großen Fluss“ schaute sie verständnisvoll an und sagte:

„Ich sehe, dass du leidest. Dein Körper wehrt sich gegen viele Dinge, die dir schon seit Längerem nicht gut tun oder dir sogar schaden. Vielleicht hast du zu wenig Schlaf gehabt. Oder du hast dich ungesund ernährt und nicht darauf gehört, was dir dein innerstes Gefühl geraten hat.

Deine Zellen und Organe sind aus irgendeinem Grund aus ihrer Balance geraten. Das kann relativ schnell geschehen durch Überarbeitung, Stress oder Unglück. Es kann aber auch ein schleichender Prozess sein. In jedem Fall gibt dir dein Körper eine klare Rückmeldung. Er zwingt dich zur Ruhe. Dadurch kannst du deine Lebensweise überdenken. Deine Herausforderung besteht darin, dass du den Weg zurück ins Gleichgewicht finden musst. Du darfst dich nicht wieder vom Alltag gefangen nehmen lassen."

„Ja, du hast recht", entgegnete die Träumende. „Ich bin so müde und schlapp. Irgendetwas stimmt nicht, denn ich fühle mich auch irgendwie traurig und mutlos…„

„Oft ist ein Zusammenbruch das Tor zu einem glücklicheren Leben. So schmerzlich er auch sein mag, durch ihn lernen wir Demut kennen und lassen die alte Art zu leben hinter uns." Sie machte eine längere Pause, bevor sie fortfuhr.

„Bisher probierten wir immer wieder mit den gleichen Methoden unsere Probleme zu lösen, obwohl sie nicht funktionierten. Aber das konnten wir nicht erkennen. Deshalb gaben wir uns noch mehr Mühe.

Wir mussten aber erfahren, dass diese Art zu denken und zu handeln ins Chaos führte, in die Krankheit oder zum Nervenzusammenbruch. Deshalb müssen wir nun diesen Bannkreis verlassen und aufgeben. Erst wenn wir stillhalten und zur Ruhe kommen, können wir erkennen, dass es einen anderen Weg geben muss. Dann kann etwas Neues geschehen. Wir können unseren Blick und unsere Wahrnehmung verändern und unser Gleichgewicht wiederfinden."

Die „Heilerin vom großen Fluss" forderte sie auf:

„Komm, lass uns ein Stück am Wasser entlanggehen. Ich möchte dir etwas zeigen."

Sie gingen am Flussufer entlang auf einem kleinen Sandweg, der durch die Auen führte. Die Träumende fühlte sich in der Gesellschaft ihrer Begleiterin wohl und dachte über ihre Worte nach. Schweigend genossen sie die Sonne, das Vogelgezwitscher, die bunten Blumen und den Frieden, der hier herrschte. Schließlich gelangten sie an eine kleine Holzbrücke, die den Fluss überspannte. Wie selbstverständlich betraten sie die Brücke und blieben in der Mitte stehen, um ins klare Wasser zu schauen. Sie konnten bis auf den Grund sehen, auf bunte Steine, sich wiegendes Wassergras und kleine Krebse. Dann entdeckten sie Fische. Es waren viele kleine Fische, die in allen Regenbogenfarben schillerten und durcheinander schwammen. Es war wunderschön anzusehen. Nach einer kurzen Zeit der Beobachtung ermüdete die Träumende jedoch und wandte sich zum Gehen.

Jedes Tier wechselte unkontrolliert seine Schwimmrichtung. Es strengte sie an, diese vielen kleinen, einzelnen, richtungslosen Bewegungen mit den Augen zu verfolgen. Die „Heilerin vom großen Fluss“ sagte sanft:

„Genauso verhalten sich die Zellen in deinem Körper. Sie arbeiten nicht zusammen, leben im Chaos und haben ihre gemeinsame Aufgabe vergessen. Das ist der Grund, weshalb du so energielos und erschöpft bist.“

Nach diesen Worten begann sie ein wenig Fischfutter ins Wasser zu krümeln. Sofort schwammen alle Tiere zur Futterstelle, um dort zu fressen. Sie schnappten nach den Leckerbissen, denn jeder wollte einen Happen ergattern. Die Fische trafen sich alle an dieser Stelle im Wasser, um zu fressen. So war das Ziel jedes einzelnen Wesens gleichzeitig das gemeinsame Ziel, das sie miteinander verband. Nachdem alle gefressen hatten und satt waren, geschah etwas, was vorher unmöglich schien: Die Fische änderten ihr Verhalten. Sie schwammen jetzt gemeinsam in eine Richtung davon. Dann kehrten sie aber wieder um und jetzt bildete der gesamte Schwarm einen einzigen großen Fisch aus Hunderten von kleinen Fischen. Es sah so aus, als ob die unzähligen kleinen Regenbogenfische die einzelnen Schuppen eines großen Fisches seien, der im Fluss seine Runden drehte…

Die Träumende hörte die Stimme der „Heilerin vom großen Fluss“:

„Es ist für dich an der Zeit, eine Entscheidung zu treffen. Wenn du gesund werden möchtest, bestimme jetzt, dass deine Zellen so zusammenarbeiten sollen wie dieser Fischschwarm!

Deine Zellen werden ihr Verhalten ändern. Denn dies ist der Impuls für deinen Körper, seine ursprüngliche Ordnung wiederzufinden. Deine Zellen gleichen ihre verschiedenen Rhythmen einander an. Sie bündeln ihre Kräfte und richten sie auf ein Ziel aus. So wird dein Körper und auch dein Geist wieder gesund!

Dies kann so schnell geschehen, wie aus den Hunderten einzeln durcheinander schwimmenden Fischen ein Schwarm geworden ist.“

Die Träumende hörte die Worte und sank in einen tiefen, erholsamen Schlaf.

Als sie erwachte, fühlte sie sich erholt und frisch. Ihre Beschwerden waren verschwunden.

„Heilung ist eine Wiedereinführung des Kranken in die göttliche Ordnung der Natur, eine Rückkehr in die Geborgenheit ihrer Gesetze."

Paracelsus

Süden: Der Weg der Heilerin

Heilungen können immer dann stattfinden, wenn wir die Botschaft verstanden haben, die uns unser Körper sendet. Denn dann haben die Symptome ihre Aufgabe erfüllt und können sich zurückziehen.

Wenn wir Menschen gegen die Natur verstoßen, tun wir dies meistens, indem wir gegen uns selber kämpfen. Dann achten wir nicht mehr auf unsere inneren Signale und gehen über unsere eigenen Grenzen hinweg. Beispielsweise indem wir Gefühle verleugnen und „Ja" sagen, wenn wir „Nein" meinen. Da jeder Geistes- und Gefühlszustand seine Entsprechung im Physischen hat, ist dann das Gleichgewicht zwischen Körper und Seele gestört.

Alle Krankheiten entstehen dadurch, dass etwas aus der Balance gerät. Beim Heilen geht es also darum, das verloren gegangene Gleichgewicht wiederherzustellen. Heiler aus allen Traditionen sind sich darüber einig, dass Liebe die stärkste Heilkraft besitzt. Mutter Theresa ist ein gutes Beispiel für hingebungsvolle Liebe. Liebe kann allerdings sehr unterschiedliche Facetten haben. Medizinfrauen, Heilerinnen und Schamanen überall auf der Welt sind erfolgreich, wenn sie Liebe in Form von Anerkennung, Achtung und Annahme geben. Diese Erfahrung teilen sie mit allen Eltern, die ihre Kinder bewusst wahrnehmen. Denn dieses Wissen verbindet alle Menschen miteinander:

Jeder Mensch blüht auf und ist glücklich, wenn er Wertschätzung und Dankbarkeit von anderen erhält. Jede Frau, jeder Mann und jedes Kind möchte gesehen und beachtet werden. Auf diese Weise wächst unser Vertrauen ins Leben. Denn indem wir Liebe empfangen, können wir wieder heil werden.

Diese Gesten der Zuwendung werden auch heute angewendet, denn jede Visite ist solch ein Ritual. Die Beziehung zwischen Arzt und Patient ist für die Heilung außerordentlich wichtig. Dies zeigen die Wirkungen von Placebo-Medikamenten. Wenn jemand zum Beispiel mit Herzbeschwerden ohne sein Wissen eine wirkungslose Zuckertablette erhält, wird in seinem Gehirn das Bild des heilen Organs gespeichert. Dies gibt dann den entscheidenden Impuls für die Heilung, so dass das Placebo gezielten Einfluss auf körperliche Organe nimmt.

So zeigen auch vorgetäuschte OPs positive Ergebnisse. Durch die erhöhte Aufmerksamkeit während der Vorbereitung auf eine Operation und das Vertrauen des Arztes in seine eigenen Fähigkeiten, die er auf den Patienten überträgt, zeigt sich sogar eine positive Veränderung, wenn die OP aus irgendwelchen Gründen dann doch nicht stattfinden konnte.

Diese Beobachtungen und Erfahrungen sprechen dafür, dass das, was vor dem inneren Auge erscheint, genauso im Gehirn abgebildet wird wie Äußeres. Unser Bewusstsein kann offensichtlich die Wirklichkeit formen.

Arzt und Patient bilden ein System, in dem der Kranke das Bild des Heilers übernimmt, der ein inneres Bild vom gesunden Zustand des Organs in sich trägt. So könnten spontane Heilungen erklärt werden, bei denen ein Mensch mit seinem Bewusstsein Informationen sendet, die bei einem anderen bewirken, dass seine Krankheit verschwindet. Da Körper und Seele nicht voneinander getrennt sind, könnten innere Bilder und auch Materieteilchen synchron reagieren. Lebende Zellen nehmen Licht auf und geben es auch wieder ab. Auf diese Weise lassen sich Körperzellen beeinflussen. Dies könnte auch eine Erklärung dafür sein, wie Heilung durch Handauflegen wirkt.

Wie Heilung durch die Vorstellungskraft unterstützt und bewirkt werden kann ist belegt aus Zeiten, als die Betten im Krankensaal auf den Altar ausgerichtet waren. Die Patienten wussten: Jesus heilt.

Auch in der modernen Medizin geht man immer mehr dazu über, die Kraft der Vorstellung für den Heilungsprozess zu nutzen. Reisen zu sich selbst oder innere Gespräche mit den eigenen Körperzellen werden in alternativen Kliniken unterstützend zur normalen Behandlung erfolgreich eingesetzt. Durch die Kraft der inneren Bil-

der kann der Impuls zur Heilung gegeben werden, was allerdings noch nicht wissenschaftlich erklärt ist. Diese Methode bringt jedoch Tumorzellen häufig dazu, zu verschwinden. Menschen, die als medizinisch unheilbar krank eingestuft wurden, werden gesund. Es treten Spontanheilungen auf und Wunder geschehen. Selbst wenn die Wirkungsweise (noch) nicht völlig zu erklären ist, bleiben diese positiven Ergebnisse.
Schamanen sagen dann:

Wer heilt, hat recht.

Auf Seelenreisen kann man sich auf die Suche begeben, um die Energie, die zu einem gehört und die man im Laufe des Lebens verloren, vergessen oder verschenkt hat, die geraubt wurde oder sonst irgendwie abhanden gekommen ist, wiederzufinden.

Ebenso ist es möglich, sich von der Energie zu befreien, die zu viel ist, die nicht zu einem gehört und einen behindert. Häufig handelt es sich um Stress, emotionale Altlasten, Kindheitsmuster, Blockaden und ähnliches.

Wenn man diesen Prozess durchläuft, fühlt man sich anschließend wie neu geboren und befreit.

Jährlich werden 98% unserer Zellen neugeboren. Dies ist auch möglich für unser Denken, Fühlen und unsere Träume. So hilft uns die angeborene Kreativität Wut und andere Emotionen hinter uns zu lassen und unser Herz wieder öffnen zu können, um Frieden, Liebe und Freude zu erleben.

Wenn wir uns auf den Weg begeben, um uns selber zu heilen und der zarten inneren Stimme mehr und mehr zu folgen, beginnen wir den Bereich zu heilen, der die Verbindung zu unserer Intuition und Quelle ist. Dann werden wir erfahrungsgemäß auch vieles andere tun, um wieder heil und ganz zu werden. Im Äußeren stellen wir vielleicht unsere Ernährung um, beginnen Sport zu machen, lassen uns Massagen geben oder ziehen uns für einige Zeit zurück. Vielleicht machen wir uns Gedanken darüber, mit wem wir befreundet sind und ob uns diese Menschen gut tun oder über Jahre hinweg Energie rauben. Wir überprüfen, ob wir an dem Ort wohnen, an dem wir uns zuhause fühlen. Oder wir räumen unsere Dinge auf und sorgen dafür, dass unser Leben einfacher und klarer wird.

Im Nachhinein sind es immer mehrere Dinge im Leben, die dazu geführt haben, dass man sich wieder ganz in seiner Mitte fühlt.

Im Alltag lehren uns das Leben und Mutter Natur, wie die Gesetze funktionieren. Wenn wir beispielsweise eine zeitlang über unsere Gefühle hinweggehen, oder sie sogar völlig verleugnen, verlieren wir unsere innere Balance. Der Indianer Art Reade sagte in diesem Zusammenhang: „Zuerst kommt der Vorschlag vom Leben. Wenn wir nicht hinhören, dann kommt eben der Vorschlaghammer„.

Es kann also passieren, dass Krankheiten, Unfälle, Krisen oder Verluste uns erinnern, dass auch wir ein Teil der Natur sind und bestimmten Rhythmen unterliegen. Das Leben zwingt uns dann, inne zu halten und eine Pause einzulegen.

Nur so können wir unseren eigenen Rhythmus wiederfinden, damit wir wieder achtsam mit unserem Leben, der geschenkten Zeit und den uns anvertrauten Menschen umgehen. Diese Zeiten können sehr hart sein, denn es fühlt sich so an, als ob der Boden unter den Füssen schwankt. Nichts ist mehr so, wie man es kennt und als gegeben hinnimmt. Dies kann von einer Minute auf die nächste geschehen.

Einige Beispiele:

- Alles ist für die Geburt des Babys geplant, doch dann müssen Sie wochenlang in der Klinik liegen
- Polizisten stehen vor der Tür und teilen Ihnen mit, dass Ihr Partner einen schweren Unfall hatte
- Sie erfahren, dass Sie betrogen oder verlassen werden
- Ihr pubertierendes Kind verlässt das Haus, stellt sein Handy aus und ist für Tage unerreichbar
- ein unerwarteter Todesfall
- Sie erfahren, dass Sie arbeitslos werden

In all diesen Grenzsituationen schlagen die Gefühle Purzelbäume und rasen wie wild durcheinander. Sie waren vorher noch nie in einer vergleichbaren Situation. Ihr ganzes System gerät ins Chaos, denn es gibt keine Verhaltensmodelle.

Dieser Zustand kann unterschiedlich lange dauern - manchmal nur einige Schrecksekunden. Dann fällt irgendwann eine Entscheidung. Manche fliehen, zum Beispiel in die Arbeit, in Überaktivität oder Ablenkungen, in Beziehungen, exzessives Fernsehen, Trinken, Hungern oder Essen.

Für eine gewisse Zeit ist dies vielleicht überlebensnotwendig, aber dann, ganz langsam, melden sich die gesammelten Kräfte und Sie erkennen, dass dieser Weg eine Sackgasse ist.

Unbewusst hat Ihr Geist Lösungsmöglichkeiten durchgespielt und nun stehen Sie auf: Sie erheben sich, sind umgeben von einer Aura der Stärke, des Mutes und der wilden Entschlossenheit, an der niemand vorbei kommt. Und mit großer innerer Sicherheit und Klarheit beginnen Sie Schritte zu tun, um die Situation zu ändern. Ihre innere Kriegerin ist auf dem Plan und schafft einen Schutzraum, in dem Heilung möglich ist.

Auf die Beispiele bezogen könnte dies folgendes heißen:

- Sie vertrauen Ihrer Intuition und sorgen dafür, dass Sie nur die Medikamente nehmen, die Ihnen und Ihrem Baby nicht schaden
- Sie regeln zuhause alles, damit Sie zu Ihrem verunglückten Mann fahren können
- Sie klären Ihre Beziehung und sind nicht länger Opfer
- Sie sprechen mit Ihrem Kind und machen ihm klar, was es bedeutet, in einer Familie zu leben und füreinander verantwortlich zu sein
- Sie stellen sich der Tatsache des Todes und nehmen auf Ihre Weise Abschied, vielleicht indem Sie einen Brief mit Ihren innersten Gedanken verfassen, ein Ritual durchführen, indem Sie danken, klären und loslassen…
- Sie atmen tief durch, trauern um das Gute in Ihrem Beruf, bedenken seine Nachteile und bewerben sich auf Anzeigen, die genau Ihren Vorstellungen entsprechen. Bis Sie die neue Stelle haben, genießen Sie es, die freie Zeit mit dem zu füllen, für das Sie sonst nie Zeit finden konnten.

Nach solchen großen Herausforderungen richtet sich Ihr inneres

System wieder neu aus und Ihre Fähigkeit, Krisen zu bewältigen, hat sich enorm erweitert.

Wenn Sie auf diese Phase zurückblicken, stellen Sie fest, dass Ihre Welt inzwischen wieder verständlich, stimmig und geordnet ist. So können Sie das Problem neu bewerten und in größerem Zusammenhang sehen. Sie haben erfahren, dass das Leben Aufgaben stellt, die schwer sein mögen, die aber zu bewältigen sind. Und Sie wissen, dass Sie über innere und äußere Schätze an Wissen und Fähigkeiten verfügen, die Sie zur Lösung Ihrer Lebensaufgaben einlösen können. In unserer inneren Welt sind Werte angelegt, die unserem Leben einen Sinn geben. Diese Werte sind beständig, wie etwa: Lebensfreude, Liebe zum Leben, Glaube, Hoffnung, Gerechtigkeit, Liebe, Freiheit...

Der Zugang zu diesen Werten kann zeitweise verstellt sein, jedoch bestärkt uns die erfolgreiche Bewältigung einer Lebenskrise in unserem Vertrauen in diese Werte und in den Sinn unseres Lebens. Die Erfahrung zeigt, dass Belastungen, Herausforderungen, Störungen, Krankheit und Tod naturgegeben zu jedem Leben gehören. Das Denken richtet sich nun jedoch nicht mehr darauf, diese Seite zu vermeiden, sondern sie so gut wie möglich zu bewältigen.

Ein Schlüssel für Gesundheit ist das Gefühl der Zusammengehörigkeit. Wichtig in Krisensituationen ist die Erfahrung, dass es Menschen in Ihrem Leben gibt, die Ihnen auch in schwierigen Zeiten beistehen. Freunde, Vertraute, Partner, Familienangehörige und Seelenverwandte sind wichtige Wegbegleiter. Der Dialog mit ihnen führt zu einem Gefühl von Zusammenhalt und dem inneren Bewusstsein der Zugehörigkeit.

Seit jahrtausenden erzählen Menschen einander Geschichten, erfundene oder erlebte, um sich zu verständigen und ihren Lebenssinn zu finden.

In dem Märchen aus „1001 Nacht“ rettet die schöne Sklavin Sheherazade ihr Leben, indem sie dem Sultan Geschichten erzählt, die seine verletzte Seele heilen.

Jeder Mensch hat seine Geschichte(n) und es bereitet Menschen in allen Lebensaltern und Situationen Freude, ihre Geschichte zu erzählen und andere Geschichten zu hören.

Das Gefühl der Zusammengehörigkeit entsteht dadurch, dass sich die Menschen verstanden fühlen und mit ihren Stärken, Wünschen und Anliegen gesehen werden. Durch die Geschichten erhalten sie zudem eine neue Perspektive für ihr eigenes Leben.

Natürlich stärken auch Berührungen, Umarmungen, Streicheln oder ein Händedruck die Beziehungen untereinander.

Diese Erkenntnisse basieren auf inneren Impulsen, uralten Traditionen und Erfahrungswerten. Dies lässt sich inzwischen auch wissenschaftlich nachweisen, denn es gibt das Hormon Oxitocin, das eine wichtige Rolle bei den Wehen und beim Stillen spielt. Seit einiger Zeit ist bekannt, dass dieses Hormon ebenfalls bei liebevollen Berührungen und sogar bei gemeinsamen Mahlzeiten ausgeschüttet wird. Es ist also das Hormon der Zusammengehörigkeit und Liebe in jeder Form und verweist auf die Wichtigkeit des zwischenmenschlichen Kontaktes für unsere Gesundheit.

Gerade jetzt ist ein günstiger Zeitpunkt, um auf einer Seelenreise die Nähe der inneren Heilerin zu suchen, um bei ihr Unterstützung, Anerkennung, Rat und Hilfe zu finden.

Wie sieht es in ihrem Leben aus?
Haben Sie viel Freude und Spaß?
Genießen Sie Musik, Liebe und seelische Unterstützung von Freunden?
Haben Sie Hobbies?
Sind Sie kreativ und haben Kontakt zur Natur?
Glauben Sie an Ihre Träume?
Wenn Sie irgendetwas von alledem verloren haben, wird es Zeit, die Heilerin bzw. den Heiler aufzusuchen!

Ihr Krafttier als Heiler rufen

Bevor Sie die Heilerin aufsuchen, können Sie auch Ihr Krafttier fragen, ob es Ihnen sagen kann, was Ihnen fehlt. Oft weiß es, was Sie aus dem Gleichgewicht gebracht hat und was Sie tun können, um wieder in Harmonie zu kommen.

Ein Krafttier reagiert häufig sehr direkt auf diese Frage.

- So kann es Sie auffordern, dass Sie sich auf seinen Rücken setzen und sich mit ihm gemeinsam auf die Suche nach einem verlorenen Teil Ihrer Seele begeben. Vielleicht haben Sie zu irgendeinem Zeitpunkt anderen Menschen erlaubt, über Ihre Zeit und Kraft zu verfügen. Sie haben also Ihre Kraft weggegeben. Mit Ihrem Krafttier begeben Sie sich auf die Suche, um sich die Energie zurückzuholen, die Ihnen gehört. Diese innere Reise kann sehr abenteuerlich sein, denn es ist nicht ausgeschlossen, dass derjenige, der jetzt über Ihre Kraft verfügt, sie nicht wieder kampflos hergibt. Da Sie aber die Besitzerin dieser Energie sind, werden Sie letztendlich siegen. Ihr Krafttier wird Sie mit allen seinen Fähigkeiten bei dieser Unternehmung und Jagd unterstützen.

- Möglich ist auch, dass Sie auf dem Streifzug mit Ihrem Krafttier in seine Heimat gehen. Hier zeigt es Ihnen, wie es sich selber heilt. Vielleicht verkriecht es sich und benötigt Ruhe oder es frisst bestimmte Früchte, die auch Ihnen helfen könnten. Vielleicht trinkt es aus einer Quelle…

So können Sie für sich ganz neue Wege und Impulse finden, um zu gesunden. Seien Sie einfach offen für das, was ihr Krafttier Ihnen zeigt.

Da Heilung auf vielen unterschiedlichen Ebenen stattfindet, sind erfahrungsgemäß mehrere Seelenreisen notwendig, um ein Thema abzuschließen oder so zu Ende zu bringen, dass Sie das Gefühl haben, sich einem neuen Thema öffnen zu wollen oder zu können. Ihre Verbündeten werden Sie in jedem Fall auf Ihrem Weg so begleiten, dass das Beste geschieht, was gerade geschehen kann.

Die „Totempfahl-Heilmethode“

Totempfähle wurden in traditionellen Kulturen häufig aus großen Lebensbäumen geschnitzt. Ein geschnitzter Bär stand beispielsweise für den Bärenclan. So dienten sie als Wappenzeichen. Sie erzählten außerdem aber auch Stammesmythen oder verschlüsselte Geschehnisse und stellten künstlerisch mehrere Bedeutungen dar. Sie zeigten beispielsweise, welche unsichtbaren Rechte eine Familie besitzt, wie etwa das Recht, bestimmte Lieder zu singen, Tänze aufzuführen oder Geschichten zu erzählen. Manchmal sind in der Darstellung Teile eines Tieres gleichzeitig auch die eines anderen. Die Flügel eines Adlers können zugleich auch die Flossen eines Wals sein. So deutete der Künstler fließende Grenzen an und zeigt, dass zwei Wesen zur gleichen Zeit denselben Platz einnehmen können.

Häufig sind auf einem Totempfahl mehrere Tiere übereinander dargestellt.

Die dargestellte Methode nennt sich Totempfahl-Methode, weil wir Menschen sieben Hauptenergiepunkte, sogenannte Chakren, im Körper besitzen, die sich entlang der Wirbelsäule befinden. Wenn wir eine innere Reise in unseren Körper zu diesen Energiepunkten machen, können wir die einzelnen Chakren-Tiere rufen. Die Chakren liegen am Ende der Wirbelsäule, unterhalb des Nabels, in Magenhöhe, im Herzen, in der Kehle, zwischen den Augen und an der höchsten Stelle am Kopf.

In jedem der Chakren können Sie Zwiesprache mit dem entsprechenden Chakren-Tier halten. Dieses Tier repräsentiert die Energie an dieser Stelle Ihres Körpers und schenkt ihm eine Stimme. So können Sie erfahren, was das Tier braucht, damit es ihm gut geht. Sprechen Sie mit Ihren Chaken-Tieren. Indem Sie mit den Stellvertretern Ihrer inneren Organe kommunizieren, erfahren Sie, was im Inneren Ihres Körpers gerade geschieht und was Sie für Ihre Gesundheit tun können. Sagen Sie den Tieren, wie gut es ist, dass sie stark und intelligent sind, dass sie aktiv und lebendig sein sollen und sprechen Sie ihnen Mut zu.

Wenn Sie krank sein sollten, bitten Sie die einzelnen Tiere, die fremden Eindringlinge zu überreden, auch für das Leben zu kämpfen. Wenn das nicht klappt, bitten Sie Ihre Verbündeten gemeinsam den Feind zu verscheuchen oder zu vernichten. Nehmen Sie sich mehrere Sitzungen Zeit für diesen intensiven Heilweg. Sinnvoll ist es, erst einmal jedes Tier einzeln aufzusuchen, um ein Gefühl für die Energie in diesem Körperteil zu bekommen.

Anschließend ist das Ziel, dass all Ihre Tiere in gutem Einvernehmen zusammenarbeiten und Sie dabei unterstützen, kraftvoll und gesund zu sein. Manchmal ist es auch sinnvoll, alle Körpertiere zu bitten zu einer Versammlung zu erscheinen und für ein gutes Miteinander zu sorgen.

Die innere Heilerin aktivieren

Die Quellfrau als Heilerin

Wenn Sie in Ihre Seelenlandschaft reisen, können Sie dort auf die Quellfrau treffen. Welche Gestalt sie hat, wird sich vielleicht von Mal zu Mal ändern. Sie wird Ihnen jedoch das reine Wasser des Lebens anbieten. Wenn Sie den Becher leer trinken, werden Sie bemerken, dass sich Ihr Befinden augenblicklich bessert.

Dies ist Ihre ganz bewusste Entscheidung für das Leben. Sie bestätigen Ihre Entscheidung: „Ja, ich will leben!“

Wenn Sie dies mit Kraft und tiefer innerer Überzeugung sagen, spüren Sie augenblicklich, wie das Leben beginnt Sie zu unterstützen! Es ist so, als ob Sie sich entscheiden in einem Fluss nun mit der Strömung zu schwimmen.

Eine Heilerin rufen

Sie können sich an einen schönen inneren Ort in Ihre Seelenlandschaft begeben. Dort entspannen Sie sich und bitten einen Heiler oder eine Heilerin, Ihnen Gesellschaft zu leisten und Sie zu heilen.

Es wird jemand erscheinen, der Ihnen vertrauenswürdig erscheint und Ihnen sympathisch ist. Vielleicht stammt er nicht aus Ihrem Kulturkreis und die Kleidung und Erscheinung kommen Ihnen fremd vor. Verlassen Sie sich immer auf Ihr Gefühl, das Sie leitet. Häufig werden Sie über die unbekannten Heilmethoden erstaunt sein. Sie können aber davon ausgehen, dass derjenige weiß, was er tut.

- Möglich ist zum Beispiel, dass eine Gärtnerin mit Ihnen gemeinsam einen Sinnesgarten anlegt, in dem Sie ein Beet zum Tasten finden, wenn Ihre Sicht getrübt ist, eines mit verschiedenen Obstsorten, wie Stachelbeeren, Himbeeren oder Äpfeln zum Schmecken. Es könnte ein Kräuterbeet zum Riechen geben und einen Wassergarten zum Hören.

• Sie könnten auch angeleitet werden, über einen längeren Zeitraum das Wachstum und die Entwicklung einer einzelnen Pflanze in Ihrem normalen Leben zu beobachten.

Wie schmeckt eine Tomate, die Sie selber aus einer Tomatenpflanze gezüchtet haben, die Ihre Liebe und Fürsorge genossen hat? Eine Pflanze kann ein wichtiger Lehrer werden und vieles in Ihrem Leben heilen. Sie erfahren unmittelbar, was es bedeutet, sich für etwas verantwortlich zu fühlen, dessen Leben völlig von Ihnen abhängt. Sie werden glücklich sein, wenn Ihre Pflanze gedeiht und Früchte trägt.

Diese Erfahrung wird sich wahrscheinlich auch auf Ihre Beziehungen zu Tieren und Menschen auswirken.

Ist es nicht interessant zu erforschen, ob sich aus unseren bestrahlten Tomaten noch junge Pflanzen ziehen lassen? Die Frage ist, warum so viele bewährte Sorten verschwinden. Die Vielfältigkeit geht verloren, wenn es nur noch eine Sorte Kartoffeln, Bohnen, Erbsen, Erdbeeren und Äpfel gibt. Ist es vielleicht gerade Ihre Aufgabe, Samen von unterschiedlichen Früchten aufzuheben, um kostbare alte Sorten zu bewahren, die vom Aussterben bedroht sind? Diese Samen und das Wissen können unschätzbar wichtig sein, weil nicht jede Sorte in jedem Boden und Klima wachsen kann. Was tun wir, wenn die wenigen vorhandenen, oft genveränderten Sorten krank werden?

• Vielleicht geht es also gar nicht um Ihre persönliche Heilung, sondern darum, Dinge, die zurzeit schief laufen, selber zu heilen…

• Vielleicht rufen Sie einen bekannten Arzt, wie Hippokrates oder Paracelsus, möglicherweise auch eine alte Heilerin oder einen Mediziner, dessen Biographie Sie fasziniert. Halten Sie Zwiesprache und entscheiden dann, wem Sie Ihr Vertrauen schenken.

• Sie können die Mediziner auch bitten, sich zu einem Rat zu treffen, damit gemeinsam der effektivste Heilungsweg gefunden wird.

• Ein andere Möglichkeit ist, dass Sie reisen und ganz offen beobachten, wer auf Ihren Ruf antwortet und sich zeigt. Möglicherweise zeigt sich Ihnen einer der Ärzte und sagt Ihnen, welche Untersuchungen Sie durchführen lassen müssen. Nehmen Sie diese Informationen immer ernst, denn Sie können nur gewinnen: entweder sie erweisen sich als gegenstandslos oder nicht.

• Oder eine Medizinfrau erscheint, die mit Ihnen ein Heilungsritual durchführt. Lassen Sie es einfach geschehen und vertrauen Sie darauf, dass alles zum Besten ist.

• Evtl. treffen Sie auf die „Große Mutter“ oder „Pachamama“, die Sie in die Arme nimmt, sie wiegt und Ihnen all das gibt, was Sie als kleines Kind so sehr vermisst haben…

Lassen Sie los und öffnen Sie sich dem, was sich zeigen möchte!

Dies ist ein sehr machtvolles Heilungsritual.

Welche Heilmethode angewendet wird, ist nicht ausschlaggebend. Ihre Seele weiß, was Sie brauchen und wird den optimalen Weg finden.

• Vielleicht erscheint kein Arzt, sondern jemand, der genau die gleichen Symptome hatte wie Sie.

Da seine Seele einen Weg aus der Krise gefunden hat, überbringt er Ihnen durch seine Anwesenheit die unsichtbare Botschaft, was er getan hat, um wieder gesund zu werden. Wenn er geht, sind Sie getröstet und wissen, dass auch Sie einen Heil-Weg finden werden.

In einer brasilianischen Klinik wurde in einer Studie festgestellt, dass ein geheilter Krebspatient allein dadurch, dass er mit akut Erkrankten Zeit verbrachte, bei ihnen bewirkte, dass deren Metastasenwachstum zum Stillstand kam.

- Möglich ist auch, dass eine Schmerzensfrau erscheint. Sie lehrt, dass man alles - auch das Schwierige - in Schönheit verwandeln kann. Auch Schwäche, Tragisches und Abstoßendes kann schön sein. Weil jede Erfahrung schön ist, die uns dem Wesentlichen und allerletzten Grund näherbringt. Wir sind schön, wenn wir unseren ehrlichen Gefühlen, wie Trauer oder Schmerz Ausdruck verleihen. Dann leben wir.

Die Schmerzensfrau überreicht Ihnen das Geschenk Ihrer eigenen Würde.

- Vielleicht singt eine Medizinfrau Lieder der Heilung und Kraft für Sie. Hören Sie nicht nur mit den Ohren, sondern mit Ihrem ganzen Körper zu. Diese Lieder berühren Ihre Seele auf ihrem tiefsten Grund und schwingen lange nach. Sie erinnern uns an unseren eigenen Ton, unsere eigene heile Schwingung und Seelenmelodie.

- Oder ein Engel der Heilung sendet Ihnen Visionen von Ihrem völlig gesunden und starken Körper. Vielleicht nehmen sie seine Gestalt als zartes Licht- und Farbgewebe wahr oder wissen von seiner Gegenwart durch einen speziellen Duft. Möglicherweise fühlen Sie sich auch in Licht gebadet. Genießen Sie die Anwesenheit des Engels und nehmen Sie Kontakt zu ihm auf. Er wird wissen, wie er mit Ihnen kommunizieren kann.

- Oder eine Künstlerin leitet Sie dazu an, Mandalas und Seelenbilder zu malen, die sie zurück in Ihre eigene heile Mitte führen. Sie wird Sie durch innere Prozesse begleiten und Ihnen zur Seite stehen, wenn sich Dinge zeigen, die Sie bisher nicht sehen wollten oder konnten. Sie kennt die Seelenwege und verletzlichen Schmerzpunkte, die es zu heilen gilt. Meistens ist ihre Gegenwart mit viel Freude, Farben, Leichtigkeit und Spaß verbunden.

• Oder eine Lehrerin erscheint, die Sie darüber belehrt, dass es eine Heilige Sprache gibt. In dieser uralten Sprache entspricht die Schwingung des Wortes seiner Bedeutung. Der Wort-Klang und sein Inhalt sind identisch.

Wenn Sie beispielsweise kraftvoll die Worte „Ich Bin" aussprechen, wird der Göttliche, heile Aspekt in Ihnen belebt und Ihr Immunsystem gestärkt. Ich Bin entspricht in der Heiligen Sprache einem Namen Gottes. Denn in unserem Kern sind wir mit unserem Mutter-Vater-Schöpfer eins.

Diese innere Lehrerin wird als weise Frau erscheinen, wenn Ihre Seele bereit ist. Sie lehrt die Kraft und Magie der Worte. Wer sie beherrscht, wirkt selbst als Heilerin, die durch ihre Geschichten die Seelen ihrer Mitmenschen inspiriert und sie an die Schönheit und Harmonie erinnert.

Heilerinnen und Lehrerinnen haben seit ewigen Zeiten gelehrt, auf welche Weise wir mit dem Großen Geist, dem Spirit und den Kräften der Natur zusammenarbeiten können. Sie gehen davon aus, dass uns ein liebevolles Universum umgibt, das uns auf unserer Suche nach Heilung und Lebensweisheit unterstützt. Rituale, Gebete, Gesänge und Tanz waren die Wege, auf denen die früheren Menschen ihre Liebe und Dankbarkeit ausdrückten. So baten sie die Sonne, die Erde, den Mond, die Planeten, das Wasser, die Tiere und Pflanzenwesen um Hilfe.

Sie hatten die Einstellung, dass die Menschen die Erde zwar von ihren Vorfahren ererbt haben, aber auch gleichzeitig von ihren Kindern ausleihen. (Crazy Horse, Oglala-Dakota) Aufgrund dieser inneren Haltung gingen sie äußerst respektvoll mit allem um, was die Erde bietet.

Dieses Wissen ist gerade heutzutage unschätzbar wertvoll, weil wir auf diese Weise Verständnis für uns selber entwickeln können. Wir können die Verbindung mit der geistigen Welt wiederentdecken und uns erneut mit dem tiefen Wesen des Lebens verbinden. Wenn wir unsere eigene enge Beziehung zur natürlichen Welt wieder entdecken und beleben, werden wir außergewöhnliche Sichtweisen und Lehren kennenlernen, die uns zum Lachen und zum Weinen bringen, zum Nachdenken und Hinterfragen.

Einen Ort der Heilung aufsuchen

Wenn Sie in Ihre Seelenlandschaft reisen, bitten Sie Ihre Begleiter, Sie zu einem Heilungstempel zu führen. Oder an einen Ort der Heilung in der Natur. Dies könnte ein mächtiger Baum sein, einer der uralten Steinkreise, ein Wasserfall oder ein See der Heilung.

- Wenn Sie in einem See der Heilung schwimmen, können Sie mit jedem Zug spüren, wie alles von Ihnen abperlt, was nicht zu Ihnen gehört. Vielleicht beginnen Sie auch unter Wasser zu schwimmen und gelangen dort an eine Spiegelwand …

Hier sehen Sie sich so, wie Sie sind, wenn Sie vor Gesundheit strahlen: sehr lebendig, klar und flexibel. Auf dem Weg zurück zur Wasseroberfläche kommt Ihnen mit jedem Schwimmzug eine Idee, wie Sie dieses Spiegelbild in Ihr tägliches Leben übertragen können.

- Wenn Sie einen Heilungstempel aufsuchen, können Sie sich zum Beispiel vorstellen, dass er oben auf einem Berg liegt. Mit jedem Plateau, das Sie erklimmen, wird eine andere Ebene Ihres Lebens geklärt, bis Sie oben angelangt sind. Diese Ebenen können sein: Ihr Körper und Ihre Gesundheit, Ihre Beziehungen, Familie und Freundschaften, Ihr Zuhause und Beruf, Ihre Hobbies und Freizeit.

Von der Bergspitze aus haben Sie einen wundervollen Blick auf die Landschaft und Ihr ganzes Leben.

- Wenn Sie zu einem mächtigen Baum geführt werden, fühlen Sie die Rinde und spüren nach, welche Gefühle dies bei Ihnen auslöst. Fühlt sich die Haut des Baumes glatt, rau, kühl, weich, zart oder grob an? Streicheln Sie die Rinde und atmen Sie den harzigen Duft ein, bevor Sie sich anlehnen oder ihren Freund umarmen. Lassen Sie sich fallen. Spüren Sie, welche Erfahrungen dieses alte Wesen mit Ihnen teilen möchte.

- Wenn Sie auf einer Felswand vor einem Wasserfall stehen, der mit Getöse in die Tiefe rauscht, wird der Sog schon viel von Ihrer überflüssigen Energie mit sich reißen.

Genießen Sie die Sonnenstrahlen, die wunderschöne Lichter auf die Wassertropfen zaubern und lauschen Sie dem Lied des Wassers.

- In einem Steinkreis, den unsere Ahninnen als Kraftort schufen, können Sie Heilung finden, wenn Sie sich in die Mitte begeben und dort ausruhen. In dieser Zeit werden Ihre Energien harmonisiert und Sie erfahren vielleicht etwas über die Rituale, die hier früher stattgefunden haben.

Ihre Intuition wird Sie führen und Sie werden genau das finden, was Ihnen zu diesem Zeitpunkt am meisten hilft! Eine gute Heilerin wird Sie auf den Weg zu Gott führen.

Sie sagt: „Der Große Geist ist dein bester Freund."

Wenn Sie offen sind und Ihren inneren Impulsen vertrauen, wird genau das geschehen, was Ihnen jetzt am meisten Heilung bringen kann.

Das Mysterium der Schlange

Die Reisende überquerte wieder einmal die Grenze, um in ihre Seelenlandschaft zu reisen. Dieses Mal schwebte sie sanft einen Brunnenschacht hinab. Dabei konnte sie einzelne Erdschichten erkennen. Was sie sah, war von unbeschreiblicher Schönheit: Schichten aus Edelsteinen und Halbedelsteinen in Gelb- und Rottönen, Wasseradern und verschiedenfarbige Erden wechselten einander ab. Für sie war es auch eine Reise durch die Erdgeschichte. Während sie auf einer schützenden Hand sitzend hinab glitt. Schließlich wurde sie auf einem Felsplateau sanft abgesetzt und durchquerte das Tor zu ihrer Seelenlandschaft. Sie begab sich an den Ort, den sie sich nach ihren Vorstellungen erschaffen hatte: wo sie die Sonne genießen und sich öffnen konnte, um neue Erfahrungen zu machen. Sie setzte sich und bat darum, dass eine Lehrerin zu ihr kommen möge.

Alles blieb still. Nur die Sonne sandte ihre Strahlen und badete sie in Wärme, so dass sie ihre Augen voller Wohlbehagen schloss.

Doch dann bemerkte sie ein leises Rascheln. Als sie aufsah stand ganz nahe bei ihr eine groß gewachsene, schlanke Frau, deren Augen sie sofort in ihren Bann zogen. Die Reisende war hypnotisiert von diesem Blick, der ihr Herz und ihre Gedanken auszuleuchten schien. Die schräggestellten Augen hatten eine große tiefgoldene Iris. Während kleine funkelnde Lichter in diesen Augen tanzten, bemerkte sie, wie ihre Unruhe verflog und sie friedlich und vertrauensvoll wurde. Von der Frau ging keine Bedrohung aus, das fühlte sie. Aus ihren Augen sprach eine ruhige Intelligenz. Sie wirkte freundlich und sanft, dabei gleichzeitig auch wild und freiheitsliebend. Die Reisende hatte sofort Respekt vor dieser Frau und spürte, dass sie fremdartige Erfahrungen, Sensibilität und eine unglaubliche Stärke in sich vereinte. Die gesamte Ausstrahlung dieser Frau war faszinierend: Sie drückte durch ihre Präsenz eine bezaubernde Mischung aus Kraft, Erotik, Liebe und Begeisterung aus. Ihre Kleidung war unkonventionell, aber harmonisch und schön, was ihre Gelassenheit und Heiterkeit unterstrich. Sie ließ der Reisenden erst einmal Zeit, sich auf sie einzulassen, bevor sie zu sprechen begann:

„Ich bin eine Abgeordnete des Tierreiches und habe deinen Ruf vernommen. Auf deiner heutigen Reise biete ich dir meine Begleitung an.

Wenn ich dich richtig verstehe, möchtest du dich selber besser kennenlernen und dich verändern.“

„Ja, das stimmt, genau deshalb bin ich hier.“

„Das freut mich und uns alle sehr! Wir aus dem Tierreich schlagen vor, dass du die Natur bereist. Dies ist wichtig für dich, weil auch du ein Teil vom Grossen natürlichen Ganzen bist. Da die meisten Menschen die Verbindung zu ihren natürlichen Wurzeln vergessen haben, fehlt ihnen jedes Gespür für die Sprache der Wildnis. Sie empfinden sich völlig getrennt von ihr. Unberührte Natur ist für die wenigsten Menschen noch Heimat. Ganz im Gegenteil: sie ist ihnen fremd und macht Angst, denn dort sind wilde, bedrohliche Dinge.

Um mit der Natur in eine wirkliche Beziehung zu treten, reicht es allerdings nicht, sie von außen zu beobachten und zu beschreiben, so als würdest du im Kino einen Film ansehen. Dadurch verändern sich die wenigsten Menschen!

Mit dem Verstand etwas zu begreifen und zu verstehen, ist nur eine von mehreren Möglichkeiten. Bei der Analyse einer Situation stehst du als Beobachter abseits und erlebst dich als getrennt von dem, das du verstehen willst. Indem du dich als Person zurücknimmst und bestimmte objektive Kriterien anwendest kannst du beurteilen, vergleichen und bewerten.

Ein anderer, sehr viel älterer Weg, um Dinge zu begreifen, ist der der unmittelbaren Erfahrung. Du kannst etwas wissen, indem du es mit all deinen Sinnen erfährst.

Du kannst einen Apfel beschreiben oder chemisch analysieren, aber erst wenn du hineingebissen hast, weißt du, wie diese Frucht schmeckt!

Du musst dich öffnen, vertrauen, mutig sein und selbst in den Fluss des Lebens springen, erst dann bist du mittendrin im Geschehen.

Oft hilft dir auf diesen Ebenen der Verstand weniger als deine Instinkte und dein inneres Wissen, die Intuition. Nur durch Erleben kannst du spüren, was auch ein Teil deines menschlichen Wesens ist."

Die Reisende fragte entsetzt:

„Heißt das, dass ich ein Tier werden soll und dass du mich begleitest?"

Die Augen der Anderen blitzten:

„Ja, genau das bedeutet es! Natürlich gibt es viele Ebenen zu erfahren, die anders sind als die Realität der Ideen und Worte. Zum Beispiel das Tierreich, das Reich der Pflanzen und Minerale.

Wenn du möchtest, kannst du jetzt die Beschränkungen des menschlichen Geistes hinter dir lassen und eine andere Wirklichkeit kennenlernen."

Die Reisende zögerte.

„Warte noch! Nicht so schnell! Ich habe Angst!

Was passiert mit mir, wenn ich dir folge? Mir ist das nicht geheuer! Bin ich danach wieder ein Mensch wie jetzt?

Und welche Tiere soll ich kennenlernen? Nein, ich glaube, das ist keine gute Idee!„

„Natürlich bist und bleibst du du selber! Es ist völlig natürlich, dass du jetzt viele Fragen hast und ich beantworte sie dir, so gut es geht. Auch wenn du gleich das Gefühl hast, dass sich dein Körper verändert oder dass du aus deinem Körper herausgesogen wirst: Er geht nicht verloren! Du brauchst keine Angst zu haben! Es ist eine Reise, auf der du Erfahrungen sammelst, die völlig natürlich sind.

Du musst wissen, dass es eine Schutzvorrichtung gibt, die dafür sorgt, dass du wieder zurück in deinen Körper gelangst. Dein Körper kann auch weiterleben, wenn du dich mit deinem Bewusstsein für kurze Zeit woanders aufhältst. Wenn du träumst, bist du dir deines Körpers meistens auch nicht bewusst und dies macht dir keine Angst!

Dein Haus bleibt auch stehen, wenn du kurz Besorgungen machst...

Auf dieser Reise werde ich bei dir sein und dich begleiten. Sei unbesorgt!

Ich erinnere dich nur an das magische Gewebe, das alles, was lebt, miteinander verbindet. So wirst du Dinge erfahren, die mit Menschenaugen nicht zu sehen sind.

Schau mir in die Augen und vertraue. Du bist nicht allein…“

In diesem Moment spürte die Reisende Trommelschläge ganz nah um ihren Körper herum, versank in den Augen ihrer sonderbar faszinierenden Begleiterin und registrierte ohne irgendein Gefühl, dass sich ihr Körper in seine einzelnen Bestandteile und Zellen auflöste. Als nächstes fühlte sie, wie sie in sich zusammen sackte und schließlich fand sie sich am Boden wieder.

Sie war zu einer Schlange geworden, zu einer schwarzgelben Schlange. Ihr Körper fühlte sich kühl und angenehm an. Sie spürte, dass ihre Ohren ganz tief bis zur Verlängerung der Wirbelsäule in die Mitte des Kopfes reichten. Die Augen waren zu einem Spalt verengt. Zusammengerollt lag sie auf felsigem Boden in ihrer Lieblingsumgebung, die trocken, heiß und sandig war. Nun öffnete sie die Augen, denn sie nahm eine leise Bewegung neben sich wahr. Aus einem Reflex heraus wollte sie fliehen. Doch dann erkannte sie mit allen ihren Sinnen gleichzeitig, dass eine andere Schlange neben ihr lag. Es war ein natürliches Wissen ohne jeden Zweifel. Die Schlangen konnten auf magische Weise miteinander in Verbindung treten, und die Reisende erkannte ihre Begleiterin, mit der sie sich gerade eben noch mit Worten unterhalten hatte. Es beruhigte sie, dass sie auf dieser Ebene ihre Gefühle und Impulse direkt miteinander teilen konnten.

Sie schlängelten vom sonnen beschienenen Felsen hinab in eine von Bäumen bestandene Landschaft. Dort fanden sie einen Laubhaufen, wo sie Rast machten. Doch zuerst richteten sie sich auf. Die Reisende hatte am Hinterkopf ein offenes Gefühl und spürte, dass sie dort Energien wahrnehmen konnte. Instinktiv wusste sie, dass sie an diesem Ort sicher waren. Da ihr Körper dem Boden so nah war, nahm sie jede auch noch so kleine Erschütterung der Erde wahr, jeden Schritt, - auch den einer Maus. Augenblicklich spürte die Reisende Hunger. Sie umkreiste die Maus mit ihrem Körper und biss sie tot. Alles ging blitzschnell, instinktiv und natürlich. Anschließend verspeiste sie die Maus. Dabei hatte sie kein Gefühl – es entsprach der Ordnung, dass die Maus ihr Leben gab für die Schlange. Sie spürte, wie sich die frische Lebensenergie in ihrem Körper ausdehnte.

Später wurde sie schläfrig, fühlte sich auch verletzlich und zog sich in eine Höhle zurück, um dort auszuruhen.

Als sie wieder erwachte, hatte sich ihr Körper verändert. Die Haut spannte und engte sie ein, sie war fast unbeweglich. Da ihr Körper eine Ahnung an seine frühere Schnelligkeit hatte, dehnte und wand sie sich. Und da geschah es: die alte Haut löste sich unter dem Maul und sie konnte aus ihr heraus kriechen. Obwohl es anstrengend war, spürte sie, wie sie mit der alten Haut schmerzliche Erfahrungen, Wunden und Vergangenes hinter sich ließ. Sogar ihre Iris löste sich von den Augen, so dass sie die Welt ganz neu sah. Sie spürte auch, wie ihre neue Haut von Innen heraus leuchtete und wusste um ihre Kraft, sich immer wieder zu erneuern. Eine tiefe Freude zu leben breitete sich in ihr aus, während sie an ein sonniges Plätzchen kroch. Sie spürte ihre schuppige, weiche und glänzende Haut, genoss ihre wieder gewonnene Beweglichkeit,- achtete dabei aber auf jeden Schatten, der ein Raubvogel sein könnte. Sie liebte die Sonnenwärme auf der Haut und war sehr zufrieden mit ihrem Dasein.

Schließlich machte sich ihre Begleiterin bemerkbar, die neben ihr lag. Sie verständigten sich darüber, dass sie sich nun auf den Rückweg machen wollten.

Beide richteten ihre Köpfe und Körper gleichzeitig auf und nahmen im selben Moment ihre menschliche Gestalt wieder an. In der Wirbelsäule spürte die Reisende weiterhin die Kraft der Schlange. Dies erschien ihr ganz natürlich.

Gemeinsam machten sie sich auf den Rückweg und die Lehrerin sagte:

„Nun kennst du das uralte Geheimnis der Schlange. Sie erinnert dich daran, wie du deine Kraft nutzen kannst. Heilung geschieht durch Neugeburt und Veränderung. Indem du die Zeiten der Wandlung nutzt, um deinen Körper, deine Haut und Wahrnehmung zu erneuern."

„Als Schlange reagierte ich ohne nachzudenken, tat, was zu tun war, ohne Bedauern oder Zögern. Ich spürte eine große Sicherheit und tiefe innere Ruhe. Ich kannte keine Angst, Unsicherheit, Schuldgefühle oder Zweifel. Ich war mit allem in Harmonie, floss beweglich und flexibel im Strom des Seins…

Es war wunderbar, wie sehr ich das Leben genießen konnte, ganz geborgen im Vertrauen."

„Die Schlange ist eine machtvolle Lehrerin, die jeden Menschen verwandelt zurücklässt. Sie hilft dir, dich auf deine Stärke zu besinnen und deine Gefühle zu heilen. Nach der Begegnung mit ihr wirst du keine Angst mehr vor Veränderung haben! Das ist ein großes Geschenk, denn wir leben in einem veränderlichen Universum. Das Leben verändert sich ständig und die Menschen bleiben nur im Gleichgewicht, wenn sie flexibel und angemessen darauf reagieren. Die Schlange lehrt den Weg aus der Angst hin zum Vertrauen und zur Liebe.

Hier, am Tor zur anderen Welt, trennen sich nun unsere Wege. Du kannst mich aber jederzeit wieder hier antreffen, wenn du es möchtest."

Die Reisende umarmte ihre Lehrerin respektvoll und herzlich. Dann bedankte sie sich. Anschließend durchschritt sie das Tor und wurde von der tragenden Hand zurück durch die Erdschichten und den Brunnenschacht in ihre Alltagswelt getragen.

„Kein Mensch beginnt zu sein,
bevor er seine Vision empfangen hat.“

Spruch der Ojibura

Westen: Der Weg der Lehrerin

Der Prozess des Lernens und der Anpassung an veränderte Bedingungen ist überall auf der Welt ähnlich. Viele verschiedene Wesen können unsere Lehrer sein. Meistens bringen uns unsere Eltern und Großeltern die ersten Schritte und Worte bei. Wir lernen in der Familie durch Nachahmung die drei grundlegenden menschlichen Fähigkeiten: Aufrecht gehen, Sprechen und Denken. Durch das Vorbild lernen wir auch moralische Prinzipien und entwickeln Vertrauen in die Welt. Dieses gute Grundgefühl kann die Basis für ein stabiles seelisches Gleichgewicht werden. Ungefähr mit sieben Jahren entwickelt sich die Gefühlswelt. Die Kinder unterscheiden zwischen Gut und Böse, Schön und Hässlich. Sie lernen hauptsächlich von Erwachsenen, die sie lieben und respektieren können. Von diesen Verwandten, Freunden oder Lehrern fühlen sie sich anerkannt und geliebt. Trennungserlebnisse und Abschiede, eine verstärkte Auseinandersetzung zwischen „ich“ und „du“ und die Frage: „Wer bin ich?“ sind wichtige weitere Lernstationen auf dem Weg ins Erwachsenenleben. Das Streben nach Freiheit und Unabhängigkeit, das Finden des eigenen Weges, entstandene Verantwortlichkeiten und vielfältige zwischenmenschliche Erfahrungen sind Lehrer für uns.

Aber auch Krisen, Krankheiten und Beschwerden lehren uns. Durch sie lernen wir unsere Kräfte und Talente kennen. Wenn wir mit einem Haustier leben, lehrt es uns Fürsorge und Konsequenz, aber auch von frei lebenden Tieren lernen wir durch ihr Beispiel.

Die Natur ist aber unsere allergrößte Lehrerin.

Sie bringt uns bei, ihren stillen Worten zuzuhören und dafür alles Eigene hinter uns zu lassen. Alle unsere Ideen, Glaubensvorstellungen, Erwartungen, auch alles Wissen über die Natur müssen wir vergessen. Nur so können wir empfänglich werden, denn unsere kultivierten Wahrnehmungsfilter sind in Wahrheit gefährliche Fallen. Sie zeigen sich als Ängste, Wünsche und Konzepte, die uns völlig überfordert den Naturkräften gegenüberstehen lassen. Wir fühlen uns ihnen gnadenlos ausgeliefert. Und erst ganz am Ende unserer Widerstandskräfte sind wir bereit, uns zu öffnen und zarte Gefühle zuzulassen.

Erst wenn wir frei und offen sind kann Kommunikation mit der Natur stattfinden. Dies geschieht, wenn wir die uns umgebenden Energien ohne Widerstand durch uns hindurchfließen lassen können. Ohne Angst, uns zu verlieren oder verloren zu gehen. Sich völlig den Energien hingeben und dem Leben vertrauen. Das eigene Leben in die Hand des Schöpfers legen, ohne persönlichen Wunsch. Dann durchflutet uns die große wilde Symphonie und spült alles Überflüssige aus uns heraus. Sind wir durchlässig, stören wir uns nicht an Dissonanzen, sondern lassen es geschehen. Unser Herz erinnert sich an Ursprüngliches und wir beginnen mitzuschwingen. Wir sind nicht länger ein Fremdkörper, der gegen die Natur ankämpft und mit Sicherheit verlieren wird. Sondern wir sind eins mit unserer Umgebung und in vollkommener Kommunikation. Dies kann jedoch erst geschehen, wenn der Verstand zur Ruhe gekommen ist.

So können wir uns vorstellen, die besonderen Fähigkeiten von anderen Lebewesen zu besitzen und die Welt durch ihre Augen zu betrachten. Oder wir lernen Geduld und Ausdauer, um sie beobachten zu können, um von ihnen zu lernen.

Ein weltweit anzutreffender menschlicher Lehrer ist der Clown oder Schelm. Er hilft, starre Ansichten durch Überraschungen bewusst zu machen und Routine aufzubrechen.

Patch Adams z. B. hat durch Humor eine ganz neue Sichtweise auf das Arzt–Patienten–Verhältnis geschaffen. Heinz Ehrhardt und Loriot haben den Blick auf alltägliches, zwischenmenschliches Verhalten mit ihren Gedichten und Sketchen erneuert.

Andere großartige Lehrer sind unsere Ahnen. Sie stehen uns zumeist wohlwollend und unterstützend bei, damit wir unser Lebensziel verwirklichen. Eltern und Großeltern haben uns ihre Auffassung vom Leben beigebracht und wir haben auch Vieles durch ihr

Vorbild übernommen. Vorherige Generationen sind in vielerlei Hinsicht Wegbereiter für unser Leben. Dadurch, dass wir Dinge so tun, wie es unsere Vorfahren schon getan haben, wissen wir uns eingebunden in die Gemeinschaft unserer Familie.

Die Ahnen als Lehrer anzuerkennen ist in allen Völkern bekannt.

Sie gehen uns voran in der Erfahrung des ganz großen Unbekannten, des Todes. Indem wir erfahren, dass unsere Großeltern und Eltern sterben, lernen wir, dass unsere Lebenszeit begrenzt ist und wir loslassen müssen. Wir erkennen, dass wir nichts von alledem, was wir aufbauen, auf die andere Seite mitnehmen können. So wissen wir, dass unsere Zeit mit den Menschen, die wir lieben, endlich und darum kostbar ist. Und wir verstehen, dass wir uns der Frage stellen müssen: „Was will ich mit meiner Lebenszeit anfangen?“

Egal, wie die Antwort ausfällt und welches Ziel Sie für sich herausfinden: es wird eine sehr tiefe Absicht sein, ein Wunsch, der tief aus Ihrem Herzen strömt und einem inneren Bedürfnis entspricht.

Vielleicht tragen Sie den Vornamen Ihrer Urgroßmutter, üben den gleichen Beruf aus wie Ihr Großvater, leben noch auf dem gleichen Stück Erde, das schon seit Generationen in Familienbesitz ist … oder haben das musikalische Talent eines Ahnen geerbt …

All dies signalisiert Ihnen: ich komme von weit her, trage das Erbe vieler Menschen in mir, und das Leben geht auch nach mir weiter. Ich bin eingebunden in eine Vergangenheit, Geschichte, Tradition, lebe jetzt mein Leben und bereite eine Zukunft vor, in der meine Kinder und Enkel leben werden und die nach mir sein wird.

Unsere Lehrerinnen werden uns dazu bringen, ehrlich auf unsere Handlungen zu blicken und zu entscheiden, ob sie mit der großen Ordnung in Harmonie schwingen.

Zu Beginn ihrer Lehren werden sie uns ermuntern zu lieben. Denn sie wissen, dass man solange nicht lernen kann, solange man nicht geliebt hat. Dann werden sie uns dazu bringen, uns selbst als liebenswert anzuerkennen. Weil sie wissen, dass man nicht lieben kann, solange man keine Selbstachtung entwickelt hat.

Unsere Lehrerin wird uns erzählen, dass der Große Geist unendlich viel gibt. Er schenkt uns Menschen den freien Willen und Wahrheiten, er vertraut uns die schöne Erde an, schenkt uns den Sternenhimmel und unendlichen Raum, er ermöglicht uns viele Chancen, schickt uns viele Lehrer und Vorbilder. Doch wie alle Eltern, setzt auch er irgendwann eine Grenze, hört mit dem Geben auf und zieht Bilanz. Vielleicht sieht er die Erde so, wie Astronauten sie sehen durften. James Irwin, USA, äußerte tief ergriffen:

„Die Erde erinnerte uns an eine in der Schwärze des Weltraums aufgehängte Christbaumkugel. Mit größerer Entfernung wurde sie immer kleiner. Schließlich schrumpfte sie auf die Größe einer Murmel- der schönsten Murmel, die du dir vorstellen kannst. Dieses schöne, warme, lebende Objekt sah so zerbrechlich aus... Ein solcher Anblick muss einen Menschen einfach verändern, muss bewirken, dass er die göttliche Schöpfung und die Liebe Gottes dankbar anerkennt."

Und Edgar Mitchell, USA: „Plötzlich tauchte hinter dem Rande des Mondes in langen zeitlupenartigen Momenten von grenzenloser Majestät ein funkelndes blauweißes Juwel auf, eine helle, zarte, himmelblaue Kugel, umkränzt von langsam wirbelnden weißen Schleiern. Allmählich steigt sie wie eine kleine Perle aus einem tiefen Meer empor, unergründlich und geheimnisvoll. Du brauchst eine kleine Weile, um ganz zu begreifen, dass das die Erde ist... unsere Heimat. Mein Blick auf unseren Planeten offenbarte mir einen Schimmer des Göttlichen."

Der Große Geist kennt die Schönheit seiner Schöpfung, doch er sieht durch die tiefste Wolkenschicht hindurch, dass unsere Erde Schmerzen hat und ihr Gleichgewicht sucht. In dieser Zeit der Veränderung lässt er die Menschen sehen und erfahren, was sie mit ihrer Lebensweise bewirken...

Jede Lehrerin lässt Samen fallen in den Geist ihrer Schülerin. Diese Samen der Wahrheit müssen zuerst einfach geglaubt und gepflegt werden, damit sie stark werden können.

...Lehrerinnen werden uns zum Beispiel die Augen dafür öffnen, ob sich in unserem Leben Nehmen und Geben im Gleichgewicht befindet. Sicherlich werden sie uns auch mit unserem Wunsch konfrontieren, um jeden Preis Recht haben zu wollen. Sie werden uns die Heilige Sprache lehren, damit wir unsere Mitmenschen nicht weiter durch Worte verletzen oder irgendjemandem schaden. Ganz sicher werden sie uns auch an den Vertrag mit unserem Schöpfer erinnern, so dass wir wieder wissen, wer wir sind. Auf dem Weg dorthin haben wir die Gelegenheit, unsere größten Gaben und Schwächen kennen zu lernen.

...Unsere Lehrerin wird uns lehren Kontakt mit der Natur aufzunehmen, um uns selbst zu erfahren. So werden wir lernen, um das zu bitten, was wir benötigen. Lehrerinnen leben uns vor zu danken und keine der Gaben, die wir erhalten, gedankenlos als selbstverständlich anzunehmen. Wir werden lernen zu beten und Geschenke zu segnen. Auf diese Weise können wir erfahren, dass unsere eigene geistige Kraft die Macht hat, Materie zu beeinflussen. So kann das Essen für unsere Familie ohne schädigende Nebenwirkungen sein und unter Umständen ein einfaches Glas Wasser zu Medizin werden.

...Lehrerinnen bringen uns bei, das Verhalten der Tiere zu verstehen. Denn diese geben uns Zeichen, und wenn wir ihr Verhalten richtig deuten, kann uns dies das Leben retten. Zum Beispiel, wenn wir beobachten, dass viele Tiere ein Gebiet fluchtartig verlassen, hat dies immer einen Grund. Sie spüren eher als wir, wenn ein Erdbeben bevorsteht, ein Vulkanausbruch oder eine große Flutwelle naht und bringen sich in Sicherheit.

...Häufig bringt eine Lehrerin ihre Schülerin dazu, eigene Antworten zu finden, indem sie die Weisheit aus dem Herzen der Frau heraus lockt, die sie gefunden hat. Eine Möglichkeit ist, dass sie sie durch verbale Irrgärten führt. Die im Kreis surrenden Fragen geben dann der Schülerin Zeit, um ihre Gedanken selbständig zu Ende zu denken. Dies gehört eventuell zu dem Training und der Vorbereitung der Schülerin auf ihre Aufgaben, die die Lehrerin im feinen Äther der Zukunft gelesen hat.

Wenn diese Aufgabe zum Beispiel im Zusammenhang mit anderen Menschen steht, kann sie nicht den Kummer und Schmerz von anderen tragen, denn sie muss Kontrolle über ihre eigene emotionale Gesundheit bewahren können.

Alle Menschen, die wir als unsere Lehrer anerkennen, (die inneren und die äußeren) machen uns Mut, die alte Lebensweise hinter uns zu lassen, um einen neuen Weg einzuschlagen: den Weg unserer Seele. Sie unterstützen uns, indem sie sagen:

„Hab keine Angst, anders zu sein!“

Sie erwarten nicht, dass wir die Allerbesten werden, aber sie fordern, dass wir unseren eigenen Weg finden und mutig vorangehen.

Erfolgreiche Lehrer unterstützen uns dabei, auf eigenen Füssen zu stehen und machen sich irgendwann selber überflüssig.

So wie die italienische Ärztin und Reformpädagogin Maria Montessori (1870 bis 1952), die das Motto hatte: „Hilf mir, es selbst zu tun.“

Auch in der Entwicklungshilfe hat sich die Hilfe zur Selbsthilfe erfolgreich durchgesetzt, indem Fachleute ihr Wissen den Dorfältesten zur Verfügung stellen und die Menschen selber vor Ort die anstehenden Probleme lösen können.

Eine Lehrerin erkennt, wann ihre Schülerin bereit ist, den nächsten Schritt zu wagen. Sie trägt die Verantwortung, was im wörtlichen Sinn bedeutet, dass sie auf die entsprechende Situation eine Antwort kennt. Hier ist kein Raum für Panik und die Lehrerin wird oft der schweren Situation mit Humor begegnen, um sie leichter zu machen. Denn letztendlich muss die Schülerin vertrauen und springen. Die Lehrerin kennt den richtigen Zeitpunkt. Sie weiß, wenn die Schülerin warten würde, bis sie denkt, bereit zu sein, würde sie sich niemals auf ihre eigene Kraft verlassen.

Solange uns diese wunderbaren Lehrerinnen begleiten, fühlen wir uns sicher und geführt. Doch wenn sie sich verabschieden, geschieht dies meistens ohne Schmerz und Bedauern. Wir haben alles gelernt, was sie uns zu geben haben, danken ihnen und gehen unseren Weg weiter.

Das Band der Zuneigung und Liebe bleibt jedoch bestehen.

„Wie die Lehrer sagten, gibt es nur eines, dass allen Menschen gleichermaßen eigen ist - das ist ihre Einsamkeit. Keine zwei Personen auf der Oberfläche dieser Erde sind sich in irgendetwas gleich, außer in ihrer Einsamkeit. Das ist die Ursache für unser Wachstum, aber es ist auch die Ursache für unsere Kriege, Liebe, Hass, Neid und Großzügigkeit sind alle in unserer Einsamkeit verwurzelt, dem Wunsch, gebraucht und geliebt zu werden. Der einzige Weg, unsere Einsamkeit zu überwinden, ist das Berühren. Nur auf diesem Weg können wir lernen, ganze Wesen zu sein. Gott ist eine Gegenwart dieses Ganzen." Hyemeyohsts Storm

Die größte Herausforderung einer Lehrerin liegt darin, Schüler zu finden, die das Gelernte nicht nur für sich persönlich nutzen, sondern den Ruf verspüren, das Wissen zum Wohle aller weiter zu geben.

Denn auch die nächsten Generationen sollten von den Erfahrungen und dem Wissensschatz ihrer Eltern und Großeltern profitieren können.

Es gibt viele ausgezeichnete Lehrer auf allen Ebenen. Es gibt Lehrer unter den Pflanzen und Tieren, ebenso wie unter den Menschen. Sie zeigen uns, dass Wissen allein keine Kraft hat. Denn es kann kalt und abstrakt sein. So ist es eine Erfahrung, dass zum Beispiel ein Mediziner, der jahrelang studiert hat, nicht automatisch ein guter Arzt wird. Denn Wissen muss zusammen mit dem Verstehen des Herzens, dem Mitgefühl, angewendet werden.

Eine der wichtigsten Lehren ist die Aufforderung, die persönliche Wahrnehmung zu schärfen und der eigenen inneren Weisheit zu vertrauen. Denn die Wirklichkeit ist größer als es uns Lehrer beibringen können.

„Weisheit ist wie der Wind. Du musst sie fühlen, um sie zu verstehen.„ sagt eine Blackfeet-Großmutter.

Wenn Sie im Leben Verluste und Trennungen erleiden, sich zum Beispiel Bindungen auflösen, die Ihren Lebensmittelpunkt darstellten, Sie Ihre innere und äußere Heimat aufgeben müssen, Sie das Gefühl haben, in Ihrem Leben die Struktur und Kontrolle zu verlieren und die Zukunft ohne Hoffnung scheint ….

Dann ist es Zeit, die inneren Lehrerinnen aufzusuchen. Sie werden Ihnen helfen, Ihr Vertrauen wieder zu finden. Sie können lernen, sich sogar mit Unsicherheit wohl zu fühlen, Ihren Sinn für die komischen Seiten des Lebens wieder zu entdecken und einen objektiven Standpunkt einzunehmen. Die Lehrerin führt Sie auch in die Stille und lehrt Sie die Kunst des Lauschens auf die innere Stimme, so dass Sie Weisheit und Erkenntnisse für Ihr Leben erlangen können.

Ihr Krafttier als Lehrer rufen

Rufen Sie Ihr Krafttier und bitten Sie es, Zeit mit Ihnen zu verbringen. Seine Sichtweise ist eine andere als Ihre ….

Er ist Ihr Tierfreund, der in Treue und Liebe Ihr Begleiter ist. Ihr Krafttier fühlt, was Sie jetzt brauchen.

Vertrauen Sie seinen Instinkten und seien Sie ganz offen für das, was kommt. Das könnte vielleicht ein „Lehrer-Tier“ sein, dessen besondere Eigenschaften und Weisheit für Sie gerade jetzt bedeutsam sind, um Ihre Situation zu klären.

Möglicherweise aktiviert Ihr Krafttier auch in Ihnen den Lehrer, indem es Ihnen zeigt, wie es selbst zum Beispiel seine Jungen erzieht, oder in der Gruppe seine Position behauptet …

Die inneren Lehrer aktivieren

Wenn Sie in Ihre Seelenlandschaft reisen, bitten Sie Ihre Lehrerin oder Ihren Lehrer, sich Ihnen zu zeigen. Begeben Sie sich zu Ihrem großen Baum, an die Quelle oder finden Sie einen anderen Platz, an dem Sie sich gut aufgehoben fühlen. Vertrauen Sie darauf, dass Ihre Lehrerin kommen wird, bzw. schon auf Sie wartet.

Seien Sie nicht überrascht, denn oftmals entspricht die Gestalt unserer Lehrerin nicht unseren Erwartungen.

Dann ist es die Erwartung, die aufgelöst werden muss, um wichtige Lernschritte zu ermöglichen. Bei einer Kursteilnehmerin zeigte sich ihre weise Lehrerin als kleine, dicke, alte Bettlerin.... Sie sollte lernen, der Botschaft mehr Beachtung zu schenken als dem Aussehen der Botin.

Ihre Lehrerin kann Sie in völlig unbekannte Gebiete führen, wo Sie neue Erfahrungen machen. Sie wird Sie begleiten und sicher anleiten. Sie weiß, was Ihre Seele braucht.

Ganz sicher führt sie Sie an Grenzen. Und sie wird bei Ihnen sein, wenn Sie sich auf der anderen Seite befinden. Sie ist sehr verantwortungsvoll und will für Sie das Allerbeste. Allerdings erwartet sie von Ihnen Vertrauen und Engagement. Sie wird Sie mit Sicherheit nicht nur intellektuell herausfordern.

• Vielleicht bringt sie Sie zu einem Vulkan und fordert Sie auf, Ihr Vertrauen zu beweisen und ins Feuer zu springen.

So konfrontiert sie Sie mit Ihrer größten Angst.

Wenn Sie diese besiegt haben, kann Ihnen im Leben nicht mehr vieles Angst machen...

Vielleicht lehrt Ihre Lehrerin Sie auch eine Methode, Ihre tiefste Wunde oder Ihren tiefsten Schmerz loszulassen.

• Sie könnte mit Ihnen in die Natur gehen, Sie dort auffordern, ein tiefes Loch zu graben. Dann wird sie Sie alleine lassen und Ihnen vorher sagen, dass Sie Ihren ganzen Kummer in die Erde geben sollen. All Ihre Tränen, die Worte der Wut und Verzweiflung, vielleicht auch alles Unverdaute...

Anschließend werden Sie ein Gebet sprechen und das Versprechen abgeben, nie wieder von diesen Dingen zu sprechen. Diese befinden sich jetzt in der Erde und bleiben dort. Sie werden nicht mehr mit Gedankenenergie versorgt. Denn auf magische Weise verwandelt Mutter Erde sie nun in andere Energie, nämlich in unterstützende Kraft. Das Loch wird wieder zugeschüttet.

Nach dieser Erfahrung können Sie erleichtert nach Hause gehen.

- Wenn Sie sich oft als Opfer fühlen und jammern über das, was Ihnen das Leben zumutet, wird Ihre Lehrerin wie Don Juan seinem Schüler Carlos Castaneder davon berichten, das es Wesenheiten gibt, die sich vom Energiekörper der Menschen ernähren, die ständig jammern. Er nennt sie Schlammschatten, die die Aura wegfressen. Dies kann jedoch nicht geschehen, wenn man innerlich eine bewusste und selbstverantwortliche Haltung einnimmt. Wer weiß, dass die Energie dem Gedanken folgt und dass wir unser Leben selbst bestimmen, wird alles dafür tun, seine Gedanken zu kontrollieren und sich und sein Leben in Balance zu bringen.

- ***Eine Ahnin oder ein Großvater als Lehrer***

Sie können eine Ahnin rufen, die Sie lieben, von der Sie wissen oder gehört haben, dass Sie ihr ähnlich sind. Sie hat also Ihren Weg vorbereitet und kann Ihnen daher eine gute Lehrerin und Ratgeberin sein.

- Es ist auch möglich, darum zu bitten, dass die Ahnin kommt, die sich angesprochen fühlt und sich zeigen möchte, um Sie an ihrer Lebenserfahrung teilnehmen zu lassen.

- Vielleicht zeigen sich auch mehrere Männer und Frauen, die einen Ahnenrat bilden und gemeinsam ihre Lehren, ihre Unterstützung und ihren Segen an Sie weiter geben möchten.

Oftmals ist es gerade bei Familienangelegenheiten so, dass vorherige Generationen schon vor ähnlichen Problemen gestanden haben, wie wir jetzt. Sie können uns weise Lehrer sein und uns zeigen, wie wir alte Muster auflösen können.

- ***Eine Person aus der Geschichte als Lehrer rufen***

Wenn Sie eine Person aus der Geschichte kennen, die Sie inspiriert, können Sie sie bitten, Zeit mit Ihnen zu verbringen und Sie an ihrem Wissen teilhaben zu lassen. Dies ist eine sehr kraftvolle Methode, sowohl bei persönlichen Anliegen als auch für Menschen, die Lösungen für umfangreiche Themen suchen.

Wenn Sie zum Beispiel vor einer medizinischen Prüfung stehen, könnten sie Imhotep, Hippokrates, Paracelsus, Ignaz Semmelweis, Louis Pasteur oder Ferdinand Sauerbruch bitten, Sie zu leiten. Je nach Fachgebiet wird es eine andere Persönlichkeit sein, die sich als Lehrer besonders eignet.

- Es ist auch möglich, dass Sie eine Ratsversammlung herausragender Ärzte einberufen, die Ihnen mit ihrem gesammelten Wissen zur Seite steht.

Lehrerinnen werden uns durch alle möglichen Erfahrungen führen, aus denen wir lernen, wie ein Gleichgewicht der Kräfte entsteht. Wenn wir uns zum Beispiel wie ein verängstigtes Kind zeigen, wird eine Lehrerin uns nicht ihr Mitleid schenken und uns bemuttern. Viel wahrscheinlicher ist, dass sie uns einen Handel vorschlagen wird:

- „Wenn du deine ungeklärten Dinge aufarbeitest und jeden Tag etwas für deine innere oder äußere Ordnung tust, wirst du durch die Regelmäßigkeit und Disziplin immer mehr Kraft bekommen. Du brauchst dich nicht zu schinden, aber du solltest am Ball bleiben. Mit der Zeit kommen die Erfolgserlebnisse und mit ihnen wächst deine Selbstachtung. Du erntest die Früchte deiner Arbeit, das ist nur gerecht.

Deine Angst jedoch wird auf diesem Weg zu einer kleinen Maus. So hast du aus einer Schwäche eine Stärke gemacht."

Auf dem Kriegspfad

Als sie erschöpft aufwachte, erinnerte sie sich an einen Albtraum, in dem es um Mord und Totschlag ging, um Rache und Rettung. Es war wie in einem dieser billigen Filme, in denen jede Person nur eine Eigenschaft hat, und entweder nur böse und voller dunkler Gedanken ist oder aber gut, klug und schön. Sie sah als Beobachterin dem Geschehen zu, fühlte aber gleichzeitig mit dem Einen, schlüpfte dann sofort in die Rolle des Anderen und geriet in einen Strudel von intensivsten und extremsten Gefühlen. Zum Schluss starb auch der Mafiaboss.

Aber sie konnte nicht mehr einschlafen. Zu viele Bilder beunruhigten und ängstigten sie. Dann glitt sie in einen Schwebezustand zwischen Schlafen und Entspannung, in dem es keine klare Grenze gibt. Sie fühlte die Wachheit einer Meditation, gleichzeitig aber auch die Ruhe des Schlafes. Dann spürte sie die Gegenwart ihres Lehrers. Sie konnte die Gestalt und sein Gesicht wie durch eine Nebelwand erkennen. Das beruhigte sie und sie fragte ihn:

„Warum muss ich all diese schrecklichen Dinge sehen? Sie machen mir Angst."

Der Lehrer nickte verständnisvoll und fragte selber:

„Welche Rolle spielst du in diesem Traum?"

Sie erinnerte sich, dass sie in jeder der Rollen war. Alle Gefühle lebten in ihr - ausnahmslos. Obwohl sie im Alltag Gewalt und Aggressionen ablehnte und nicht in ihrem Leben haben wollte, hatte sie diesen gewalttätigen Traum. Das machte sie traurig, sie fühlte sich einsam und schämte sich für diese Gefühle.

„Mach dir keine Vorwürfe," beruhigte sie der Lehrer, der wusste, was in ihr vorging, „in jedem Menschen wohnen alle Gefühle, so auch in dir. Das ist so, weil es sonst keine freie Wahlmöglichkeit für das menschliche Verhalten gäbe.

Wie könntest du dich entscheiden, liebevoll zu handeln, wenn es nur Liebe gäbe und nicht auch die Angst, verletzt zu werden oder das Bedürfnis, seine Wut auszudrücken?

Wie könntest du entscheiden, ob du deine Energie zum Aufbau eines Projektes oder lieber zur Zerstörung von etwas einsetzen möchtest?

Dein Traum sendet dir klare, einfache Bilder. Er stellt an dich die Frage, was du mit deiner Lebensenergie bewirken und erreichen willst. Alle Figuren in deinem Traum sind in dir selber lebendig. Sie fragen dich:

Wie gehst du mit deiner Kraft um?

Kann es sein, dass du häufig gegen dich selbst kämpfst? Wie oft hast du z.B. nicht zu deinen Gefühlen gestanden und dich auf diese Weise selber sabotiert?"

Die Traurigkeit wurde größer und ein Tränenschwall sammelte sich hinter ihren Lidern. Sie erinnerte sich an so viele Situationen, in denen sie etwas getan hatte, um andere nicht zu enttäuschen. Dabei hatte sie häufig die Signale ihres Körpers, der Ruhe brauchte, überhört. Sie hatte die eigenen Wünsche zurückgestellt, um anderen eine Freude zu machen. Dinge gemacht, die sie tun sollte, weil sie von ihr erwartet wurden.

Es stimmte schon: Aus Pflichtbewusstsein hatte sie sich selber häufig vergessen. Auf ihrem Weg hatte sie etwas verloren. Das wurde ihr jetzt bewusst.

Wo waren ihr Humor und ihre Lebenslust geblieben? Wohin waren ihre Kreativität und Freiheit verschwunden? Wie oft hatte sie innerlich immer wieder mit sich geschimpft, weil sie nicht perfekt war? Warum hatte sie es zugelassen, dass andere über ihre Zeit und ihr Leben bestimmten? Und wo waren ihre Klarheit, ihr Spaß und ihre Abenteuerlust geblieben?

Es kam ihr so vor, als würde sie die Fotoalben ihres Lebens betrachten und überall ihre Lieben sehen. Aber sich selber auf keinem Bild wieder erkennen, weil sie immer die Bilder geknipst hatte und auf der anderen Seite der Kamera gestanden hatte...

War das die Botschaft ihres Alptraums? Hatte sie in ihrem Inneren eine ganze Mafiasippe erschaffen, die alles Leben auspusten und ihre Wahrheit killen wollte? Sie fragte ihren Lehrer:

„Wie kann ich diesen Zustand beenden? Was soll ich tun?"

Er sah ihr direkt in die Augen, blieb aber stumm.

Sie dachte nach.´ ja, vielleicht war das eine Lösung: einfach unbeteiligt und stumm bleiben. Bei sich, in seiner inneren Balance bleiben und sich zurückziehen aus allem Kampfgeschehen. Aufhören, zu kämpfen. Aufhören, gegen sich selber zu kämpfen.´

Bei diesen Gedanken spürte sie, wie ihr Herz weit und offen wurde. Sie fühlte sich gut. Sie wusste, dass dies ein Zeichen dafür war, dass sie sich auf dem richtigen Weg befand. Der Lehrer sagte:

„Du brauchst Geduld mit dir selber. Es ist notwendig, dass du dafür sorgst, dass du nicht aus deinem inneren Frieden fällst. Darum vergleiche dich nicht länger mit anderen und bleibe bei deiner Wahrheit. Deine Gefühle und Bedürfnisse sind mindestens genauso wichtig, wie die anderer Menschen. Also achte sie!

Wenn du aber weiterhin gegen deine inneren Impulse und gegen dich selber kämpfst, verhältst du dich letztendlich wie ein betrunkener Affe, der zu viele vergorene Früchte genossen hat.

Also werde wieder nüchtern, nimm Abstand, gönne dir Ruhe und entscheide dann, wofür du deine Kräfte einsetzen möchtest. Dann kämpfst du für etwas und setzt dich dafür ein, anstatt dir selber zu schaden.

Das ist sehr viel klüger als übertriebener Tätigkeitsdrang. Außerdem gibt es dir deine menschliche Würde zurück. Überlege dir, welches Ziel du erreichen willst. Wofür willst du deine Lebensenergie verwenden?

Wenn du das herausgefunden hast, bist du eine Kriegerin in eigener Sache. Dann versöhnen sich in deinem Inneren die Kräfte und unterstützen dich in deinem Ziel

Eine Kriegerin fragt nicht um Erlaubnis. Sie sagt innerlich: Ich will….! Ich mag….! Ich wage es!“

„Wir überzeugen durch unsere Gegenwart."

Walt Whitman

Norden: Der Weg der Kriegerin

Wenn Sie Kraft benötigen, um sich oder andere zu schützen, ist es wichtig, die innere Kriegerin auf den Plan zu rufen. Aber auch um andere zu führen oder um Neues zu erforschen, ist es nötig, eine klare Position zu beziehen. Ein Kämpfer muss sich zeigen, ganz wach seine Interessen vertreten und seinen Bereich schützen.

Ein guter Krieger ist in der Lage, weise zu kommunizieren, um Auseinandersetzungen zu vermeiden. Er kann Grenzen setzen und ist bereit, verantwortlich zu handeln. Durch sein Beispiel inspiriert er Andere und erinnert sie an ihre eigene Kraft (wie z.B. Gandhi, Maria Montessori, Florence Nightingale, Nelson Mandela, Al Gore, Rüdiger Nehberg).

Große Herausforderungen lehren uns, unsere Kriegerqualitäten und unsere Talente zum Ausdruck zu bringen, anstatt in Angst zu erstarren. Eine innere Reise kann bewirken, dass wir uns unserer größten Angst stellen und mutig in unsere Gegenwart zurückkehren. Es ist notwendig, den inneren Krieger zu rufen

- wenn wir Mut benötigen, um zu unseren inneren Überzeugungen zu stehen,
- wenn Stress die Oberhand zu gewinnen droht oder
- wenn wir uns wie ein Opfer anderen Menschen gegenüber fühlen.

Eng verbunden mit dem Begriff des Kriegers ist das Konzept der Macht. Ein Wort, das allein durch sein Auftreten Angst macht.

Macht an sich ist wertfrei, so wie „Handeln", also weder gut, noch schlecht. Bedeutend wird Handeln erst dann, wenn jemand etwas tut, denn Macht „macht" etwas. Die positive oder negative Bewertung entsteht, wenn jemand Energie nutzt, um etwas damit zu bewirken. Macht ist also Energie, die sichtbar wird.

In der Geschichte sind zwei erfolgreiche Konzepte der Macht bekannt. Der negative Gebrauch - er wird von Erzverbrechern wie

Hitler, Stalin und Mussolini verkörpert, die ihre Macht missbraucht haben.

Der positive Aspekt hat Vorbilder und Helden hervorgebracht, wie Gandhi, Jesus, Buddha, Martin Luther King und Mutter Theresa. Diese Menschen fanden die Quelle ihrer Macht in ihrem eigenen Inneren. Ihre Kraft entstand dadurch, dass sie in ihrem Herzen einen großen Raum frei ließen, der von etwas Größerem gefüllt wurde. Dieses Geheimnis nährte sie unablässig mit Liebe. Macht und Liebe waren in ihrem Bewusstsein eins, so dass sie jederzeit eine Situation herbeiführen konnten, in denen es nur Gewinner und Sieger gibt.

Die meisten Krieger unserer Zeit müssen lernen, die eigene Macht zu erkennen, um sie mit der Liebe und Achtung vor dem Leben zu verbinden.

Eine Möglichkeit, um diesen Weg zu gehen, ist, Kontakt mit unserem Krafttier aufzunehmen. Dieses Tier kann uns als Begleiter Energie und Sicherheit bringen. Wenn wir zum Beispiel Mut brauchen, kann es uns lehren, einen Abgrund nicht mit zwei Schritten zu überqueren, sondern zu springen.

„Wir alle sind von einer Sehnsucht nach wilder Ursprünglichkeit erfüllt. Aber es gibt kaum ein kulturell akzeptiertes Mittel, das diesen Heißhunger stillt. Man hat uns Scham vor diesem Verlangen anerzogen, und so haben wir gelernt, unsere Gefühle hinter langen Haarmähnen zu verbergen. Aber der Schatten der Wilden Frau verfolgt uns bei Tag und bei Nacht. Wo wir auch hingehen, ein Schatten trottet hinter uns her - und immer einer auf vier Beinen.“

Dr. Clarissa Pinakola Estes, Cheyenne, Wyoming

• Alle Naturvölker sehen unsere Verbindung zur Natur und Wildnis als unsere größte Kraftquelle an. Schon in frühzeitliche Höhlenmalereien wurden Menschen als „Baummenschen“ dargestellt. Für eine Kriegerin ist es wichtig, dass sie fest verwurzelt ist und standhaft, dabei so flexibel und biegsam bleibt wie ein Baum. Eine universal einsetzbare Übung für den Alltag ist deshalb eine Baum-Meditation, die sich ganz variabel nach persönlichen Bedürfnissen verändern lässt.

Eine Kriegerin kann sich als erbitterte Kämpferin zeigen, aber auch Beschützerin des Lebens und der weibliche Kraft.

Wenn sie kämpft, muss sie sich darüber klar sein, ob sie gegen etwas angeht oder für etwas einsteht.

Gegen etwas zu kämpfen kostet sehr viel Energie. Anders ist es, wenn die Kriegerin eine Idee oder Vision hat und dafür kämpft, dass diese in die Realität kommt. Ihr Traum gibt ihr Kraft und nährt sie. Häufig findet sie Mitstreiter, die eine ähnliche Vision haben und sich von ihr begeistern lassen. Es kommt also auf die innere Haltung an, aus der heraus sie handelt.

Vermutlich hatten Frauen in alten Gesellschaften einen hohen Status, weil sie durch den Geburtsakt Bewahrerinnen und Überträgerinnen des Blutes des Stammes und dessen Geistes waren. So wurde auch das Menstruationsblut als kostbar angesehen, wegen seiner innewohnenden Kräfte. Es wurde als Dünger für die Felder genutzt und zu Heilzwecken verwendet. Männer versuchten bei Zeremonien dieses Blut nachzuahmen, zum Beispiel durch Beschneidung, oder beim Sonnentanz der Sioux durch das Piercing der Brustwarzen. Es liegt die Vermutung nahe, dass Tabus und Opfer von Priestern erfunden wurden, um die Verwendungen von weiblichem Blut zu vermeiden, die früher auf Priesterinnen beschränkt waren. Ab da galt es als unrein und wurde ersetzt durch Blut von Männern oder Tieren. Das Blut ist der Urstoff von Leben und Tod, der durch schöpferische Alchemie neues Leben erschafft. Die Kriegerin tritt auf den Plan, wenn sie ihr eigenes Leben oder die Welt von Ballast, Unrecht und dem Bösen reinigt.

- ***Schutztechniken***

Um ihre Aufgabe erfüllen zu können, muss die Kriegerin dafür sorgen, dass sie selber geschützt ist.

Im Alltag gibt es immer wieder Begegnungen, die uns das Gefühl geben, dass wir uns energetisch schützen müssen. Sie kennen sicher Gespräche und Begegnungen, die so verlaufen, dass sich Ihr Gegenüber aus irgendeinem Grund bedroht fühlt und Sie das

Gefühl haben, er stellt seine Stacheln auf. Oder Sie beobachten, dass er innerlich in den Rückzug geht und irgendwie neben sich steht.

Eine andere Variante des energetischen Angriffs ist es, dass Sie mit leerem Geschwätz hingehalten werden, leer gesaugt oder innerlich an einen Haken genommen werden und Ihr Gegenüber versucht, Sie abhängig zu machen.

Vielleicht kennen Sie auch das Gefühl, von schmierigen Fangarmen gegriffen zu werden, so dass Sie am liebsten den Raum verlassen möchten, um sich zu duschen.

Das lautlose vorwurfsvolle Brüten macht auf anderen Ebenen ganz viel Lärm, besonders unter Leuten, die in fröhlicher Runde Spaß haben.

Und verbale Pfeile, die hin und her fliegen, können sehr verletzen und demütigen. Totales energetisches Chaos entsteht dann, wenn Hysterie ausbricht. Denn dann fühlen sich alle Anwesenden durch die angestaute Wut und Gewalt eingeschüchtert.

• Um diesen unangenehmen Situationen zu entkommen, ist es wichtig, eigene Grenzen zu setzen und sich innerlich und möglichst auch körperlich zurückzuziehen.

Eine bewährte Schutztechnik ist „das blaue Ei".

Stellen Sie sich vor, ein großes leuchtend blaues Ei umgibt Sie. Stellen Sie sich dieses Oval so plastisch wie möglich vor und so groß, wie es Ihnen angenehm ist. Es kann ein bis drei Meter vom Körper entfernt sein.

• Auch durch einen Schutzkreis können Sie sich eine Sicherheitszone schaffen. In der Natur kann dies ein Kreis aus Steinen, Blumen, Muscheln, Kristallen oder Blättern sein. In den Sie sich in Ihrer Vorstellung auch in alltäglichen Situationen stellen können.

Wenn Sie wissen, dass Sie einer unangenehmen Situation nicht ausweichen können, schützen Sie sich vorher energetisch und rufen Ihre Kriegerin.

Seelenreisen zur inneren Kriegerin können Sie dabei unterstützen, die nötigen Fähigkeiten zu entwickeln, die Sie brauchen, um Respekt zu erhalten von Ihrem Partner, Ihren Kindern und um im Beruf zur Führungskraft aufzusteigen. Ihre selbstsichere Haltung, natürliche Präsenz und Ausstrahlung, Ihr Durchsetzungsvermögen und Selbstvertrauen werden steigen, denn Sie lernen eindeutiges und stimmiges authentisches Verhalten. Sie werden unbewusste Stärken und Fähigkeiten durch die Kriegerin entdecken.

Ihr Krafttier als Beschützer und Krieger

Reisen Sie in Ihre Seelenlandschaft und bitten Sie mit offenem Herzen und wachen Sinnen Ihr Krafttier darum, sich Ihnen zu zeigen. Vielleicht zeigen sich Ihnen verschiedene Tiere. Sobald ein bestimmtes Tier Ihre Aufmerksamkeit auf sich zieht oder Ihre Gedanken immer wieder zu einem Tier zurückkehren, ist es vermutlich Ihr Krafttier.

Auf jeden Fall wird es ein eindeutiges Zeichen geben. Zum Beispiel eine Bewegung machen oder einen bestätigenden Laut äußern. Sie können es auch um ein solches Zeichen bitten. Vertrauen Sie darauf, dass Sie sich mit ihrem Krafttier verständigen können. Bitten Sie es darum, sein inneres Wissen mit Ihnen zu teilen und Ihnen seine Unterstützung zu geben. Verbringen Sie diese Reise dann damit, Ihren Tierverbündeten kennen zu lernen. Machen Sie sich mit ihm vertraut, lassen Sie sich seine Kräfte und Fähigkeiten zeigen.

Wenn Sie kein Tier erwartet, können Sie es rufen und sagen, dass Sie es jetzt kennen lernen möchten.

Uns wurde berichtet, dass ein Krafttier sich zunächst verborgen hielt, um die Aufrichtigkeit des Interesses zu prüfen. Gelegentlich spielen die Tiere sehr gerne mit einem.

Falls es sich überhaupt nicht zeigt, unternehmen Sie zu einem späteren Zeitpunkt noch einmal eine Reise, um sich mit Ihrem Tierverbündeten bekannt zu machen.

Sie werden Ihr richtiges Rudel finden! Vielleicht erst, wenn Sie gar nicht damit rechnen und völlig offen und unvorbereitet sind, weil in diesen Momenten die Tür zu Ihrem Herzen nur angelehnt ist und sich Ihr Verbündeter auf leisen Sohlen heranschleichen kann oder ein zarter Flügelschlag oder Gesang von seiner Nähe kündet.

Schamanen gehen davon aus, dass jeder Mensch einen Verbündeten im Tierreich hat. Oft wird gesagt, dass das Krafttier in der gleichen Minute geboren wurde wie der Mensch, dessen Begleiter es ist. Wolf Storm hat die Fähigkeit, innerlich zu sehen, welche Tierfamilie den jeweiligen Menschen adoptiert hat.

Wie jeder gute Freund braucht auch Ihr Tierverbündeter Ihre Aufmerksamkeit und Zeit. Ihr Krafttier möchte also von Ihnen beachtet werden. Sie können ihm Ihre Liebe schenken, indem sie ein Bild Ihres Freundes aufhängen, einen Anhänger Ihres Tieres tragen, Bücher über diese Tierart lesen und darauf achten, wo es Ihnen in der realen Welt begegnet. Es ist möglich, dass Sie jetzt häufiger von ihrem Krafttier träumen. Dann ist das Band geknüpft, dass Sie beide miteinander verbindet.

- Ihr Krafttier wird Ihnen mit seinen Fähigkeiten zur Seite stehen, wenn Sie es rufen. Ihr Tierverbündeter wird Ihnen zeigen, wie es seinen eigenen Lebensraum und seine Kinder schützt und sich gegen Feinde erfolgreich zur Wehr setzt. Diese Strategien können Sie auf Ihr Leben übertragen.

Eine Bekannte fuhr abends in einer leeren S-Bahn nach Hause. An der nächsten Haltestelle stieg ein alkoholisierter Mann ein, der ihr sehr unangenehm war. Er setzte sich ihr provokativ gegenüber und starrte sie an.

Zunächst bekam sie Angst. Doch dann erinnerte sich an ihr Krafttier: einen Büffel. Diesen rief sie innerlich - und nach einiger Zeit bemerkte sie, dass im Rhythmus der Bahnschwellen ihre innere Büffelherde zu galoppieren begann. Im selben Moment war ihre Angst verflogen.

Plötzlich stand der Mann auf und setzte sich so weit von ihr weg, wie es nur möglich war – in die hinterste Ecke des Wagens. An der nächsten Haltestelle verließ er die Bahn.

Die innere Kriegerin aktivieren

Wenn Sie in Ihre Seelenlandschaft reisen, tun Sie dies mit dem Ziel, Ihre Innere Kriegerin kennen zu lernen. Sie werden sicher von einem Wesen begrüßt, das Ihnen vertraut ist. Vielleicht von Ihrem Krafttier oder von Begleittieren, die Ihnen wohl gesonnen sind. Wenn ihr Krafttier nicht Ihr innerer Krieger ist, wird es in Begleitung kommen. Nehmen Sie Kontakt auf und vertrauen Sie Ihren Eindrücken.

Ihre innere Kriegerin kann Sie in den kriegerischen Künsten unterweisen und sie kann sehr verschiedene Techniken beherrschen.

- Zum Beispiel unterrichtet sie Sie im Bogen schießen. Bei ihm lernen Sie, sich zu zentrieren, Ihr Ziel klar zu fokussieren, eine ausbalancierte Haltung einzunehmen, Ihre Position zu wählen, ganz präsent zu sein, dem Energiefluss zu folgen, Ihre Gedankenenergie pfeilgenau auszurichten und im richtigen Moment loszulassen.

- Ihre Kriegerin könnte auch eine Läuferin sein, die mit Ihnen Ihre Ausdauer und Beharrlichkeit trainiert, indem sie die Grenzen Ihrer Seelenlandschaft mit Ihnen abläuft und Sie auf ihre Markierungspunkte aufmerksam macht. Auf diese Weise machen Sie sich Ihre Sicherheitszone vertraut.

- Vielleicht zeigt sich eine Blumenkriegerin, die Sie Widerstand lehrt, ohne jemandem zu schaden. Das „Guerillia Gardening" ist eine internationale Bewegung, die in den Städten auf Grünstreifen, Verkehrsinseln oder Baumumrandungen Samenbomben werfen und so für mehr Blumen und Grün sorgt. Sie tun dies ohne die Erlaubnis öffentlicher Stellen, weil sich Menschen über Blumen freuen und weil sie die Natur lieben. Im Vorbeifahren werfen sie Blumensamen auf Rasen, im Schutze der Dunkelheit pflanzen sie Vergissmeinnicht, Stockrosen, Tulpen oder Sonnenblumen. Sie fragen nicht um Erlaubnis, sondern tun aktiv etwas gegen die Tristesse in den Städten und begrünen damit die Welt.

Auch die Regenbogenkrieger von Greenpeace sind bekannt mit ihren friedlichen Aktionen.

• Eine Kriegerin des Herzens lehrt Sie, wie Sie Konflikte friedlich lösen können. Sie verlangt von Ihnen, wach zu bleiben und in jeder Situation Ihre Klarheit zu bewahren. Das bedeutet, sich dessen bewusst zu sein, was wirklich zählt.

Ein Konflikt ist vereinfacht ausgedrückt eine zu lösende Aufgabe. Davon unabhängig existieren Beziehungen, in denen jedoch diese Herausforderungen gelöst werden müssen. Es sind gemeinsame Lernschritte, die anstehen. Das ist das Spiel: die eigene Angst hinter sich zu lassen, ebenso wie Schuldgefühle, Selbsthass und Eifersucht. Stattdessen Machtkämpfe beenden, sich an Ziele erinnern, Verletzungen heilen, wieder vertrauen, Verantwortung übernehmen und glücklich sein.

Wenn eine Kriegerin den Mut hat, hinter diese Fassade zu blicken und ihre Erkenntnisse mitzuteilen, kann wahre Veränderung geschehen im menschlichen Miteinander. Denn sie stellt die verbindenden Beziehungen über die Konflikte und weiß um die Magie der Worte. Ihr Anliegen ist es, für etwas einzustehen und zu kämpfen, anstatt jemanden oder eine Sache zu bekriegen.

• Möglicherweise fordert Ihr Krieger Sie auf, ins Feuer eines Vulkans zu springen, um Ihren Mut und die Kraft zur Veränderung zu wecken.

Auf diese Weise können Sie Ihr Selbst erkennen, indem Sie Ihrer Dunkelheit begegnen. Im Feuer des Vulkans verbrennen Todesängste, die Flucht vor den inneren Monstern hat ein Ende. Das Feuer reinigt von all der Energie, die uns nicht mehr dienlich ist.

• Oder die Kriegerin unterweist Sie in intellektuelle Techniken, damit Sie Ihren Verstand als Waffe einsetzen können.

Dann zeigt sie sich als weise Frau, die Sie in Wortgefechte verwickelt. Vielleicht auch als Wissenschaftlerin, die durch ihren scharfen Intellekt Ihre Grenzen des Denkens erweitert. Oder als Schachspielerin, die Ihr strategisches Denken herausfordert…

Alice Schwarzer, geb.1942, hat die Frauenbewegung initiiert und dem „Krieg der Geschlechter“ eine Plattform gegeben. Sie kämpft für gleichen Lohn von Männern und Frauen, das Selbstbestimmungsrecht der Frauen und stellt klar, dass fast ausschließlich Männer die DAX-Vorstände bilden, dass sich das meiste Vermögen in männlicher Hand befindet. Außerdem bekämpft sie vehement die Prostitution und Pornografie.

An ihrer Person scheiden sich viele Geister, denn die Rolle der Kriegerin bedeutet Härte zu demonstrieren, Klarheit zu schaffen und unangenehme Dinge beim Namen zu nennen. Schärfe und eine gewisse Rücksichtslosigkeit, um wahrgenommen zu werden entsprechen nicht unseren gängigen weiblichen Verhaltensweisen.

- Vielleicht zeigt sich die Kriegerin auch als Liebende und Freundin. Auf diese Weise können Sie lernen, wann die Zeit des Festhaltens und wann die des Loslassens gekommen ist, um Ihre Herzensqualitäten zu schulen.

Denn wenn Sie mit offenem Herzen intuitiv auf die Sie umgebenden Energien reagieren können, sind Sie eine unbesiegbare Kriegerin.

Diese Fähigkeit haben häufig asiatische Krieger der Kampfkunst, die sich ganz auf den Fluss der Energie einstimmen. Sie sehen zum Beispiel bereits vor dem Angriff, was passieren wird. Manche üben sogar mit geschlossenen Augen. Sie agieren und reagieren sehr sicher, flexibel und geschmeidig.

Die Innere Kriegerin kann sehr unterschiedliche Strategien entwickeln. Was sie jedoch mit Sicherheit tun wird, ist, dass sie Sie herausfordern wird. Sie wird auch Sie überraschen und mit Ihrer eigenen Kraft und Macht verbinden.

Der Feind erscheint immer dann, wenn man nicht mit ihm rechnet und meistens aus einer Richtung, aus der man ihn nicht erwartet.

Art Reade, mein indianischer Lehrer, sagt: „Wenn du im Leben alle Kämpfe gekämpft hast, müde bist und denkst, du kannst dich zurücklehnen, dann wartet der größte Feind auf dich: das Alter."

Eine Kriegerin wird Sie lehren, dass sie letztlich nicht kämpft, um den Gegner zu besiegen. Denn der wahre Gegner ist der eigene

Schatten. Damit sind die Teile von uns gemeint, die wir verdrängen und nicht wahrhaben wollen. Das sind die Dämonen der Verzweiflung und inneren Erstarrung, die das Gefühl auslösen, sowieso nichts ausrichten zu können. Im Leben haben wir viele Kämpfe zu kämpfen, die darin bestehen Ängste und Unsicherheiten zu überwinden, Herausforderungen anzunehmen und über unsere Grenzen hinauszuwachsen. Wenn man sich jedoch seinen Dämonen stellt, wird man stärker.

Tom Johanson ist überzeugt davon, dass: „Niemand (hat) die Macht hat, dich zu verletzen, wenn du selbst ihm diese Macht über dich nicht einräumst."

So verändern wir uns und befreien uns von innerer Dunkelheit. Dies wird nach außen in unseren Alltag strahlen, denn der äußere Kampf wird immer vom Inneren bestimmt. Das Ziel ist es, den Feind im Inneren zu bezwingen und sich selbst weiter zu entwickeln.

- Um die eigene Kraft zu spüren, wird die Kriegerin Sie dazu bringen, im Stehen zu meditieren. Sie wird Sie anleiten, sich zu schützen und dann mit erhobenem Kopf aufrecht stehend in Ihrer Seelenlandschaft so lange wie möglich in Stille auszuharren.

Auf diese Weise können Sie erfahren, wie es ist, für sich selber einzustehen, mit beiden Beinen auf dem Boden der Tatsachen angekommen zu sein und einen Standpunkt einzunehmen. Sie spüren, wo Sie Grenzen ziehen. Sie handeln aus einer Haltung der Selbstachtung heraus und können ein gesundes Selbstwertgefühl entwickeln. Sie werden sich der Präsenz, Lebenskraft und Autorität Ihrer inneren Kriegerin bewusst.

Die Kriegerin kennt sicher unterschiedliche Baum-Übungen, um Ihrem Leben Stabilität und Halt zu geben.

Vielleicht erwartet die Kriegerin Sie am Stamm Ihres Baumes in der Seelenlandschaft und sagt:

- „Lehne dich vertrauensvoll an Bruder Baum, der heute eine Botschaft für dich hat. Schließe deine Augen und berühre die Rinde.

Lass es zu, dass die Energie zwischen Rinde und Haut hin und her fließt. Lass dich in die Arme des Baumes fallen, verbinde dich mit ihm und werde wie er.

Spüre, wie seine Wurzeln fest mit Mutter Erde verbunden sind und werde auch du eine Tochter der Erde. Verfolge mit deinem Geist wie er alles, was er an Energie benötigt, durch die Wurzeln in den Stamm und in die Baumkrone zieht. Spüre in dir, wie auch dein Körper von dieser Energie genährt wird, wie sich dein Herz mit Stärke und Festigkeit füllt. Und verfolge den Energiefluss weiter nach oben, bis in die Zweige und Äste, Blätter, Blüten und Früchte des Baumes. Stell dir vor, wie auch du all deine Aufgaben, Gedanken, Ideen, Projekte und Visionen mit dieser kostbaren Energie versorgst, damit sie Gestalt annehmen können und zum Guten beitragen.

Der Baum ist eingebunden in das Grosse Ganze, ebenso wie du. Er wird nicht nur von Mutter Erde versorgt, sondern er erhält auch Kraft und Energie von Vater Sonne. Das Sonnenlicht und seine Wärme berühren den Baum an seiner Krone am stärksten. Er nimmt dieses Licht als Geschenk und wandelt es in kraftvolle Energie, die durch ihn hindurchfließt, von oben nach unten, bis in die Wurzeln und in die Erde.

Werde nun zur Tochter der Sonne und nimm die Wärme und das Licht in dich auf, lass es durch dich hindurchströmen als Segen.

Nun bist du, wie dein Bruder Baum eine Brücke zwischen Himmel und Erde. Ein stiller Beobachter dessen was geschieht. Ganz in dir ruhend, deine Energie ausbreitend und machtvoll in deiner Kraft stehend."

- Eine andere Baum-Übung ist auch sehr kraftvoll:

Dann sind die Wurzeln Symbole Ihrer Vergangenheit, die Kraft Ihrer Ahnen und Ihres Erbes. Der Stamm steht für Ihre Gegenwart und Sie können erkennen, wohin Sie Lebenskraft und Kreativität lenken müssen, um harmonisch zu wachsen. Die Äste sind Ihre angestrebten Ziele, Blüten und Früchte entsprechen Erfolgen und schon erreichten Zielen.

Die Gestalt des Baumes ändert sich im Wandel der Jahreszeiten, die Kriegerin ehrt den Wechsel von Vergangenheit, Gegenwart und Zukunft.

Die Gestalt der Kriegerin wird für Sie nicht furchteinflößend sein, denn ihre Aufgabe ist es ja, Sie darauf vorzubereiten, Ihre innewohnende Macht zu nutzen. Sie ist ein Teil von Ihnen. Vielleicht zeigt sie sich in der Gestalt einer Göttin, oder aber als Löwin, sie erscheint in Rüstung und Harnisch oder als einfach gekleidete Frau aus einer anderen Zeit und Kultur, wer weiß?

„Es ist alles da, um glücklich auf Erden zu sein. Wir haben Schnee und jeden Tag einen neuen Morgen, wir haben Bäume und Regen, Hoffnung und Tränen, wir haben Humus und Sauerstoff, Tiere und alle Farben, ferne Länder und Fahrräder, wir haben Sonne und Schatten, wir sind reich."

Friedensreich Hundertwasser (Maler, Architekt, Ökologe, Philosoph)

Der besondere 13. magische Impuls: Durch schamanisches Coachen Stress in Stärke umwandeln

Marion Sell war eine von denen, die sich wirklich Veränderung in ihrem Leben wünschten, weil ihr Leidensdruck unerträglich geworden war. Sie merkte, dass sie alleine nicht weiterkommen konnte, denn sie hatte eine tiefe Sehnsucht nach mehr Freude, Lebendigkeit und zwischenmenschlicher Begegnung. Sie bat mich um ein schamanisches Coaching.

Sie litt an chronischen Schmerzen, die als Folge einer OP auftraten. Ihre Ärzte, bei denen sie jahrelang Hilfe suchte, waren ratlos, denn alle körperlichen Ursachen wurden mehrmals untersucht und behandelt. Inzwischen quälte sie Herzrasen und Atemnot,die Schlaflosigkeit und Todesangst auslösten. Nach einem weiteren Notarzteinsatz, Klinikaufenthalt und den resignierten Abschiedsworten des behandelnden Arztes, er sei mit seinem Latein am Ende, sind Marions Nerven so angespannt, dass sie völlig verzweifelt ist. Da wir uns privat sehr schätzen entscheide ich mich ohne ihre Begleitung und zu einem ihr unbekannten Zeitpunkt in ihre Seelenlandschaft zu reisen. Mein Ziel ist es, mich in ihrer Innenwelt zu orientieren und dort hilfreiche Impulse zu geben. Ich bitte darum, dass sie heilsame Veränderungen zulassen kann und vertraue darauf, dass mich mein Spirit bei diesem Coaching führt. Nach einem kleinen Ritual reise ich in meiner Vorstellung in einen Dschungel. In einem wunderbar klaren Fluss reinige ich mich und lasse mich dann treiben. Das Wasser trägt mich bis zu einem Wasserfall, der mich mit in die Tiefe nimmt... Als ich schließlich wieder festen Boden unter den Füssen spüre, befinde ich mich in einem Korridor, von dem zahlreiche Türen abgehen. Auf einer hellen Wohnungstür, die mit einem künstlichen Blütenkranz geschmückt ist, steht ihr Name. Ich darf eintreten und spüre, dass ich willkommen bin. Marions Gegenwart kann ich wie einen Schatten wahrnehmen, sie aber nicht sehen. Die Landschaft, die ich erkenne, betrachte ich ohne Urteil oder Bewertung. Sie macht einen trostlosen und merkwürdig künstlichen Eindruck. Denn alles wirkt so, als hätte sich das Leben hier verabschiedet. Der Boden ist mit Nägeln bedeckt und ein breiter Weg aus Pappe oder Scheinen führt zu einem Opferstein. Die Quelle ist versiegt, der Fluss ausgetrocknet. Das Sonnenlicht ist von Wolken verdunkelt, alle Tiere und Pflanzen sind geflohen, stattdessen gibt es zahlreiche wertvolle Kunstpflanzen... Ich wende mich an Marion und frage sie, ob es ihr recht ist, wenn wir eine kleine Laube aus Pflanzen herbei wünschen, in die wir uns setzen können, um unsere gemeinsame Zeit gemütlich verbringen zu können. Sie fragt erstaunt: „Geht das denn?"

Daraufhin zeige ich ihr, dass sie einen kostbaren Zauberstab besitzt, mit dem sie hier alles so einrichten kann, wie sie es möchte. Wir sitzen nun in dem verwunschenen Gartenhaus und ich frage sie, was sie denn gerne anders hätte. Sie wird ganz lebendig und weiß sofort, was zu tun ist: „Zuerst müssen die rostigen Nägel aus dem Boden verschwinden..." Und sie nimmt einen großen Magneten, mit dem sie all das Metall aus der Erde zieht. Dann sät sie Samen aus.

Doch die Pflanzen wollen Marion eine Botschaft überbringen, bevor sie bereit sind, sich in dieser Erde niederzulassen. Die rote Königin der Blumendevas – eine aufrechte, wunderschöne, duftende Rose – meldet sich zu Wort: „Wir Blumenwesen wissen, dass du uns liebst mit deinem ganzen Herzen. Du erfreust dich an unseren Blüten, an der Farbenpracht und genießt es, wenn unser feiner Duft deine Räume erfüllt. Du arrangierst uns zu wahren Kunstwerken, was wir sehr lieben. Damit entzückst du auch deine Mitmenschen und drückst deine wunderbare Kreativität aus.

Auf diese Weise dienen wir dir gerne und leben unsere Bestimmung, denn wir geben unser Leben für deine Freude. Und doch sollst du wissen, dass es etwas gibt, das uns bisher zögern ließ voller Vertrauen in dein Leben zu kommen… Denn obwohl schon so viele Blumen deinen Lebensweg begleitet haben, hast du eine Botschaft, die wir dir zu überbringen haben, noch nicht verstanden. Sie lautet: Wir Pflanzen sind Lebewesen, ebenso wie Tiere und Menschen, denn wir haben ein Bewusstsein. Wir wissen um die großen Veränderungen im Leben. Zuerst sind wir wie leblos, kleine, unscheinbare Samen. Wir beginnen nach unserem inneren Rhythmus zu keimen und zu wachsen, bis wir in voller Blüte stehen und selber Samenkinder bekommen. Danach ziehen wir uns wieder in die Erde zurück, um für das neue Leben Platz zu schaffen. Wir sind ein Teil des großen Kreislaufs und somit ist unsere Schönheit veränderlich, wie alles Lebendige in der Natur. Bisher genießt du unsere Gegenwart in seiner höchsten Blüte, doch dann entsorgst du uns ohne Mitgefühl, so als wären wir leblos. Es bricht uns das Herz, wenn du uns wie Gegenstände behandelst, obwohl du es in deinem Herzen besser weißt. Doch nun, da du mich angehört hast und mir dadurch deinen Respekt bewiesen hast, werde ich die Pflanzen und Tiere zurückrufen, damit sie deinen inneren Garten mit Leben erfüllen, so wie du es dir erträumst."

Wir können zusehen, wie aus den Samen eine Fülle von unterschiedlichen Pflanzen entstehen: Wiesenblumen, Gräser, Kräuter, Bäume und Farne, Hecken und Getreidefelder. Die Quelle beginnt wieder zu sprudeln und Marion hat eine kindliche Freude an allem, was sie sieht. Übermütig schöpft sie Wasser mit den Händen, bewässert die Blumen, trinkt auch selber aus der Quelle und beobachtet, wie sich die Landschaft im Rhythmus der Jahreszeiten vor ihrem inneren Auge verändert. Im Zeitlupentempo wird aus Sommer Herbst, dann Winter und Frühling. Die friedliche Landschaft zeigt sich immer in seiner zauberhaften Schönheit und Harmonie. Gleichzeitig erinnert sich Marion an glückliche Zeiten als kleines Mädchen und junge Frau, dann als selbstbewusste Frau und weise Frau, die dankbar auf ihren reichen Erfahrungsschatz zurück blickt. Ich sehe Marion an, dass sie von all diesen Eindrücken überwältigt ist. Sie erkennt plötzlich, dass sie eingebunden ist in etwas Größeres. Endlich kann sich ihr Herz entspannen und all das, was im Laufe der Jahre ihr Leben so eng gemacht hat, fällt von ihr ab. Es landet auf dem Boden und wird vor ihren Augen zu Nahrung für viele kleine Lebewesen: Regenwürmer, Käfer, kleine Vögel.

In diesem magischen Augenblick wird sie in ihrer wahren Schönheit für mich sichtbar. Besonders fällt mir ihr liebevolles Herz auf, das in allen Regenbogenfarben leuchtet.

Als ich mich verabschiede ist Marion damit beschäftigt ein Kunstwerk zu schaffen. Selbstvergessen gestaltet sie eine wunderschöne Seelenblume. Diese ist ein Symbol der Wiedergutmachung an der Natur. Diese Seelenblume ist ihre spontane Idee, um die Schönheit und Freude wieder in ihr Leben und das von anderen einzuladen. Sie wird Marion daran erinnern, dass sie ihr Leben mit den Rhythmen und Veränderungen in der Natur führen darf. Erst dann findet auch ihr Herz zurück zu seiner Harmonie…

Leise ziehe ich mich in meinen Alltag zurück.

Am nächsten Tag telefonieren wir miteinander. Marion weiß nicht, dass ich inzwischen für sie „gereist“ bin. Doch sie klingt überraschend froh und berichtet sofort, dass ihre Angst wie weggeblasen ist. Sie hat ihre Schmerzmittel drastisch reduziert und fühlt sich so erleichtert, als ob sich irgendein Knoten gelöst hat… Irgendetwas muss geschehen sein, denn so gut hat sie sich seit Jahren nicht gefühlt.

Offensichtlich hat sich Marion aus ihrer Vergangenheit lösen können, in der sie wünschte, viele Dinge hätten sich in ihrem Leben anders entwickelt. Und sie konnte auch die Zukunft loslassen, von der sie hoffte, sie kontrollieren zu können und die ihr zunehmend Angst einflößte. Als sie sich auf ihrer Seelenebene entschied, als Kunstwerk eine symbolische Blume zu gestalten, kam sie ganz im Hier und Jetzt an.

Welch ein Glück, dass Marion nach all den schweren Jahren voller Schmerzen gerade jetzt ihre Furcht vor der Leblosigkeit aufgeben konnte! So vertrieb sie all die blockierende Energie aus ihrem Herzen und auf der körperlichen Ebene konnte ihre Vitalität ohne Zeitverzögerung zurückkehren. Ihre große Herausforderung – vor der jeder irgendwann einmal steht - ist es, die Angst loszulassen und sich für die Liebe zu entscheiden. Marion wird wieder lebendig durch ihre Furchtlosigkeit und die Erkenntnis als Mensch auch Fehler machen zu dürfen. Durch ungewohntes Nichtstun und hören auf ihre innere Stimme findet sie ihre innere Mitte wieder, indem sie vertraut und aufhört, gegen sich selbst zu kämpfen. Ihre Seele ist bereit, alte Pfade hinter sich zu lassen und zeigt in deutlichen Bildern, wie sie Heilung erlangen kann.

Rituale verlangsamen die Zeit und lösen auf diese Weise Stress, der dadurch entsteht, dass alles zu schnell wird und wir unseren inneren Rhythmus verlieren.

„Das Gesetz des Vertrauens gründet sich auf die Erkenntnis, dass wir mehr Wissen besitzen, als wir uns durch Lesen, Zuhören und Studieren erworben haben, wir wissen mehr, weil wir mehr sind, wir haben eine direkte Verbindung zur universellen Weisheit, wir müssen nur hinsehen, hinhören und vertrauen."

Erich Fromm

Die Tür nach Innen öffnen

Häufig haben Menschen, die Botschaften aus den feinstofflichen Ebenen empfangen, viele Jahre an sich gearbeitet, um ihre Lebensspur zu finden. Die meisten von ihnen fühlen sich eng verbunden mit der Natur und der geistigen Welt. Dies war nicht unbedingt immer so und hat sich häufig erst mit der Zeit entwickelt. Ein innerer Wandlungsprozess geht Schritt für Schritt vonstatten, wie es in der Natur häufig zu beobachten ist.

Aus dem Ei eines Schmetterlings entwickelt sich zuerst eine Raupe. Diese verpuppt sich und ruht gut getarnt in einem Kokon. Dann erst entwickelt sich daraus ein Schmetterling. Beobachtet man das Schlüpfen eines Falters, erkennt man, wie viel Anstrengung es ihn kostet. Es ist ein mühsamer und kräftezehrender Weg. Gleichzeitig ist diese Verwandlung auch ein Wunder, denn ein erdgebundenes Geschöpf entwickelt sich vom kriechenden Wesen in einen frei fliegenden, bunt schimmernden Schmetterling.

Ein kleiner Junge, der diesen Prozess beobachtete, war so sehr von den Anstrengungen des schlüpfenden Schmetterlings gerührt, dass er nachhalf und den Kokon aufschnitt. Der befreite Schmetterling schlüpfte heraus und entfaltete seine Flügel. - Allerdings konnte dieser Schmetterling sein ganzes Leben lang nur kriechen und lernte niemals fliegen.

Auch das menschliche Herz entwickelt seine Weisheit durch solch einen "Schritt für Schritt"-Transformationsprozess.

Er beginnt damit, dass wir uns verbessern wollen:

Vielleicht haben wir bisher keine andere Aufgabe gefunden, als unseren Körper zu vervollkommnen. So haben wir uns selber und unsere Mitmenschen mit ungnädigem Blick nach Äußerlichkeiten abgeurteilt. - Aber nun treten wir einen Schritt zurück, weil wir uns wünschen, uns mit unserem wahren Selbst zu verbinden. Wir sehnen uns nach dem Gefühl, mit anderen in tiefer Verbindung zu stehen und die in uns wohnende Liebe auszudrücken. Und wir erkennen, dass der Verstand und Vorurteile uns oft daran hinderten, das Richtige zu tun. Nun möchten wir von unserer selbstbezogenen Art, mit anderen und der Welt umzugehen, Abstand nehmen. Es ist letztendlich der Wunsch, die innere Einsamkeit hinter uns zu lassen, der uns antreibt, so dass wir uns verändern. Wir wollen endlich dem Geheimnis des Lebens auf die Spur kommen und wissen, wofür wir leben.

Dieses innere Wachstum entwickelt sich meistens in kleinen alltäglichen Schritten. Zu Anfang gehen wir diesen Weg zumeist gemächlich und unbewusst, wie eine Schildkröte. Doch später ändert sich häufig das Tempo und wir machen viele mause-kurze Schritte, um schneller voran zu kommen. Dann müssen wir besonders darauf achten, nicht den Weg zu verlieren. Das eigene Tempo ist sehr individuell, jedoch eines ist sicher:

Wer sich auf dem Herzens-Weg befindet, benötigt immer wieder Zeiten für sich alleine. Denn wer Klarheit sucht, findet sie häufig erst dann, wenn er sich aus dem Trubel zurückzieht. Dies ist irgendwann für die innere Balance ebenso wichtig wie die Luft zum Atmen. Im Alleinsein kommen die Gedanken, Erlebnisse und Projekte zur Ruhe. Alle Nachrichten, die Post, Handy und Computer lassen wir zurück, um uns auf das Einfache und Klare zu besinnen. Wir fahren ans Meer oder ziehen uns in die Waldhütte zurück, um dort Stille zu erfahren. Wenn dann alle Ablenkung und Zerstreuung fehlt, begegnen wir uns selbst. Interessant ist, dass das chinesische Zeichen für Geschäftigkeit die Bedeutung hat: „das Herz töten“. Die Erfahrung zeigt, sobald wir unseren Alltag verlassen haben, werden wir schon nach wenigen Tagen auf das Wesentliche reduziert. Dann beginnen wir unser Herz wieder zu spüren. Darum fühlen wir uns manchmal einsam, nackt, verletzlich und unsicher. Denn wir werden auf unseren inneren Kern zurück geworfen und schauen auf das, was uns ausmacht. Alle Rollen fallen von uns ab. Hier sind wir nicht länger die aufopferungsvolle Mutter, die aktive Macherin, die pflichtbewusste Frau…

Wir erfahren vielleicht auch, dass uns alles Wilde fremd geworden ist und uns verunsichert. Unser Blick ist klar geworden und wir bemerken voller Schrecken, dass wir gar nicht mehr die eigene ungezähmte Leidenschaft spüren können. Wir haben verlernt zu fühlen, was wir selber brauchen oder wünschen.

Oft erhalten wir aber gerade in diesen Zeiten kostbare Geschenke. Das Leben hält in diesen besonderen Tagen Erfahrungen und Visionen bereit, die sich wie prächtige Fäden in unser Leben weben und die wir nie vergessen werden.

So erneuern wir unseren inneren Raum und fühlen uns von ganz viel Liebe umgeben.

Andere Menschen gehen den wissenschaftlichen Weg und kommen auf diese Weise dem Geheimnis näher. Es ist bekannt, dass Mathematiker, Physiker und Ärzte häufig großes Interesse an Musik, Kunst und Philosophie haben. Diese Gebiete bilden ein Gegengewicht zu ihrer eher intellektuell ausgerichteten Tätigkeit und verbinden sie mit dem großen Reichtum in ihrem Herzen. Naturwissenschaftler verlassen den vermeintlich festen Boden der Logik, um sich mit religiösen und philosophischen Fragestellungen auseinander zu setzen, wenn es auf ihrem Gebiet sehr abstrakt wird.

An der Grenze des Verstandes entstehen die Bilder der Seele. Mediziner stoßen an Grenzen ihrer Kunst, wenn sie Sterbende begleiten, wenn sie selber krank werden oder eines ihrer Familienmitglieder. Dann müssen sie ihren Kollegen vertrauen. Sie öffnen sich manchmal auch für Hilfsangebote, die aus anderen Ebenen stammen. Meistens wenden sie sich jedoch erst an eine Heilerin und vertrauen dem Gebet oder Ritual, wenn sie alle anderen Wege gegangen sind.

In Brasilien, England und vielen anderen Ländern gibt es inzwischen eine erfolgreiche Zusammenarbeit von Ärzten, Priestern und Heilern. Diese Erfahrungen zeigen, dass ungeahnte positive Erfolge entstehen, wenn unterschiedliche Berufsgruppen mit ihren speziellen Fähigkeiten und Fertigkeiten zusammentreffen, um gemeinsam ein Ziel zu erreichen, zum Beispiel um Heilung zu bewirken.

Immer, wenn verschiedene innere Bilder vom Menschen aufeinander treffen, wie z.B. die von Künstlern, Bauern, Musikern, Literaten, Handwerkern, Clowns, Soziologen und Medizinern, entstehen sehr viele gegenseitige Anregungen.

In der Klinik von Dr. Patch Adams zum Beispiel wird die ganze Familie des depressiven Patienten mit aufgenommen und in das tägliche Gemeinschaftsleben einbezogen. Ist der Kranke ein Automechaniker, wird er vielleicht erst einmal den Wagen einer Krankenschwester reparieren, bevor die Therapie beginnt. Auf diese Weise fügt er sich mit seinem Können in die Gemeinschaft ein und hat erst einmal Zeit, sich neu zu orientieren. Indem er etwas gibt, was ihm leicht fällt und anderen hilft, erwirbt er sich einen Platz in der Gruppe.

Die Trennung von gesund und krank, von Arzt und Patient wird an diesem Ort aufgehoben. Denn das Team geht davon aus, dass jeder Mensch für andere hilfreich und unterstützend sein kann. Die Behandlung ist kostenlos und niemand legt Wert auf hierarchische Statussymbole. Neben traditionellen Behandlungsmethoden wird alternative Medizin angewendet, aber auch Kunsttherapie, Handwerk, Naturerfahrungen, Landwirtschaft und Entspannungstechniken. Im Mittelpunkt stehen die zwischenmenschlichen Begegnungen, gegenseitiges Verständnis, eine gesunde Lebensqualität und gute Laune. Diese Erfahrungen verändern die Sichtweise und Lebenseinstellungen der Patienten grundlegend. Ihre Selbstachtung wächst auf ganz natürliche Weise durch das intensive Zusammenleben, denn es werden oftmals ganz neue soziale und emotionale Fähigkeiten gelernt. Meistens entstehen Freundschaften und Verbindungen, die ein Leben lang anhalten. Damit erwachen auch wieder das Glück, der Humor und die Lebensfreude. In diesem Gesundheitsinstitut wird das Hauptaugenmerk auf die Heilung der Seele gelenkt. Mit dem Ergebnis, dass sich völlig neue Lebensperspektiven für die Patienten eröffnen.

Wenn jemand den Entschluss fasst, auf eine Innenreise zu gehen, also den Kontakt zu seiner eigenen Seele herzustellen, muss er sich mental darauf einstellen und einige Vorbereitungen treffen. Mediziner haben auf der physiologischen Ebene grundlegende Veränderungen beobachtet. Um die Tür nach innen zu öffnen und in die andere Wirklichkeit zu reisen, müssen sich unsere Gehirnstromwellen vom normalen Tagesbewusstsein (Beta-Zustand) in den Theta–Zustand verwandeln. In diesem Bewusstseinszustand sind wir dann besonders offen für die bildhaften Botschaften aus unserem Unterbewusstsein. Diese Gehirnaktivität ist zu messen, wenn wir kurz vor dem Einschlafen oder Aufwachen sind. Wir kennen diesen träumerischen Dämmerzustand zwischen Wachen und Schlafen, in dem wir ganz tief entspannt sind und gleichzeitig sehr wach, kreativ und inspiriert. Dann sehen wir mühelos Bilder, neue Gedanken blitzen auf und Einsichten öffnen sich in großer Klarheit. Zeit und Raum nehmen wir völlig verändert wahr.

Dies ist die Traumzeit, in der sich Kinder sehr häufig aufhalten. Sie erleben das Beschriebene als real und es findet weltweit seinen Ausdruck in Märchen, Sagen und Mythen aller Völker. Märchen sind Träume in einer anderen Welt, die heimatlich anmutet, aber hier und auch ganz woanders so stattfinden könnte. Es existiert sozusagen eine Realität des Traumes, die sich hinter der alltäglich erlebten Wirklichkeit verbirgt. Man kann selbst Teil davon werden, weil man selber kreativ werden kann durch die eigene Imagination. Die Trommeln schaffen das Tor und gleichzeitig auch den Abstand, den es braucht, um die Einbildungskraft zu entwickeln.

Diese magische Welt der Kinder ist vielen im Laufe des Lebens jedoch fremd geworden. Wir erinnern uns an unsere nächtlichen Träume nicht mehr. Wir nehmen uns auch nicht die Zeit, einzelne Puzzleteile unseres Unterbewusstseins aufzuschreiben oder sogar ein Traumtagebuch zu führen und die Botschaften zu entschlüsseln.

Ein tranceähnlicher Zustand hilft dabei, in die Seelenlandschaft zu reisen. So können wir uns an die angeborene Fähigkeit erinnern, die Welten wechseln zu können. Während einer Seelenreise können wir diese Bereiche wieder betreten. Wenn wir nur nach außen gerichtet gelebt haben, ist unsere innere Landschaft inzwischen vielleicht ein völlig verdorrter, vertrockneter und verlassener Ort geworden... Doch nun ist es an der Zeit, ihn wieder zum Leben zu erwecken. Wir haben die Kraft und Fähigkeit dazu alles zu verändern, denn in diesem Bereich sind wir zuhause.

Hier können wir uns mit Gedankenkraft fortbewegen. Mit dem Zauberstab sind wir in der Lage, Veränderungen sofort herbeizuführen. So lassen wir den Baum wachsen und blühen. Wir erfüllen uns einen Kindheitstraum und bauen vielleicht ein Baumhaus. Eine bunte Blumenwiese mit Schmetterlingen entsteht vor unserem inneren Auge. Wir können die Luft voller Frische und Blütenduft einatmen und beobachten, welches Tier sich uns zeigt und welche anderen Wesen wir wahrnehmen können.

Die Trennung zwischen den Welten ist an vielen Stellen durchlässig. Wir können den Schleier beiseite ziehen, der das Sichtbare vom Unsichtbaren trennt. Denn es gibt Öffnungen, durch die wir hindurch gelangen können. Um diese Türen aufsperren zu können, benötigen wir jedoch Schlüssel. Damit sind Methoden gemeint, um unser Bewusstsein auf den Wechsel zwischen den Welten vorzubereiten.

Jede Kultur hat hierfür eigene Techniken entwickelt und verwendet unterschiedliche Werkzeuge, um einen Durchgang zu gewährleisten. Zum Teil handelt es sich um Getränke und Speisen aus Pflanzen, Pilzen und Kräutern, die allerdings in ihrer Wirkung schwer zu kontrollieren sind und deren Verwendung für die Schamanen, die als einzige mit ihnen reisen, häufig lebensgefährlich sein können. In den Büchern von Carlos Castaneda oder Lynn Andrews sind derartige Erlebnisse näher beschrieben.

Das Lauschen auf den rhythmischen Schlag einer Trommel ist jedoch ein völlig sicherer Weg. Die Trommel ist dann das „Reittier", das uns in unsere Seelenlandschaft trägt. Das monotone, rasche Schlagen der Trommel überlagert andere Sinneseindrücke, und so verabschiedet sich langsam das Alltagsbewusstsein. Es macht den Weg frei für einen Zustand, in dem wir ganz entspannt sind und innere Bilder in uns aufsteigen können. Um von „hier" nach „dort" zu gelangen, kann vieles als Reittier oder Schlüssel dienen.

Entspannungstechniken und Atemübungen sind dafür bekannt. Im indischen Kulturbereich sind ganze Lehrsysteme entstanden, die in Verbindung mit Körperübungen als Yoga auch im Westen ausgeübt werden. Ebenso das Rezitieren heiliger Texte, wie zum Beispiel die Veden. Auch die zarten Klänge der Citar, einem Saiteninstrument, führen in andere Bewusstseinsebenen.

Aus der schamanischen Tradition ist das Singen von Kraftliedern bekannt, eventuell begleitet von Trommelschlägen oder der Rassel. Live diese Lieder hören zu dürfen ist mit nichts zu vergleichen. Die Sänger, in diesem Fall Wolf Storm und seine Frau Swan, sammelten und erdeten sich. Sie ruhten völlig in sich und dann vollzog sich eine subtile Wandlung. Sie selber schienen als Personen zu verschwinden und etwas anderes, sehr Machtvolles umgab sie. Eine ganz besondere Stille erfüllte die Halle und eine ungewöhnliche Spannung legte sich auf das Publikum. Dann begann Wolf zu singen: mit tiefer männlicher Stimme, voller Kraft und Würde. Die Töne waren Ausdruck seiner inneren Haltung. Swan fiel mit ihrem Gesang ein und beide zusammen drückten in indianischer Sprache aus, was unsere Herzen verstehen konnten. Sie erzählten davon, wie sehr sie die Schöpfung lieben. Dass sie wissen, dass alles eine Seele hat. Sie versicherten, dass sie Respekt vor allem Leben haben. Dass sie wünschen, dass all unsere Gedanken, Gefühle, Worte und Taten gute Energie und wertvolle Impulse für andere Menschen und Lebewesen sein mögen. Sie besangen die Liebe, die alles beeinflusst und miteinander verbindet, die uns stark macht und die Quelle für alles Leben ist. Sie erinnerten unsere Seelen an die unermessliche Schönheit, die uns umgibt. Sie dankten für den Segen, den wir erhalten haben, um ihn weiter zu geben. Sie bedachten alle Wesen, die mit uns gemeinsam den Weg gehen, der zurück in die Harmonie führt.

Als sie endeten, hatten sich die Gesichter der Zuhörer verändert. Sie waren weich und durchlässig, unschuldig und voller Hoffnung. Die Stimmung war still und ergriffen, denn jeder spürte, dass etwas unendlich Kostbares unsere Seele erinnert hatte.

Ebenso kann uns der Tanz in Trance versetzen. Wie zum Beispiel der Tanz der Derwische, die so lange um ihre eigene Mitte kreisen, bis sie das Bewusstsein für sich selber verlieren und in Gott ruhen. Sie finden Gott in sich, als wären sie im Auge eines Wirbelsturms, in dem völlige Stille herrscht.

Der Sonnentanz der Indianer Nordamerikas ist eine andere Möglichkeit, einen Trancezustand durch Erschöpfung, Durst, Entbehrung, Schmerz und Hitze zu erreichen. So erneuern sie den Bund mit Wakan Tanka, dem Großen Geheimnis. Sie bringen ihr Blut als Opfer, um das gestörte Gleichgewicht wieder herzustellen. Während dieser Erneuerungszeremonie erfahren junge Männer das Geheimnis des Blutes und der Schmerzen, ohne jedoch Krieg führen zu müssen. Denn durch dieses rituelle Leiden erhalten sie auch eine Idee von den Schmerzen einer Geburt. Auf diese Weise lernen sie, das Wesen der Frauen zu respektieren. Denn Frauen nehmen all dies ganz selbstverständlich auf sich, damit das Leben weiter gehen kann. Nach dem Sonnentanz sind die Jünglinge initiiert und werden als Männer begrüßt.

Überlieferte Körperhaltungen, oft in Kombination mit Masken, Körperbemalung und ritueller Kleidung, dienten seit Tausenden von Jahren Schamanen, Medizinfrauen und Heilerinnen dazu, bestimmte innere Ebenen zu bereisen. Diese Körperhaltungen wirken auch in der heutigen Zeit, denn auch Yoga-Übungen bewirken bestimmte innere Haltungen.

Instrumente wie Klanghölzer oder singende Bögen, wie sie aus Australien bekannt sind, aber auch Klangkugeln und –schalen oder Digeridoos können als „Fortbewegungsmittel" in die Traumzeit dienen.

Sowohl die Inuit als auch die Aboriginis kennen heilige monotone Gesänge, bei denen sie sich gegenseitig in den Mund singen (throatsinging) und dabei in eine meditative Trance fallen.

Die Bemalung einer Trommel mit Tieren oder Sonne und Mond, mit der Darstellung der drei Welten und/oder dem Regenbogen macht sie zu einer „Schamanentrommel". Baut man eine Trommel, ist ihr Klang davon abhängig, von welchem Tier das Leder stammt, das man verwendet. Außerdem bestimmt die Lebensart des Tieres ihre Energie und Qualität. Oft sind Trommeln mit Motiven bemalt, die von einer schamanischen Reise stammen. Manchmal sind auch ganze „Landkarten der Anderwelt“ auf den Trommeln der Schamanen zu finden. Es wird viel Energie in die Herstellung investiert, denn sie öffnet die Tore zur eigenen Kraft und Spiritualität. Dies ist für viele Kulturen belegt.

Die Trommel wird monoton geschlagen wie Regentropfen, die auf ein Dach fallen. Dies bewirkt, dass der Intellekt abschaltet, denn es gibt keine Anregungen, über die man nachdenken könnte. Gleichzeitig wird der Geist wie von einem galoppierenden Pferd mitgerissen.

Beide Gehirnhälften werden durch die Trommelschläge so miteinander verbunden, dass wir mit unseren emotionalen und rationalen Eindrücken und all unseren Sinnen auf die Reise gehen. Wir sehen vielleicht Bilder, hören Geräusche oder Worte. Wir befinden uns in der „Anderwelt“. Dort hören, fühlen, tasten, sehen und schmecken wir. Oder wir erfahren gleichzeitig mit allen unseren Sinnen etwas, das wir dann hundertprozentig wissen.

Eine Regel für die Wahrnehmung dieser Ebenen gibt es nicht. Jeder Mensch entwickelt seine eigene Wahrnehmungsform, die weder besser noch schlechter ist als die irgendeiner anderen Person. Sie ist nur anders und sehr individuell.

Die rechte Gehirnhälfte stellt die Welt des Möglichen dar. Hier finden die Triebe und Träume Ausdruck und eine ganzheitliche Sichtweise überwiegt.

Zum Beispiel schauen Sie auf ein Puzzle, in dem Teile fehlen. Auf dem Tisch liegen die dazugehörenden Puzzleteile. Mit der rechten Gehirnhälfte nehmen Sie so wahr, dass Sie ohne Überlegung die einzelnen Teile einfügen, weil Sie einfach wissen und sehen, wohin sie gehören…

Arbeiten Sie jedoch vorwiegend mit Ihrer linken Gehirnhälfte, gehen Sie das Problem ganz anders an. Sie analysieren, drehen (in Ihrer Vorstellung oder real) die Teile und schlussfolgern logisch, was passen könnte. Sie setzen Ihre Sinne und Ihren Intellekt ein, um die Lösung schrittweise zu erarbeiten.

Werden nun die linke und rechte Gehirnhälfte koordiniert, stehen uns viel größere Möglichkeiten zur Verfügung, um Wissen zu erlangen, zu verarbeiten und in neue Zusammenhänge zu bringen.

Die persönlichen Erfahrungen in der eigenen Seelenlandschaft lassen uns neue Ufer entdecken. So können wir Altes überwinden und ein neues Gleichgewicht für unsere psychische und emotionale Gesundheit finden. Menschen, die schamanisch reisen, berichten, dass sie keine Angst mehr haben. Sie fühlen sich in der Natur und hier auf der Erde zu Hause. Sie haben Kontakt zu ihrer inneren Kraftquelle und tiefes Vertrauen in das Leben gefunden.

Die Übersetzung des Wortes „Schamane" lautet: „Der, der im Dunklen sieht." Genau dies tun wir, wenn wir in die Erde reisen. Gleichzeitig reisen wir auch in uns selber, um in unser Inneres zu schauen und um dort sehen zu lernen.

Die Wurzeln eines Baumes sind genauso verästelt und verzweigt, wie seine Baumkrone. Je stärker er im Boden verankert ist, umso eher hält er kommenden Herbststürmen stand. Dasselbe gilt für uns. Wenn wir gut geerdet sind spüren wir unsere Kraft, fühlen uns sicher und geborgen auf der Erde. Wenn wir uns in unserer Seelenlandschaft zuhause fühlen und dort Verbündete haben, die uns Halt geben, sind wir auch im Alltag handlungsfähig und kraftvoll. Verbindung mit der Erde aufzunehmen bewirkt eine einfache und elementare Therapie, die seit Menschengedenken angewendet wird.

Wir können dies jederzeit selber erfahren: Meistens wenn wir eine Stunde im Garten gearbeitet haben, sind wir ausgeglichen und in uns ruhend. Denn wir haben eine neue Sicht auf unsere Probleme gefunden und wir sind den Dingen auf den Grund gegangen, haben sie betrachtet, darüber reflektiert, sind sensibel für Details geworden und haben einiges ausprobiert. Der Aufenthalt im Freien und die Beschäftigung mit Pflanzen und Tieren tun unserer Seele einfach gut.

Schamaninnen konnten die Botschaften des Windes verstehen und die Berge flüstern hören. Sie lehrten die kleinen Kinder, Mutter Erde zu lieben. Sie kannten die Worte der Natur und lauschten den alten Geheimnissen der Tiere. Dies war gute Medizin für ihr Volk.

Die Seelenreise, das Reisen in einem veränderten Bewusstseinszustand, ist das tragende Element der schamanischen Praxis. Sie ist die Voraussetzung, um in der „Anderswelt" etwas bewirken zu können, das in unserem realen Leben Früchte trägt.

In diesem Bewusstseinszustand ist der Körper so entspannt wie im Tiefschlaf, aber der Geist ist so wach wie im normalen Tagesbewusstsein.

„Was wir am dringlichsten tun müssen ist, in uns hineinhorchen, um zu hören, wie die Erde weint."

Thich Nhat Hanh,

(geb.1926, vietnamesischer Mönch und Meditationslehrer, Kämpfer für den Weltfrieden und Gewaltlosigkeit)

Die Weisheit der Alten oder Wie Menschen lernen, sich in andere Lebewesen einzufühlen

Wenn Sie in Ihre Seelenlandschaft reisen, werden Sie feststellen, dass sich eine Fähigkeit bei Ihnen entwickelt, die man als Einfühlung oder Empathie bezeichnet. Damit ist die Fähigkeit gemeint, die Empfindungen anderer Lebewesen wahrnehmen zu können und für kurze Zeit durch ihre Augen zu blicken.

Diese Gabe ist tief in uns Menschen verankert, denn sie diente schon immer dem Überleben. Wer sich wieder mit der Natur verbindet und sein Herz für die Schönheit öffnen möchte, die uns auf der Erde umgibt, wird den Schmerz und die Sorgen fühlen, die verantwortungsloses Handeln bei anderen Lebewesen auslösen.

Diese Liebe zu allem Lebendigen ist jedoch vielen von uns abhanden gekommen und die Menschen verstehen sich selbst nicht. Sie können ihre eigenen tiefen Bedürfnisse nicht wahrnehmen oder gehen über sie hinweg. Oft sind sie erst bereit, genauer hinzusehen und in sich hineinzufühlen, wenn ihr Körper streikt. Dann haben sich Reisen in die Seelenlandschaft als Übungen zur Selbstwahrnehmung bewährt, die uns die Intelligenz unseres Herzens wieder erleben lassen.

Die Fähigkeit, sich in ein anderes Wesen einzufühlen ist uns schon von unseren Stamm-Müttern vermacht worden. Es ist ein weibliches Ur-Potential, das wir wieder beleben müssen, wenn wir heilsame Neuerungen einführen und unsere Kraft und Liebe für alle Wesen einsetzen wollen.

Jeder Mensch, der im Bauch seiner Mutter heranwächst, sehnt sich danach, angenommen und geliebt zu werden und auch selber zu lieben. Dies scheint ein Grundgefühl zu sein, das in uns angelegt ist. Das Kind ist mit seiner Mutter eng verbunden. Körperlich durch das Wiegen unter ihrem schlagenden Herzen, durch ihren Atem, ihre Stimme, ihre Bewegungen. Seelisch und emotional, indem es ihre Gefühle wahrnimmt. Wenn das Kind spürt, dass die Frau auf seine Bewegungen mit liebevollem Streicheln des Bauches reagiert, wird es dies fühlen und auch Freude empfinden. Ganz sicher bekommt es auch die Trauer mit, wenn in der Schwangerschaft ein naher Angehöriger stirbt. Aber es wird spüren, dass diese Gefühle nichts mit ihm zu tun haben, sondern auf das äußere Leben gerichtet sind. Es kann diese Krise ohne Schaden gut überstehen, wenn die grundsätzliche Entscheidung für das Kind gefallen ist.

So sicher, wie der Bauchnabel ein Zeichen dafür ist, dass wir von einer Mutter geboren wurden, so sicher können wir sein, dass in jedem von uns die Fähigkeit angelegt ist, uns sensibel einfühlen zu können. Im vorgeburtlichen Leben fühlen wir uns geborgen und warm, hören den regelmäßigen Herzschlag und Atemrhythmus.

All dies sehnen wir uns natürlich auch dann herbei, wenn wir geboren wurden…

Früher wurden die Kinder zuhause geboren. Nach dem Krieg wurden jedoch Hausgeburten mit Hebammen in Deutschland immer seltener. Die Schwangeren gingen in Kliniken, um dort unter ärztlicher Aufsicht zu entbinden. Weil es jedoch viele Geburten und zu wenig Betreuungspersonal gab, wurde den Frauen häufig gegen die Wehen eine Lachgas-Maske gegeben, die sie sich selber aufsetzen konnten. Die Betäubung wirkte natürlich nicht nur für die Mutter, sondern auch für das Kind. Meistens verlief die Geburt dann hektisch. Der Arzt prüfte die (schwachen) Reflexe des Babys, es wurde gewogen und gemessen. Anschließend legte man es zu den anderen Neugeborenen ins Kinderzimmer, damit sich die erschöpfte und noch betäubte Mutter ausruhen konnte. Das Kind bekam dann alle vier Stunden ein Fläschchen, wurde gewickelt und der Mutter am Tag für einige Zeit gebracht.

Die Frage ist: was bewirkte diese Art des Umgangs bei Mutter und Kind, wenn nach der langen Schwangerschaft und innigen Verbindung mit dem Durchtrennen der Nabelschnur auch die körperliche Nähe abrupt beendet wurde?

Die Frau fühlte sich benebelt, leer und war voller Sehnsucht nach ihrem Baby. Sie wollte es im Arm halten und es kennen lernen, es riechen, halten und sich an ihm freuen.

Vom Klinikpersonal wurde sie jedoch meist sehr rabiat dazu angehalten, „vernünftig“ zu sein. Sie habe das Kind noch ihr ganzes Leben und solle sich ausruhen. Außerdem ginge es dem Kind gut!

Dem Neugeborenen ging es jedoch nicht gut. Es wurde zwar körperlich versorgt, aber seelisch ging es ihm wie seiner Mutter. Aus der warmen Geborgenheit kam es in die Kälte. Seine Sehnsucht, liebevoll gehalten zu werden und Sicherheit zu spüren lief ins Leere. Es fühlte sich alleine und weinte bitterlich.

Von der Natur ist es so eingerichtet, dass unser Überleben als Säugling davon abhängt, dass unsere Signale erwidert werden. Instinktiv wissen wir, dass wir nur überleben werden, wenn sich ein Erwachsener für uns verantwortlich fühlt. Zu diesem frühen Zeitpunkt fand also schon häufig die erste große Verunsicherung statt.

Die bestehende Bindung wurde nach der Geburt durch die geschilderte Entbindungspraxis unterbrochen und häufig sogar zerstört, weil die Einfühlung der Mutter in ihr Kind weitgehend nicht stattfinden und später auch nicht mehr nachgeholt werden konnte. Durch den Krieg waren die Städte zerbombt, es war die Zeit des Wiederaufbaus. Die Männer, die aus dem Krieg zurückkehrten, versuchten zu vergessen, ebenso wie die Frauen, von denen viele aufs Land geflohen waren, wo es noch Essbares zu finden gab. Alle hatten Bombennächte und Grausamkeiten erlebt, die ihre Seelen tief verunsichert hatten. So versuchten die Menschen aus dem Wenigen was es gab, etwas Tragfähiges für die Zukunft aufzubauen. Die Frauen nähten aus ihren aufgetragenen Jacken Mäntel für die Kinder. Sie rappelten ihre alten Pullover auf, um aus der Wolle Socken zu stricken. Sie säten Möhren und Salat auf jedem freien Stückchen Erde und gingen zum Bauern, um Milch zu kaufen, nachdem sie den ganzen Tag gearbeitet hatten. Die Notwendigkeit zu überleben zwang die Menschen, alle Aufmerksamkeit auf die tägliche Versorgung und auf Materielles zu lenken. Gleichzeitig entwickelten sie eine ungeahnte Kreativität, hielten eng zusammen und feierten ausgelassen. Doch der anstrengende Überlebenskampf und Alltagsstress machte sie in gewisser Weise unsensibel ihren eigenen Gefühlen gegenüber. Sie lernten, auch das Verstummen zu überleben. Ihre Fähigkeit, sich in andere einzufühlen und sie zu verstehen, beziehungsweise Feinheiten und Nuancen im Befinden wahrzunehmen, war durch ihre Lebensumstände sehr eingeschränkt und natürlich wirkte sich der Druck auch auf die Beziehung ihren Kindern gegenüber aus. Die Eltern verhielten sich so, dass ein reibungsloser Ablauf des Alltags möglich war und wer diesen störte, wurde mit Strafe dazu gezwungen, sich anzupassen.

Dass sich unter den geschilderten Bedingungen keine Kommunikationskünstler in dieser Kindergeneration entwickeln konnten ist nicht sehr verwunderlich und überraschend. Denn sie lebten mit ihren sprachlosen Eltern, die selber keine Strategien kennengelernt hatten, um emotionale Konflikte zu lösen. Um ihre tiefen Wunden und Verletzungen nicht immer spüren zu müssen, bauten sie häufig dicke Mauern um ihre Gefühle und verdrängten alles, was ihnen Angst machte.

Als die nächste Generation in den Siebziger Jahren geboren wurde, hatten sich die Strukturen in der Geburtshilfe sehr verhärtet. Denn die Medizin hatte sich völlig der Wissenschaft verschrieben und war dadurch blind gegenüber den Gefühlen und dem Leben der Menschen. Vermutlich in der Absicht, Sicherheit vermitteln zu wollen, wurde von den Frauen verlangt, die gesamte Verantwortung für das Geburtsgeschehen abzugeben und den rechtwinklig denkenden Ärzten zu übertragen. Es war Usus, gebärende Frauen wie Kranke zu behandeln und völlig zu entmündigen. So wurden Zigeunerinnen, die traditionsgemäß in der Hocke entbinden, auf den Entbindungsliegen festgebunden, damit die Ärzte den Geburtsvorgang besser unter Kontrolle hatten. Türkinnen, die es schon damals gewohnt waren, sich zu rasieren, wurden die Klingen aus den Kulturbeuteln genommen. Die Begründung hierfür war, dass verhindert werden musste, dass die Frauen sich oder dem Kind etwas antun würden.

Frauen wurden so behandelt, als hätten sie als zukünftige Mutter keine Persönlichkeit mehr, denn gleichzeitig mit ihren Sachen mussten sie ihre Eigenständigkeit abgegeben. Sie wurden ohne irgendwelche Erklärungen zu erhalten unter Druck gesetzt starke Medikamente zu nehmen, die oft als Tropf verabreicht wurden. Sie mussten ungefragt Eingriffe und viele Untersuchungen über sich ergehen lassen, deren Notwendigkeit ebenfalls nicht erklärt wurden. Zusätzlich waren sie ständig von lauten Geräten umgeben und persönliche Wünsche wurden kategorisch abgelehnt, als wären sie eine Zumutung. Auch nach der Geburt änderte sich an dieser ruppigen Umgangsweise nichts. Eine Abstill-Spritze wurde automatisch - auch gegen den ausdrücklichen Wunsch- ohne Worte verabreicht.

Es muss kaum erwähnt werden, dass die Behandlung der Neugeborenen genauso wenig einfühlend stattfand. Jeder Körperkontakt wurde erschwert durch die damals als notwendig erachteten Hygienemaßnahmen. Die junge Mutter musste Hände und Brüste desinfizieren, häufig auch einen Mundschutz tragen, bevor sie ihr Baby in den Arm nehmen durfte. In der abgepumpten Muttermilch befand sich immer etwas Bedrohliches, egal, wie sauber sie hantierte. Das Labor fand immer Keime, die von den Ärzten benannt wurden und als Begründung dafür dienten, dass die Milch dem Kind schaden könnte. So wurde die Muttermilch meistens weggekippt. Das führte dazu, dass sich die junge Mutter irgendwann selber unhygienisch, schmutzig und schuldig fühlte.

Ein Fläschchen gab es für das Baby nur, nachdem es im Milton-Bad desinfiziert worden war. Dies führte bei allen Kindern dazu, dass sie früher oder später einen weißlich-gelben Mundbelag bekamen. Sie hatten Soor. Diese Pilzinfektion tritt bei geschwächtem Immunsystem auf und führt zu Entzündungen, die sehr schmerzhaft sind. Die jungen Mütter wurden dadurch weiter verunsichert, weil sie annahmen, sie hätten wieder etwas falsch gemacht. So trafen sie sich alle mit ihren weinenden Säuglingen ganz bald beim Kinderarzt wieder.

Unter diesen Bedingungen war es nahezu unmöglich, eine entspannte Atmosphäre entstehen zu lassen, denn jede feinsinnige Kontaktaufnahme zwischen Mutter und Kind wurde systematisch gestört. Als einziger Maßstab galt die physische, hygienische, rein körperlich-medizinische Versorgung. Psychologische, emotionale, soziale und entwicklungspsychologische Gesichtpunkte wurden völlig außer Acht gelassen. Die Menschen waren blind für das, was wirklich wichtig war, denn sie überschätzten den Verstand und Intellekt maßlos. Ihnen war nicht klar, dass die größere Kraft unterhalb des Kopfes, eben im Herzen zu finden ist.

Die Folge dieser Praxis war, dass viele Frauen nach einer Klinkgeburt so traumatisiert waren, dass sie kein weiteres Kind mehr bekamen. Meinen zweiten Sohn habe ich mit dem Mut der Verzweiflung alleine zuhause geboren. Denn ich konnte weder mit dem Verständnis meines damaligen Mediziner-Ehemanns rechnen, noch mit der Unterstützung meines Vaters, der Gynäkologe war. So nahm ich mein Herz in die Hand und sprang ins Ungewisse.

Es hat sich gelohnt, denn diese Geburt war eine überaus beglückende Erfahrung! Der junge Mann hat seinen Namen nicht umsonst: Matthias - was „das Gottesgeschenk" bedeutet. Bei den nächsten Babys habe ich dann aber doch zur Sicherheit eine Hebamme dabei gehabt…

Gemeinsam mit ihren Männern geboten die Frauen glücklicherweise der Wissenschaft und den Ärzten Einhalt. Die jungen Väter beschützten ihre Frauen und Neugeborenen gegen diese unmenschliche Entbindungsmedizin. Doch die Auswirkungen haben wie wandernde Schatten auf den Seelen ihre Spuren hinterlassen. Viele dieser Menschen sind wie aus Porzellan: sie haben ein sehr empfindliches Immunsystem, leiden an Allergien, hatten als Kind Erkältungen und waren häufig krank. Auch emotional sind sie empfindsam und schnell tief verletzt. Wenn sie grob angefasst werden, drohen sie daran zu zerbrechen. Wenn sie später als Erwachsene selber nichts im Leben finden, was ihnen Halt gibt, liegt alles in Scherben zu ihren Füssen. Denn sie können nur mit großem Aufwand ein Gewebe ihres Lebens weben, weil ihre ersten Lebensäußerungen unbeantwortet blieben. So fehlen ihnen die Kettfäden des Ur-Vertrauens, der Geborgenheit, des sich erwünscht und geliebt Fühlens und des Einfühlungsvermögens. Um selber nicht verletzt zu werden, schlagen sie anderen Menschen häufig tiefe Wunden. Oder sie versuchen auf intellektuellem Weg Lösungen zu finden, die aber auf der emotionalen Ebene beheimatet sind. - Entdecken sie aber irgendwann ihre Mission, dann bezaubern sie ihre Mitmenschen mit außergewöhnlichen Sichtweisen oder Begabungen.

Frühkindliche Erfahrungen sind ganz sicher eine der Ursachen dafür, dass eine wichtige Grundfähigkeit, nämlich anderen Wesen empathisch zu begegnen, heute bei vielen Menschen nur noch rudimentär ausgebildet ist.

Doch es gibt Hoffnung.

Wenn heutzutage Babys geboren werden, geschieht dies wenn möglich in einer ruhigen Atmosphäre, in der der Frau und dem Kind Schutz und gleichzeitig Sicherheit gegeben wird. Die Gebärende kann ihren eigenen Rhythmus der Atmung finden und medizinische Manipulationen sind auf ein Minimum zurückgefahren.

Nach der Geburt liegt das Neugeborene auf dem Bauch der Mutter. Wenn der Vater anwesend ist, kann er die Nabelschnur durchtrennen. Beide können dann beobachten, wie ihr Baby aus eigener Kraft den Weg zur Brust findet und beginnt, die Vormilch zu trinken, die einen ähnlichen Geschmack hat, wie das Fruchtwasser. In diesen ersten kostbaren Minuten kann ein intensives Kennenlernen stattfinden. Mutter und Kind sind hellwach und nehmen Blickkontakt miteinander auf - wenn die Frau dazu in der Lage ist. Instinktiv ahmt die junge Mutter die Mimik ihres Kindes nach. Sie spiegelt seine Art, die Nase kraus zu ziehen, die Lippen zu kräuseln und sie macht die gleichen schmatzenden Geräusche. Sie antwortet auf jedes seiner Körpersignale, seinen Gesichtausdruck und Blick.

So fühlt sich das Kind verstanden, denn seine Signale werden beantwortet. Gleichzeitig spürt es den Herzschlag der Mutter und nimmt ihren speziellen Körpergeruch wahr. So ist es von Wärme, Nähe und Geborgenheit umgeben und hört ihre Stimme. Auf diese Weise beginnt es zu vertrauen und spürt: alles ist gut, was geschieht. Es fühlt sich sicher und auf der Erde willkommen. Zufrieden kann es einschlafen und sich von den Strapazen der Geburt erholen.

Seiner Mutter geht es ähnlich. Sie öffnet ihr Herz, nimmt den einzigartigen Duft ihres Babys wahr, fühlt sich erschöpft, aber überglücklich und stolz. Sie untersucht, liebkost, beschnuppert und beobachtet ihr Neugeborenes, atmet in seinem Rhythmus und schaut es einfach an. So beginnt sie, sich in ihr Baby einzufühlen. Sie lernt zu verstehen und zu empfinden, was ihr Kind fühlt. Von Liebe erfüllt spürt sie eine neue Kraft, die in ihr wächst.

Im Laufe der Zeit wird sie durch ihr Kind lernen, die eigenen Wünsche und sogar auch Grundbedürfnisse - wie etwa Schlaf - zurückzustellen, damit es ihrem Kleinen gut geht. Auf diesem Weg lernt sie eine neue Art von Offenheit und Liebe kennen. Ihre Persönlichkeit beginnt zu strahlen und gewinnt eine neue Tiefe. Äußere Dinge, die vorher vielleicht sehr wichtig für sie waren, werden nebensächlich. Sie entwickelt eine neue Gelassenheit und Unbekümmertheit, die ihre Sichtweise aufs Leben verändert.

Das neugeborene Kind hat die genetische Anlage, schon in seinen ersten Stunden und Tagen bestimmte Handlungen zu imitieren. Spitzt die Mutter oder der Vater den Mund, so tut dies das Baby auch. Macht man ihm vor, die Zunge herauszustrecken, öffnet es auch den Mund und probiert seine kleine Zunge zu zeigen. So antwortet das Kind intuitiv auf Signale seiner Mutter. Es entsteht ein Spiel, in dem Beide, die Bezugsperson und das Baby, Impulse aussenden, die der Gegenüber zurückgibt. Auf diese Weise entwickelt sich eine Bindung, in der jeder erfühlt, was im anderen gerade vor sich geht. Fast jeder kennt diese wunderbaren Gefühle, die dieses Wechselspiel in uns auslöst. Wenn wir frisch verliebt sind und alles vom anderen wissen möchten, um ihn kennenzulernen, geschieht der gleiche Zauber. Das Gefühl, sich auch ohne Worte intuitiv zu verstehen macht uns glücklich. Die Fähigkeit, einfühlsam auf einen anderen Menschen zu reagieren verändert Beide und es entsteht etwas Neues. Denn diese gemeinsame Erfahrung stellt eine zärtliche Verbindung her.

Damit solch eine Bindung entstehen kann, ist es für das Neugeborene wichtig, Eltern zu haben, die in der Lage sind, auf ihr Kind mit Liebe und Sensibilität einzugehen. Nur dann können sich in seinem Gehirn die Spiegelneuronen entfalten und weiterentwickeln, die für die sozialen und emotionalen Fähigkeiten ausschlaggebend sind.

In den ersten Jahren steht die Fähigkeit zur Imitation im Vordergrund. Das Kind probiert nach einiger Zeit Laute von Mutter und Vater nachzuahmen und Bewegungen zu spiegeln.

Auch die Eltern reagieren intuitiv auf ihr Baby. Indem sie seine Signale beantworten, lassen sie sich immer tiefer auf ihr Kind ein und festigen ihre Familienbindung. Sie freuen sich über jedes Lächeln und antworten natürlich begeistert auf das erste Wort. Zum

Beispiel öffnen Erwachsene automatisch selber den Mund, wenn sie ein Kleinkind füttern. Auf diese Weise entsteht eine Kommunikation, die dem kleinen Menschen signalisiert, dass es erkannt wird. Intuitiv erweitern die Eltern das Repertoire der Spiegelungen jeweils um einige Aspekte, so dass das Kind seine Fähigkeiten schnell vergrößern kann.

Ein Kind, das auf diese Weise ein Ur-Vertrauen entwickeln konnte, wird in seinem Leben auch Mitgefühl haben, weil es die Fähigkeit erlernt hat, die Gefühle anderer Menschen in sich selbst zu spüren. Es wird klug mit Gefühlen umgehen können.

Wer Mitgefühl hat, ist in der Lage, mit anderen seine Gefühle zu teilen, egal, ob es Angst, Wut, Trauer oder Freude ist. Er fühlt mit dem anderen und entwickelt Verständnis, ohne sich jedoch selber in den Gefühlen des anderen zu verlieren. Der gesunde Abstand, der nach einiger Zeit wieder entsteht, bewirkt, dass derjenige, der sich einfühlt, doch in seinem eigenen Leben bleibt. Von dort aus kann er entscheiden, ob und wie er handeln möchte.

Wenn jemand Mitgefühl zeigt, kann man das, was energetisch zwischen den Menschen geschieht, so beschreiben, als würde man Wasser und Öl mischen. Wie zum Beispiel bei den Aura-Soma-Flaschen. Beide Flüssigkeiten beeinflussen sich gegenseitig, aber sie bewahren dabei ihre Eigenart. Das gefärbte Wasser findet immer wieder seinen Platz unter dem farbigen Öl.

In der jetzigen Zeit fehlen vielen Menschen grundlegende Herzensqualitäten. Dies lässt sich im häufig mangelnden Mitgefühl ablesen und zeigt sich auch in der weit verbreiteten Bindungsunfähigkeit.

Kaiser Friedrich II wollte herausfinden, was die Ursprache der Menschen ist. Er ließ neugeborene Waisenkinder von Ammen versorgen, denen es bei Todesstrafe verboten war, Kontakt irgendwelcher Art aufzunehmen. Die Kinder starben alle innerhalb kurzer Zeit.

Ein Experiment, das als „Stil Face Procedere“ bezeichnet wird, zeigt ebenfalls die schlimmen Folgen, wenn Neugeborene nur nach rationalen Prinzipien versorgt werden. In diesen Versuchen werden Babys ohne emotionale Reaktionen nur körperlich versorgt.

Wenn kein Austausch stattfindet, wendeten sie nach kurzer Zeit ihr Gesicht ab und resignierten. Das Erlebnis, von anderen getrennt zu sein, löst bei Babys Todesangst aus. Natürlich kann sich bei ihnen die Fähigkeit, intuitiv und emotional eine Bindung einzugehen, nicht ausbilden, da sie ja kein Gegenüber haben, der ihre Signale beantwortet. Sie reagieren im Extremfall mit Verhaltensweisen, die als Hospitalismus bekannt sind und entwickeln autistische Charakterzüge.

Wenn wir unsere eigenen Großmutter-Vermächtnisse betrachten ist es nicht weiter verwunderlich, dass viele Fähigkeiten, die die emotionale Intelligenz betreffen und die Fähigkeit auf unsere Intuition zu hören, bei uns verkümmert sind.

Neuere Untersuchungen zeigen, dass Frauen, die selber nie erfahren haben, dass ihre emotionalen Signale gespiegelt wurden, nur noch wenig Kontakt zu ihren Instinkten haben. Ihnen fällt es schwer mit ihrem Neugeborenen Blickkontakt aufzunehmen und auf seine Signale einfühlsam zu antworten. Hier ist es ganz wichtig, dass entsprechende Impulse und das Wissen an die jungen Mütter weitergegeben werden, damit nicht wieder eine Generation aufwächst, die sich einsam, allein und unverstanden fühlt und später häufig das Gefühl hat, dass es in Wahrheit adoptiert wurde, weil es sich so fremd in seiner Familie fühlt. Schon ganz am Anfang des Lebens stellen die Eltern- und Großelterngeneration die Weichen für die spätere Fähigkeit des Kindes, Bindungen eingehen zu können. Hier gibt es unwiederholbare, kostbare und prägende Momente.

Ein Grundbedürfnis und auch eine Grundfähigkeit jeden Wesens ist es, zu lieben und geliebt zu werden. Die Kraft der Seele, das Feuer der Liebe ist in jedem angelegt und wärmt die Herzen aller. Jeder Mensch möchte erkannt und gesehen werden in seiner Besonderheit und Einmaligkeit. Das tiefe Wesen der Liebe ist die schöpferische Fähigkeit, sich in das Gegenüber einzufühlen, sich mitzuteilen und zu kommunizieren, was man wahrnimmt - und zu erahnen, was der andere braucht.

Es ist äußerst wichtig, dass dieses intuitive Frauen-Wissen, das Tausende von Generationen von Hebammen, Müttern und Großmüttern an ihre Enkelinnen, Töchter und junge Frauen weitergegeben wurde, heute wieder belebt wird.

Obwohl wir uns alle nach Liebe sehnen, enden doch viele Beziehungen und Lieben in Auseinandersetzungen, Enttäuschungen, Langeweile und Trennungen. Hoffnungen und Erwartungen werden enttäuscht und sind der Grund dafür, dass Menschen häufig einsam leben.

Der Ausspruch „Man braucht ein ganzes Dorf, um ein Kind zu erziehen“ fasst zusammen, was den heutigen Kindern fehlt, um gesund groß zu werden. Viele sehr unterschiedliche Menschen um sich zu haben, bringt es mit sich, dass man schnell soziale Fähigkeiten lernt, Vorbilder findet, sich emotional bindet und sicher fühlt. Die Vielfalt gleicht persönliche Schwächen der Eltern aus und sorgt dafür, dass man sich ununterbrochen mit anderen Menschen beschäftigt, indem man mit ihnen zusammen ist und an ihrem Leben teilnimmt.

Erich Fromm ist davon überzeugt, dass Lieben eine Kunst ist, die man genauso erlernen könnte wie zum Beispiel Musik, Medizin oder Malerei. Um eine Kunst zu erlernen, unabhängig davon, um welche es sich handelt, sind Disziplin, Konzentration und Geduld notwendig. Um die Kunst der Liebe zu erlernen sind Selbstdisziplin notwendig und unbedingtes Interesse, aber auch die Fähigkeit, ohne Ablenkung mit sich selbst alleine sein zu können. Die Bereitschaft sich zu öffnen, sich auszuliefern und verwundbar zu machen ist ein wichtiger Vertrauensbeweis in jeder Liebe. Auch die Fähigkeit zuhören zu können ist in Beziehungen eine Konzentrationsübung. Wie auch ganz bewusst in der Gegenwart zu leben, anstatt in der Vergangenheit oder Zukunft herum zu „irrlichten“ und sich oder andere damit zu langweilen. Sich selbst gegenüber achtsam und wach zu sein bedeutet, sich zu beobachten und zu fragen: Bin ich ehrlich und mutig? Verhalte ich mich verantwortungsvoll, authentisch, solidarisch, moralisch...? Welche Bedeutung haben meine Handlungen für andere? Welche Haltungen übermittle ich?

Um Liebe zu lernen spielt auch der Glaube an sich selber und die eigene Vision eine Rolle. Andere wichtige Aspekte der Liebe, wie Fürsorge, Respekt, Verantwortlichkeit und Wissen sind Haltungen, die man bei reifen Menschen beobachten kann. Die Mutterliebe ist in ihrer Idealform bedingungslos. Wenn sie vorhanden ist, wirkt sie als Segen. Doch sie kann nicht verdient werden, wenn sie fehlt.

Mutterliebe vermittelt auch die Liebe zum Leben. In der Bibel ist vom Gelobten Land (ein Muttersymbol) die Rede. Dort fließen Milch und Honig. Die Milch steht für Fürsorge und Bestätigung, der Honig für die Süße und das Glücklichsein. Die Lebensfreude der Mutter ist für das Kind genauso ansteckend, wie ihre Lebensangst. Doch durch das Baby erhält das Leben der Frau einen tiefen Sinn und Bedeutung, dadurch können viele ihrer Wunden heilen.

Die grundlegende Fähigkeit der Empfindsamkeit ist nicht nur menschlich. Auch Tiere besitzen sie. Jeder Hunde- und Katzenbesitzer weiß dies. Es gibt unzählige Geschichten darüber, wie unsere vierbeinigen Freunde selbstverständlich bei dem Familienmitglied sind, das ihre Nähe am meisten braucht. Sie trösten, bringen uns mit ihren Spielen zum Lachen, schenken Nähe und Zärtlichkeit. Sie geben durch ihre bedingungslose Solidarität Sicherheit und holen den in den Kreis zurück, der sich abgesondert hat.

Haben Sie schon einmal beobachtet, wie auf einer Weide ein Kälbchen geboren wurde? Dann haben Sie auch gesehen, wie die anderen Kühe kamen, um das Neugeborene zu begrüßen und der Mutter die Zusammengehörigkeit zu versichern...

Wenn Sie in Ihre Seelenlandschaft reisen, werden Sie erfahren, wie wichtig das aktive Sich-Einfühlen ist. Dies geschieht abseits von Fragen, Antworten, Theorien, Ideen und rationalen Begriffen. Die vergrübelte Kopflastigkeit findet hier keinen Platz, denn es spricht allein die Logik des Herzens.

Voraussetzung für das Gelingen Ihrer Reisen ist Offenheit und die Bereitschaft, sich auf die Erfahrung der Einfühlung einzulassen. Dies kann ein zarter, vorsichtiger Lernprozess sein, währenddessen Sie sich die Wesen vertraut machen, die Ihnen auf Ihren Innenreisen begegnen. Es ist auch möglich, dass es ein vertrautes Wiedererkennen für Sie bedeutet.

Wichtig ist Ihre innere Einstellung. Wenn Sie zum Beispiel einem Lehrer oder Tierboten begegnen, ist es sinnvoll, das Gegenüber respektvoll zu behandeln und seine Andersartigkeit zu akzeptieren. Wenn Sie sich selber zurücknehmen können und bereit sind, sich auf das andere Wesen einzulassen, ist es wahrscheinlich, dass Sie mit wichtigen Erfahrungen und Informationen beschenkt werden.

In unserer Gesellschaft ist es weit verbreitet, recht schnell über andere zu urteilen, die gegen den Strom schwimmen, die vielleicht eine Macke haben, Ecken und Kanten besitzen oder „anders“ sind.

Ein indianischer Spruch lautet: „Urteile nie über einen Menschen, bevor du nicht eine Meile in seinen Schuhen gelaufen bist.“

Wenn wir unsere Perspektive und unseren Blick ändern, werden wir Zusammenhänge anders bewerten. Dies lehrt uns mit der Zeit sehr behutsam mit Verurteilungen von unseren Mitmenschen umzugehen. Jeder hat seine persönliche Geschichte und Gründe, die wir nicht kennen, so zu sein, wie er nun mal ist. Stellen Sie sich vor, wie unerträglich langweilig es wäre, wenn es nur Sie selber als tausendfachen Klon gäbe... Das Gegenüber bringt uns dazu, bestimmte Lernschritte zu machen und lehrt uns, dass andere Erlebens- und Sichtweisen auch ihre Berechtigung haben. Gerade unser Verschiedensein ist doch das Salz in der Suppe...

Bei Innenreisen besteht die Möglichkeit, dass Sie irgendwann die Erfahrung machen, dass Sie sich in die Lage eines anderen Wesens versetzen und seine Gefühle fühlen. Sie sehen dann durch fremde Augen, fühlen mit fremden Sinnen und finden sich in einer anderen Umgebung. Stellen Sie sich vor, wie verschieden die Perspektiven eines Maulwurfs, eines Eichhörnchens, einer Fledermaus, einer Giraffe, eines Schwarmfisches oder einer Ameise sind. Jedes Wesen definiert seine eigene Realität. Das Medizinrad ist ein hilfreiches Symbol, das die verschiedenen Ebenen und Sichtweisen zusammenfasst und erklärt.

Wenn sie nun vor einer inneren Tür stehen, auf der steht: „Das ist unmöglich“, können Sie umkehren, wie es die meisten Menschen tun. Vielleicht zögern Sie aus Angst, einen Fehler zu machen oder etwas Unvernünftiges zu tun. Oder aber Sie greifen nach der Türklinke und prüfen, ob sie doch zu öffnen ist. Häufig geht sie auf...

Manchmal hat sie auch einen verborgenen Mechanismus und ist anders als üblich zu öffnen.

Doch wenn die Tür offen ist, können Sie den bedeutungsschweren

Satz nicht mehr lesen…

Aber nun können Sie dafür Ihren ganz persönlichen Weg erkennen! Dann blockiert keine Angst ihre Gefühle, denn Ihre Liebe kann frei fließen. So holen Sie sich die natürliche Fähigkeit zurück, sich einfühlen zu können. Genauso, wie eine Mutter mit ihrem Neugeborenen fühlt, erfahren Sie dann eine neue Perspektive der Weltsicht.

Anschließend kehren Sie zurück in Ihr Leben, bereichert mit der Erfahrung, dass Sie nun wissen, wie dieses Wesen fühlt. Wenn Sie zum Beispiel die stille Macht eines Felsens gefühlt haben, wissen Sie, was Unbesiegbarkeit bedeutet. Diese Erfahrung wird Sie verändern. Und irgendwann verspüren Sie vielleicht das Bedürfnis handeln zu wollen. Wenn Sie einmal das Lebensgefühl eines Tiers erfahren durften, werden Sie sich dafür einsetzen, dass die Lebensbedingungen dieser Lebewesen verbessert werden. Es wird Ihnen ein Bedürfnis sein, die Tiere zu schützen und zu verteidigen, die Sie lieben. Wenn Sie erlebt haben, wie ein Delfin in Gefangenschaft leidet oder ein Bär im Zirkus, dann werden Sie auf Ihre Weise darauf reagieren, damit die Tierverbündeten wissen, dass sie nicht alleine sind. Ihr Verhältnis zur Natur, dem Land, Wasser und Feuer, der Luft, den Tieren und Pflanzen werden sich durch Ihre inneren Erfahrungen verändern. All diese Beziehungen sind dynamisch und lebendig, nichts Statisches oder Fertiges.

Der Weg in die Seelenlandschaft führt von Außen nach Innen. Das kostbare alte Wissen um die Fähigkeit, sich in andere einzufühlen und die Erfahrung, dass dies möglich ist, wird unser Miteinander liebevoller gestalten. Wir Menschen werden einsehen, dass wir nicht mehr länger die Rolle der Plünderer spielen wollen und erkennen, dass wir kein Monopol auf die Schätze der Erde besitzen. Wenn wir von Liebe erfüllt sind, können wir nicht mit der rücksichtslosen Ausbeutung der Tiere und Pflanzen fortfahren auf Kosten der noch Ungeborenen, die uns folgen.

Symbolisch werden in Höhlenzeichnungen feinfühlige Menschen mit aufgestellten Haaren dargestellt. Diese Abbildungen zeigen Schamanen, die Antennen für feinstoffliche Energien besitzen und Wissen um alles, was beseelt ist. Diese archaische Bildsprache berührt uns, denn sie findet einen direkten Weg zu unserem Unbewussten und spiegelt Dinge, die die Seele betreffen. Dies ist gerade jetzt wichtig für uns. Die Sinnsuche ist notwendig, weil die Beziehungen zu tieferen Ebenen verloren gegangen sind.

Es gibt Dinge und Menschen im Leben, auf denen steht: „Erst wenn ich in deinem Leben verloren ging und von dir wiedergefunden wurde, wirst du meinen Wert für dich erkennen."

Nicht gelebte Liebe, fehlgeleitete Gefühle und Sehnsucht bringen uns schließlich dazu, wieder einige Schritte zurück zu tun. Dann gehen wir zurück zu den Anfängen, zu unseren Herzenswünschen und finden uns wieder im Bauch von Mutter Erde, dem Schoß der Weltmutter. Hier finden wir Geborgenheit, Verständnis und Sicherheit. Wir können uns gesund schlafen, unsere angespannten Nerven können sich erholen in dem Gefühl der alles füllenden Ruhe. Nichts wird von uns erwartet. Es genügt, dass wir zurückgekommen sind zu unserem Ursprung, dass wir jetzt wieder da sind, wo wir so lange nicht waren. Hier werden wir erkannt und bedingungslos geliebt. Die Natur weiß, was wir brauchen und Mutter Erde schließt uns in ihre Arme. Wir dürfen die stille Liebe, die uns umgibt, einfach erfahren.

In altem Gestein waren Orte des Kultes und der Verehrung. Altes Wissen ist hier gespeichert. Die Vergangenheit fließt unmerklich in die Gegenwart. Denn die Erfahrungen unserer Ahninnen und Ahnen sind in einer Symbolsprache festgehalten. Wir können sie heute abrufen und unser Erbe antreten.

Wir lernen von unseren Ahninnen, uns in dem großen Bauch der nährenden Göttin geborgen zu fühlen, wo wir unsere Kraft und Lebensfreude wiederfinden. So wie die Sonne jedem ihre Wärme schenkt, werden wir hier in einen Mantel aus Liebe gehüllt und dürfen heil werden.

„Es gibt Dinge,
die du mit den Augen nicht sehen kannst.
Du musst sie mit dem Herzen sehen,
und das ist das Schwierige daran."

Sergio Bambaren

Die Bedeutung der Symbole in der Seelenlandschaft

In Ihrer Seelenlandschaft gelangen Sie in Ihren inneren geheimen Garten, der Ihnen zeigt, wie es tief in Ihrem Inneren aussieht.

Sie sehen einen Baum, der auf einer Wiese steht. Die Landschaft kann karg und öde sein oder frühlingshaft, lebendig, voller Blumen und Schmetterlingen - oder alles dazwischen.

In der Ausprägung Ihrer Seelenlandschaft wird Ihre derzeitige Gefühlslage widergespiegelt. Sie sind hier zu Hause, können also alles so verändern, wie es sich für Sie gut anfühlt.

Dafür haben Sie einen **Zauberstab**. Er ist ein Symbol für Ihre Macht, in Ihrem Inneren alles so zu gestalten, dass es Sie nährt und fördert. Sie sind hier der Herrscher, die Königin! Sie haben die Fähigkeit zu entscheiden. Einfach, indem Sie Ihrem Wunsch Ausdruck verleihen! Sie erinnern sich, dass hier Zeit und Raum anderen Gesetzen unterliegen. Alles geschieht unmittelbar!

Der **Baum** ist ein Symbol für Sie selber. Im Schamanentum sind Bäume alte und machtvolle Wesen. Deshalb ist es wichtig, dass Sie Ihren Baum stark und kraftvoll sehen, mit weit verzweigtem Wurzelwerk und einer mächtigen Krone.

Trägt er Früchte oder Blüten sind dies Symbole für die Früchte und Blüten Ihrer Arbeit und Bemühungen. So kann Ihre neue Wohnung durch eine Frucht symbolisiert sein, die noch Zeit benötigt, um als Frucht geerntet zu werden. In Ihrem Unterbewusstsein ist Ihre Wohnung schon vorhanden.

Der Baum ist der innere Zufluchtsort Ihrer Seele.

Wenn Sie den Baum ausschmücken, z.B. indem Sie sich ein Baumhaus einrichten, aktivieren Sie Ihre Kreativität und visualisieren sich Ihre unmittelbare Zukunft. Das Baumhaus kann ein Atelier enthalten, eine Schlafstätte, Bibliothek, Werkstatt, ein Tonstudio, Schwimmbad oder was immer Sie sich wünschen. Dorthin können Sie sich zurückziehen, um Inspirationen und Träume zu erhalten, um sich zu erholen oder um zu arbeiten. Hier können Sie Ihre inneren Helfer, Tiere und Begleiter treffen, um sich mit ihnen auszutauschen.

Die Quelle und das Wasser sind Symbole für Ihre Lebenskraft und -energie. Indem Sie bereit sind, vom reinen Quellwasser zu trinken, zeigt Ihre Seele, dass Sie bereit sind, sich dem Leben, dem Lernen, der Veränderung und dem Heilen zu öffnen.

Indem Sie auf diesen subtilen Ebenen offen sind, wird ganz natürlich auch in Ihrem Leben Neues geschehen.

Der Flusslauf zeigt symbolisch Ihren Lebenslauf. Ist er gerade und klar oder hat er viele Biegungen, kleine Buchten und Inseln? Es gibt hier auf dieser Ebene kein „richtig und falsch“, nur Ihren persönlichen Weg. Auch auf „Umwegen“ kann man wichtige Erkenntnisse gewinnen und lernt die Landschaft besonders gut kennen...

Ihr Krafttier steht für besondere Talente, Fähigkeiten und Sichtweisen, die Ihr Leben entscheidend bereichern und ergänzen. Jeder Himmelsrichtung des inneren Kompasses ist ein besonderes archetypisches Tier zugeordnet. Bei einigen Indianervölkern Lateinamerikas repräsentieren zum Beispiel der Jaguar, die Schlange, der Kolibri und der Adler diese Kräfte.

Die Schlange steht für den Süden, das Wissen, die Sexualität und die heilende Kraft der Natur. Außerdem lehrt sie uns, die Vergangenheit wie eine Haut abzustreifen.

Im Westen wird der Jaguar angerufen. Er steht für Erneuerung, Veränderung, Leben und Tod. Er beschützt den Ort der Heilung.

Im Norden symbolisiert der Kolibri, der für Stärke und Mut steht, die Reise der Evolution und des Wachstums. In dieser Himmelsrichtung werden auch die Ahnen verehrt und der Weg für künftige Generationen bereitet.

Der Adler hat sein Nest im Osten. Er trägt die Gebete zum „Großen Geist“ und überbringt dessen Botschaften an die Menschen.

Über Tierverbündete und Krafttiere gibt es inzwischen eine vielfältige Literatur, wenn Sie dieses Thema vertiefen möchten.

In Geschichten vieler Völker wird von einer Zeit berichtet, in der Menschen und Tiere dieselbe Sprache sprachen. Menschen im Bewusstseinszustand der Anderswelt oder der Welt auf der anderen Seite des Spiegels sprachen mit Blumen, Tieren und Bäumen, Feen, Naturgeistern usw. Im Bereich Ihrer Seelenlandschaft stehen Ihnen diese Fähigkeiten wieder zur Verfügung, wenn Sie es möchten.

Glossar

Altes Wissen

Damit ist das Wissen gemeint, das vorherigen Generationen nützlich war. Sachliche Kenntnisse über Heilpflanzen, das Verhalten von Tieren und zwischenmenschliche Beziehungen, Geburt und Tod wurden an Nachfolger weitergegeben. Dies geschah meistens in einer langen Lehrzeit, in der die Anwärter Prüfungen, Reinigungsrituale und Diäten durchlaufen mussten. Dann wurden ihnen die Heilgesänge, Rituale und das „alte Wissen“ anvertraut.

Dies geschah nur, wenn der Schamane sicher war, dass der Anwärter auch die ethische und moralische Stärke besaß, mit diesen Energien umzugehen und sie selbstlos zum Wohle der Gemeinschaft einzusetzen.

Heute noch wird von zukünftigen Ärzten ein langes Studium gefordert, sowie der Eid des Hippokrates, der besagt, dass der Arzt Leben zu beschützen hat.

Anderswelt

Anderswelt, auch Anderwelt, bezeichnet das keltische „Jenseits“. In Sagen und Märchen sind die unsichtbaren Reiche von Göttern, Geistern, Feen und Elfen bewohnt. -> nicht alltägliche Wirklichkeit.

Archetyp

Das Wort Archetyp bedeutet „Urbild“.

Derartige Urbilder sind im Unbewussten jedes Menschen vorhanden. Sie stammen aus den gesammelten ererbten Erfahrungen vorangegangener Generationen. C. G. Jung ordnete sie dem kollektiven Unbewussten zu.

Die Archetypen sind angeboren, leben in unserem Inneren und wir können sie als Instanzen unserer Seele ansprechen. Märchen, Mythen und Sagen aller Völker berichten von diesen Urtypen menschlichen Verhaltens. Jedes Kind der Welt kann mit Begriffen wie „Hexe“, „Zauberer“, „König und Königin“, „Krieger oder Ritter“, „Guter Geist oder Schutzgeist“, „Weiser“ oder „Heilerin“ sofort innere Bilder verbinden, auch wenn es diese Figuren weder in Medien noch im Leben je gesehen hat.

Dieses Buches beschäftigt sich hauptsächlich mit den vier Archetypen: Seher, Krieger, Lehrer und Heiler. Sie werden oft bestimmten Himmelsrichtungen auf dem -> Medizinrad zugeordnet.

Chakren

Als Chakren werden Energiepunkte bezeichnet, die sich auf feinstofflicher Ebene befinden. Da sich diese Energie dreht, werden Chakren auch als „Räder" bezeichnet. Sie befinden sich entlang der Wirbelsäule und unterscheiden sich farblich voneinander. Bei gesunden Menschen sind die Farben und Formen klar und strahlend.

Ekstase

Meint das „Heraustreten", „Außer sich sein", also eine höchste Steigerung des Lebensgefühls. Es ist ursprünglich ein Bewusstseinszustand, der in einer religiösen Trance erreicht wird. Dann sind sowohl das Ich-Gefühl, als auch alle Ängste und Begrenzungen aufgelöst, gleichzeitig erlebt man Weite, Geborgenheit und eine Verbundenheit mit allem.

Energie

Nach den Erkenntnissen der Quantenphysik bestehen alle sichtbaren und nicht wahrnehmbaren Formen aus Energie. Psychologisch lassen sich drei Grundenergien unterscheiden: Die Energie des Willens bzw. der Absicht, die Energie der Liebe und die der Kreativität bzw. Schöpferkraft.

Diese Energien können sich in unterschiedlichen Schwingungen zeigen. Ohne Bewegung ist eine Energie eigenschaftslos, gerät sie jedoch in Bewegung, entstehen unterschiedliche Muster und Formen (Schwingungen) mit verschiedenen Frequenzen und Informationen (Geschwindigkeiten und Qualitäten). Dann erleben wir eine Energie als Freude, Angst, Liebe, Wut, Gedanken uvm.

Einstein sagte: „Energie ist Materie in Bewegung, Materie ist Energie im Stillstand." Dies bedeutet, dass es Formen von Energie geben muss, die wir durch unsere Augen, die auf bestimmte Schwingungen eingestellt sind, nicht wahrnehmen können. Je schneller die atomare Schwingung ist, desto feiner sind die daraus entstehenden Formen.

Je langsamer sie sich bewegen, umso grobstofflicher und sichtbarer werden sie. So existieren um unseren physischen Körper einige feinstoffliche Körper (emotional, mental, spirituell, ...) Diese werden als Aura bezeichnet. Durch sie können wir feinstoffliche Energien wie Gefühle, Stimmungen oder Gedanken wahrnehmen.

Falke

Falken sind rasante Luftjäger und elegante Flugakrobaten. Tollkühn stürzen sie sich auf Beute, die oft größer ist als sie selbst und nähern sie sich im Sturzflug der Fallgeschwindigkeit von bis zu 200km/h. Auf ihren jahreszeitlichen Reisen legen sie enorme Entfernungen zurück. Fliegen ist ihr Leben.

Seit Jahrtausenden werden Falken verehrt.Der Horus-Falke in Ägypten gilt als oberste Gottheit. Er umspannt mit seinen ausgiebigen Flügen die Welt und wohnt im Himmel. Seine gottähnlichen Fähigkeiten sind folgende: er ist ein ausgezeichneter Jäger, sein Auge ist schafsichtig, er verfügt über erstaunlichen Weitblick, denn durch seinen hohen Flug schaut er gewissermaßen in die Vergangenheit, Zukunft und über das Land. Mit der mächtigen Spannweite seiner Flügel umspannt er schützend den Menschen und die ganze Welt.

Der Zustand der Unbewusstheit wird durch den schrillen Schrei des Falken durchdrungen, damit wir uns aufmachen, um Wahrheit zu finden und Verantwortung zu übernehmen. Falkenkraft lehrt uns, genau zu beobachten, wach und aufmerksam zu sein, um die Signale des Lebens verstehen zu können. So kommt Magie in unser Leben. Mit dem Falken entdecken wir intuitiv unsere Kraftquellen. Wir spüren unsere Macht, weil wir wahrnehmen, empfangen und unsere Fähigkeiten nutzen, indem wirdie höhere Perspektive des Falken einnehmen. Menschen mit Falkenkraft empfangen Botschaften und Visionen aus der anderen Welt. Sie besitzen ein kühnes Herz, denn der Falke fliegt nahe an das Licht von Großvater Sonne.

Geistführer

Auf unserer Reise in die Seelenlandschaft begegnen wir häufig unserem Geistführer bzw. unseren Geistführern. Er nimmt über unsere Seele mit uns Kontakt auf und sendet uns über Intuition, Inspiration und „Zufälle“ seine Ratschläge oder Informationen. Geistführer können Ahnen, hoch stehende Verstorbene, Engel oder auch andere Wesen sein. Sie sind unsere Begleiter, die uns segnen und leiten.

Geist-Reise

Eine Reise in der Vorstellung, um Kontakt mit der Welt des Geistes und der Seele aufzunehmen, um zur Quelle allen Wissens zu gelangen und die innewohnenden Kräfte zu entwickeln. Wer diese Kräfte besitzt, wird überall, zu allen Zeiten, in gleicher Weise dargestellt: mit strahlenden Wellen umgeben, die Kopf und Körper umhüllen. Heiligenschein, Licht und Flammen sind Symbole für die große Energie von Schamanen, Heiligen, Intuitiven, Hellsehern und Mystikern. Sie werden alle auf erstaunlich ähnliche Weise beschrieben. So, als würden sie wie die Sonne strahlen. Licht durchdringt und umgibt ihren Körper. Dieses Energiefeld wirkt wie Antennen, die aus der geistigen Welt in die materielle Welt reichen.

Mit der Kirlian-Fotografie kann diese Energie, die ein Körper ausstrahlt, sichtbar gemacht werden. Diese Ausstrahlungskraft wird Aura genannt, und wir nehmen sie häufig intuitiv wahr. Sie beeinflusst unseren ersten Eindruck, den wir von einem Menschen haben, bevor wir mit ihm reden.

Grenzüberschreitung

Auf dem Weg der Selbstfindung überschreiten wir bekanntes und vertrautes Gebiet und dehnen unseren Erfahrungshorizont aus. Neues und Unbekanntes zu erforschen, die Angst, Vertrautes hinter sich zu lassen und den Mut zu entwickeln, zu neuen Ufern aufzubrechen, lässt uns wachsen und reifen. Dieser Weg endet möglicherweise nie, weshalb er häufig als Spirale oder Kreis dargestellt wird.

Große weiße Bruderschaft

Als Große weiße Bruderschaft bezeichnet sich eine Gruppe von Wesen, die als Menschen lebten und uns vorausgingen, indem sie ihr Bewusstsein erweiterten und schließlich ihre innere Göttlichkeit erkannten. Diese Meister der Weisheit, wie zum Beispiel Buddha, Krishna, Christus, Herkules, Lord Kuthumi, Maria, Hilarion, Meisterin Kwan Yin und Saint Germain haben es sich zur Aufgabe gemacht, die Menschheit zu führen auf ihrem Weg erleuchtet und vollendet zu werden.

Indigene Völker

Mit diesem Begriff bezeichnet man traditionelle Kulturen, Völker und Stämme, die in ihrer geistigen Tradition eng mit der Natur verbunden sind und spezielle Techniken entwickelt haben, um in Harmonie mit ihrer Umgebung leben zu können.

Krafttier

Ein Tier, zu dem Sie eine besonders innige und tiefe, wohlwollende Beziehung haben. Indigene Völker gehen davon aus, dass jeder Mensch mindestens einen Tierverbündeten besitzt – häufig kommen für spezielle Aufgaben oder Tätigkeiten, wie zum Beispiel zum Heilen, noch andere Helfertiere dazu.

Das Krafttier ist Ihnen sehr vertraut und steht Ihnen als Begleiter und Lehrer zur Seite. Häufig umgeben wir uns unbewusst mit Dingen, die unser Krafttier darstellen oder uns an Begegnungen mit ihm erinnern. Das Krafttier ergänzt Ihre Persönlichkeit durch seine Stärken.

Wenn Sie es rufen und es zeigt sich viermal, können Sie sicher sein, dass es Ihr „Krafttier“ ist.

Kraftort

Ein Ort, an dem sich die Energie und Atmosphäre für Sie so anfühlt, dass Sie sich erhoben, „gestärkt“ und sicher fühlen.

Ein Kraftort kann überall sein: in der Natur, im Garten, im Haus. Bekannt als Kraftorte sind Kirchen, Klöster und uralte Heiligtümer.

Dort haben sich die positiven Gedanken und Gebete seit Jahrhunderten gesammelt. Die Atmosphäre ist aufgeladen und sehr energiereich. Beispiele hierfür sind die Pyramiden, die Tempel von Karnak, Stonehenge, die Alhambra, der Kölner Dom, ...

Krise

Eine Krise im Leben ist immer ein Aufruf zur Heilung. Das geschieht, wenn man sich selber besser versteht und seine Sinnfragen beantwortet, wie z.B. Was mache ich an diesem Ort mit grade diesen Menschen?

Lichtarbeiter

Menschen, die sich entschieden haben, sich für das Wohl aller einzusetzen und durch ihr Verhalten keinen Schaden hervorzurufen werden Lichtarbeiter genannt. Ihre Absicht ist es, mehr Licht und positive Schwingung auf die Erde zu bringen.

Meditation

Wie das Wort Medi–tation schon sagt, geht es um die Mitte. Wir verdanken unser Leben dem unsichtbaren Einen und sehnen uns nach ihm, der unser Mittel–Punkt ist.

Unser nach außen gerichtetes Leben lässt uns häufig unsere Mitte vergessen. In der Meditation besinnen wir uns auf unsere Mitte, kommen zur Ruhe, entspannen uns, sind ohne Ablenkung, haben Zeit für uns, tanken Energie, finden unsere Balance wieder.

Medizin

Traditionell indianischer Ausdruck. Mit Medizin ist in diesem Zusammenhang die besondere Gabe gemeint, die ein Mensch besitzt. Diese einmaligen Fähigkeiten sind „Medizin“, sowohl für diesen Menschen als auch für seine Gemeinschaft.

Jemand „hat gute Medizin“, wenn er seine Fähigkeiten fördert und sie dafür einsetzt, dass es anderen Menschen gut geht. Dann ist auch er glücklich.

Medizinrad

Das Medizinrad wird auch der heilige Kreis, der Kreis der Grenzüberschreitung und Wandlung genannt. Es symbolisiert den magischen Kreis, der die ganze Welt in sich einschließt. Es erinnert die Menschen daran, dass das Leben ein Kreislauf ist, in dem sie sich ständig verändern, ihre Sichtweise erweitern und wachsen.

Ziel und Sinn der Medizinräder ist ein Klärungs- und Reinigungsprozess des Menschen und die Rückbindung an seinen Ursprung.

Es ist zugleich ein Wegweiser, um sich hier im täglichen Leben den Herausforderungen zu stellen, ebenso eine wunderbare Möglichkeit, einen heiligen Raum zu erschaffen, um Kontakt zum „Großen Geist", der Quelle des Lebens, herzustellen und zu fühlen.

Das Medizinrad wird in vier Abschnitte untergliedert, die den vier Himmelsrichtungen ebenso entsprechen, wie den vier Jahreszeiten, Elementen, Archetypen uvm.

In diesem Buch werden vier Archetypen näher betrachtet: die Kriegerin, Heilerin, Seherin und Lehrerin.

Sie zu erwecken ist bei jeder Entscheidung in unserem Leben notwendig.

Mutter Erde

ist der Inbegriff der Fruchtbarkeit. Sie ist makellos, geheimnisvoll, feucht, stark und schafft fortlaufend Leben aus sich selbst heraus. Alles, was aus der Erde geboren wird, ist von Lebenskraft durchdrungen: alle Tiere, Pflanzen, Menschen und die gesamte Natur. Auf geheimnisvolle Weise vollbringt sie das Wunder der magischen Verwandlung. Im Frühjahr überzieht die Urmutter ihre Haut mit einer blühenden Decke. In Polen und Russland besagt ein Sprichwort: "Ein Schlag gegen die Erde ist wie ein Schlag gegen die eigene Mutter."

„Mutter, von dir komme ich,
du trägst mich und nährst mich,
und du wirst mich nach meinem Tod
wieder aufnehmen."

Solche Gebete sind auch noch heute in ländlichen Gebieten in Europa bekannt. Mutter Erde genießt besonders im Frühjahr Schutz und Achtung, in der Zeit ihrer Schwangerschaft. Wenn dann von ihrem wunderkräftigen Schoß die Lebenskraft ausgeht, ist ihr großer Triumpf. Meistens am 15. August, zu Mariä Himmelfahrt, wird ihr zu Ehren ein Fest mit Blumen, Kräutern und Kornähren gefeiert. Oft wird eine Korngöttin gebacken und es wird um ihren Schutz gebeten. Die Erde war das Allerheiligste und darum war es (auch in Europa) üblich, ihr als Opfer Brot, Bier und Blumen darzubringen.

Das Thema von Mutter Erde ist die ewige Erneuerung des Lebens. Sie ist die Bewahrerin der Lebenskräfte, die ständig vom Tod bedroht sind. Als Mutter Erde ist sie aber auch die Mutter der Toten.

Nichtalltägliche Wirklichkeit

Sie wird auch die andere Wirklichkeit, andere Welt oder die Anderwelt genannt. Es sind jene Bereiche, die Sie erleben und in denen Sie sogar Veränderungen bewirken können, wenn Sie die Welt in neuer Weise sehen, z.B. auf einer -> Seelenreise.

Ob diese Ebenen real existieren, ist letztendlich unwesentlich. Traditionelle Schamanen erleben sie als real existent, außerhalb von sich bzw. unabhängig von ihnen. Ähnlich ist unser Erleben.

Es ist möglich, sie als innere Welten und Wirklichkeiten zu sehen oder als außerhalb der menschlichen Ebene zu beschreiben.

Reittier

Um vom Alltagsbewusstsein in einen anderen Bewusstseinszustand zu gelangen, ist ein so genanntes „Reittier“ hilfreich. Dies ist oft der regelmäßige Schlag auf einer Trommel.

So wird der Intellekt beruhigt und der Geist kann sich frei in Zeit und Raum bewegen. Auf dieser CD sind mehrere „Reittiere“ kombiniert: die Trommel, die Musik und die Stimme. Sie leiten Sie sicher von „hier“ nach „dort“ und wieder zurück.

Schamanentum

Das Wort Schamanentum hat einen dunklen Klang, der uns ehr mit der Erde zu verbinden scheint. Es bezeichnet eine bestimmte Art zu handeln, weist auf eine Richtung der Geisteshaltung oder

Lebenseinstellung hin, (wie etwas Optimismus, Zynismus oder Idealismus). Schamanentum drückt etwas Uraltes, Gewachsenes und Erdverbundenes aus und entspricht damit ehr dem Thema dieses Buches.

Schamanismus

Schamanismus ist der Ursprung von Religion und Medizin. Schamanen regulieren über ihr verändertes Bewusstsein das Gleichgewicht zwischen der sichtbaren und der unsichtbaren Welt.
Ein Begriff, der auf -ismus endet, bezeichnet häufig etwas Abstraktes und meint ein Glaubenssystem, das sich aus wissenschaftlichen Hypothesen und Theorien ableitet. So gesehen ist Schamanismus eine Kopfgeburt, (wie etwa Kapitalismus, Liberalismus oder Sozialismus.)
Das Wissen der Schamanen hat jedoch die Jahrtausende überdauert, weil es viel ursprünglicher ist als jede Theorie. Denn es ist das erfahrene Wissen vom Leben, so wie es von einer Generation an die nächsten weiter gegeben worden ist.

Seelenlandschaft

Naturvölker gehen davon aus, dass jeder Mensch eine Seelenlandschaft besitzt, die er zur Selbsterkenntnis und zum Finden seiner ureigenen Stärken (Medizin) bereisen kann.

Das Wort „Seelenlandschaft“ versinnbildlicht Wahrnehmungen und Bilder, die vor unserem inneren Auge entstehen. Dies gelingt meist leichter, wenn wir die Augen schließen. Wir stellen uns vor, wir gehen an einen Strand. Schon sehen wir die Wellen, hören das Meeresrauschen und fühlen die Wärme der Sonne auf unserer Haut. Dies ist die Vorstellung einer tatsächlich erlebten Landschaft.

Genauso können wir vor unserem inneren Auge Landschaften entstehen lassen, die zwar Teile von bekannten Landschaften (z.B. eine grüne Frühlingswiese voller Blumen) beinhalten und trotzdem nicht real von uns erlebt wurden. Je nachdem, wie wir uns in dieser Landschaft „fortbewegen“, gehen wir in die obere, die mittlere oder die untere Welt. So ist die Seelenlandschaft ein Symbol unserer inneren Prozesse.

Wenn wir in unsere Seelenlandschaft reisen, finden wir uns auf einer Wiese wieder, dort steht ein Baum, es befinden sich eine Quelle und ein Flusslauf in der Landschaft. Sie können dorthin reisen, alles entdecken und die Dinge verändern, so dass sie für Sie stimmen. Auf dieser Ebene gelten andere Gesetze als im Alltagsbewusstsein: Ihre Wünsche werden sofort wahr und Ihrer Kreativität sind keine Grenzen gesetzt.

Sie können hier unterschiedlichen Wesen begegnen: Ihrem -> Krafttier, Lehrern, Naturwesen. Es ist Ihnen möglich, die Sprache der Tiere bzw. der Natur zu verstehen und zu sprechen.

Spiritualität

Das Wort leitet sich ab von „spiritualitas“. Damit beschrieb man im Christentum des Mittelalters die geistige Welt im Gegensatz zur materiellen Welt.

Wir verstehen darunter, dass das Bewusstsein grenzüberschreitend sowohl zum Unterbewusstsein als auch zum göttlichen Bewusstsein geöffnet wird.

In der schamanischen Weltsicht entspricht dies Erfahrungen sowohl in der unteren, mittleren, wie der oberen Welt.

Transformation

Das Wort bedeutet Veränderung.

In den Bereichen der Politik, Wirtschaft und Wissenschaft werden überall Veränderungen in unserer Gesellschaft sichtbar. Vielen Menschen macht dies Angst, da nichts mehr so ist wie vorher. Gerade diese gesellschaftlichen Denkmuster haben zur Entfremdung des Menschen von seiner natürlichen Umgebung, von sich selber und seiner eigenen Mitte geführt.

Die Reise in die Seelenlandschaft ist entstanden, um Ihnen eine Methode an die Hand zu geben, in Ihrem eigenen Tempo und auf Ihrem persönlichen Weg den Pfad der Veränderung, der Transformation zu gehen.

Trommel

Die Schamanentrommel symbolisiert den Kosmos.

Sie wird weltweit genutzt, um den Herzschlag von „Mutter Erde" zu imitieren und den Puls des Schamanen an diesen universellen Rhythmus anzuschließen. Die Trommel wird monoton geschlagen, so dass der Schamane in eine Trance fällt. Durch den Klang der Trommel weiß er sich geborgen auf seiner Reise und kann sicher in den Alltag zurückkehren.

Mathew King sagt, dass die Lakota-Indianer Trommeln benutzen, um mit Gott zu sprechen.

Wirklichkeit

Wir bezeichnen das als Wirklichkeit, was wir zu einem bestimmten Zeitpunkt wahrnehmen. Unsere Sinne sind auf die materielle Welt ausgerichtet, so ist unsere Wirklichkeit hauptsächlich von materiellen Dingen geprägt.

Demgegenüber werden z.B. Träume nicht als wirklich angesehen, obwohl jeder schon einmal lebhaft geträumt hat, dabei starke Empfindungen hatte und diese Träume für sich als Wirklichkeit erlebt hat.

In schamanischen Kulturen werden Träume nicht als Illusion angesehen. Es wird gesagt, dass Wirklichkeit all das ist, was man erlebt. Erleben stellt also die Wirklichkeit dar. Es muss nicht auf der materiellen Ebene stattfinden oder logisch sein, noch muss man Kontrolle über das haben, was geschieht. Im Traum z.B. kann man fliegen, mit Tieren sprechen, weite Entfernungen ohne Zeitverlust überbrücken ...

Es gibt Techniken, um in andere Wirklichkeiten zu reisen, um dort die nichtalltägliche Wirklichkeit kennen zu lernen.

Den schamanischen Traditionen nach bilden die materielle Wirklichkeit und die anderen Ebenen ein harmonisches Ganzes. Alle existieren gleichzeitig nebeneinander und beeinflussen sich gegenseitig.

In dieser Weltsicht teilt sich die Wirklichkeit in drei Ebenen auf: die obere, die mittlere und die untere geistige Welt, wobei die Bereiche auch miteinander verwoben sind.

Die Oberwelt

Hier finden sich Geistführer, Lehrer, Engel, Meister und Schutzengel, die uns anleiten, führen, lehren, initiieren und begleiten.

Die mittlere Welt

Sie entspricht unserer Alltagswelt. Die Zeit hat hier jedoch eine andere Qualität, ebenso wie der Raum. Vergangenheit, Gegenwart und Zukunft existieren hier gleichzeitig.

Hellseher, Medien und Heiler stimmen sich auf die mittlere Welt ein.

Die Unterwelt

Hier trifft man häufig auf Naturgeister und Tierverbündete, auf Lehrer aus dem Naturreich und der Ahnenreihe. In diesem Bereich richten wir uns unsere Seelenlandschaft ein. Hier finden wir Wissen und Kraftquellen, wie es seit jeher die Schamanen tun.

Zufälle

C. G. Jung (1875-1962) war der Erste, der die magischen Kräfte des Zufalls zusammen mit dem Physiker Wolfgang Pauli untersuchte. Sie waren beide davon überzeugt, dass es Zufälle gibt, die Schicksal spielen und fanden heraus, dass es „synchronische" Erlebnisse gibt. Damit sind Namen, Zahlen und Themen gemeint, die auffällig häufig auftreten im Zusammenhang mit wichtigen Lebensthemen derer, denen sie passieren.

Elsabeth Mardorf bestätigt dies in ihrem Buch: „Das kann doch kein Zufall sein!". Sie seien eine Art Spiegel für die Seele. „So seltsam es klingt, so wahr ist es: Synchronistische Zufälle begegnen uns gehäuft an Wendepunkten des Lebens, bei Tod, Trennung, Geburt. Man geht dann anders durch die Welt, mit gespreizten Sinnen, nimmt intensiver wahr. Die Bedeutung eines Zufalls liegt allein darin, welche Bedeutung wir ihm geben. Wir sollten uns bemühen, Zufälle bewusster wahrzunehmen, um ihre Botschaft für unsere aktuelle Situation zu entschlüsseln."

Zufälle haben viel mit Intuition, dem siebten Sinn zu tun, mit Träumen, Ahnungen, Inspirationen und mit dem Unbewussten.

Der amerikanische Bestseller-Autor Paul Auster erzählt in seiner Biografie „Die Erfindung der Einsamkeit“ von seinem Vater, der sich vor den Nazis in einem Zimmer in Paris versteckt hielt, bevor er nach Amerika fliehen konnte. Zwanzig Jahre später ging sein Sohn zum Studium nach Paris und mietete sich „zufällig“ in genau diesem Zimmer ein. Paul Auster schwört, dass diese Geschichte wahr ist.

Danksagung von Jutta Westphalen

An erster Stelle gilt mein Dank meinen Eltern, die mir das Leben geschenkt haben. Sie haben sich ihren gemeinsamen Traum vom Leben in der Natur erfüllt. Meine Großmutter Johanna legte einen wunderschönen Rosengarten an und teilte ihr Brot mit den Vögeln. Ich durfte auf ihrem Schoß sitzend das Treiben am Futterhaus beobachten. So lehrte sie mich, dass wir auch da sind, um den Hunger der anderen zu stillen. Meinen Großvater Georg liebte ich wegen der Leichtigkeit, mit der er mir zeigte, dass man auch im Alter viel Spaß haben kann. So hatte ich schon früh Verbündete aus dem Menschen-, Tier- und Pflanzenreich, wofür ich sehr dankbar bin.

Auch all meine Lehrer und Lehrerinnen haben für immer einen Ehrenplatz in meinem Herzen. Sie waren je nach ihrer Art bedingungslos liebend, indianisch streng, dann wieder heilend und fördernd. Sie kamen aus unterschiedlichen Kulturkreisen, teilten ihr Wissen mit mir und haben mir tiefe Erfahrungen zum Geschenk gemacht. Diese Begegnungen waren immer intensiv und sehr emotional für mich. Ich danke ihnen allen und schicke ihnen meine liebevollen Gedanken. Auf welcher Realitätsebene sie sich zurzeit auch befinden mögen, der Engel der Liebe wird ihre Seelen finden. Meiner großen Familie danke ich für die vielen Lernschritte, die wir gemeinsam machen dürfen und die Erfahrungstiefe, die wir ohne einander niemals kennengelernt hätten. Ich danke ihr dafür, dass sie mein Leben bunt und ereignisreich gestaltet. Durch sie habe ich gelernt, die spirituelle Ebene auf die Erde zu holen und da ich Beides so sehr liebe, kann ich nun mit der einen Hand Kartoffeln schälen und mit der anderen segnen…

Ich danke auch all den Menschen, mit denen ich mich seelisch eng verbunden fühle, wie meiner Schwester Marie-Louise und meinen langjährigen Herzensfreundinnen, die mich immer ermutigt haben, das zu tun, was mich glücklich macht. Jutta Klaus hat ganz besonders viel dazu beigetragen, dass dieses Buch entstehen konnte. Ihr gilt mein besonderer Dank. Es gibt Wegbegleiterinnen und Freundinnen, mit denen ich ganz **besondere Erfahrungen** teile, die einmalig und kostbar wie Edelsteine sind. Klientinnen eröffnen mir oft überraschende neue Blickwinkel. Wenn ich durch ihre Augen schaue, erlebe ich Schicksale, die mich tief berühren. Hier möchte ich ihnen für ihr Vertrauen und ihre Offenheit danken, denn unsere gemeinsamen Erfahrungen sind mit in dieses Buch geflossen. Außerdem danke ich meiner „weißen Wölfin“ Ronja für ihre Geduld, die notwendigen kreativen Pausen und ihre jahrelange treue Begleitung bis zum Ende dieses Buches und ihres langen Lebens. Ein Buch entsteht immer als Gemeinschaftsarbeit. Deshalb möchte ich dem Team des Artha Verlags danken. Meine Lektorin musste geduldig und tapfer feurige Mails überstehen, bis sie das Beste aus dem Manuskript herausgeholt hat. Vielen Dank dafür!

Zur Autorin

Jutta Westphalen

arbeitet als Coach und Seminarleiterin mit schamanischen Methoden. Sie studierte Pädagogik (Diplom) mit Nebenfach Psychologie, ist Meditationslehrerin, systemische Familienaufstellerin und anerkannte Heilerin (DGH).

Sie ist verheiratet, Mutter von fünf erwachsenen Kindern und lebt am Hamburger Stadtrand.

Bisherige Veröffentlichungen von Jutta Westphalen:

„Das Lied deines Seelenvogels“ und

„Seelenvogel-Geflüster“, Kartenset zur Intuitionsschulung

beides erschienen im Ch. Falk Verlag und dort zu beziehen oder über die Autorin.

Literaturangaben und Leseempfehlungen

Andrews, Lynn: *Der Geist der vier Winde*

Arriens, Angeles: *Der vierfache Weg*

Berendt, Joachim-Ernst: *Ich höre, also bin ich*

Berendt, Joachim-Ernst: *Nada Brahma: die Welt ist Klang*

Caddy, Eileen: *Herzenstüren öffnen*

Castaneda, Carlos: *Die Reise nach Ixtlan*

Dykstra, Ingrid: *Wenn Kinder Schicksal tragen*

Gimbutas, Marija: *Die Sprache der Göttin*

Grimaud, Helene: *Wolfsonate*

Griscom, Chris: *Die Heilung der Gefühle*

Goodman, Felicitas D. u. Nana Nauwald: *Ekstatische Trance*

Hay, Louise: *Heile Deinen Körper*

Hawken, Paul: *Der Zauber von Findhorn*

Hellinger, Bert: *Finden, was wirkt*

Hellinger, Bert: *Die Mitte fühlt sich leicht an*

Hellinger, Bert: *Anerkennen, was ist*

Ingerman, Sandra: *Die schamanische Reise*

Kaiser, Rudolf: *Die Erde ist uns heilig*

Kämper, Angela: *Tierboten*

Lörler, Marielou: *Hüter des alten Wissens*

Maclean, Dorothy: *Gespräche mit Pflanzen-Devas*

Van Kampenhout: *Die Heilung kommt von außerhalb*

von Rohr, I. u. W.: *Die Farben deiner Seele*

Prekop, Jirina: *Hättest du mich festgehalten…*

Prekop, Jirina: *Einfühlung oder die Intelligenz des Herzens*

Prekop, Jirina/ Bert Hellinger: *Wenn ihr wüsstet, wie ich euch liebe*

Summer Rain, Mary: *Spirit Song*

Summer Rain, Mary: *Der Phönix erwacht*

Summer Rain, Mary: *Weltenwanderer*

Sams, Jamie u. Carson, David: *Karten der Kraft*

Schäfer, Thomas: *Was die Seele krank macht und was sie heilt*
Schwarzer Hirsch: *Ich rufe mein Volk*
Spezzano, Chuck: *Karten der Erkenntnis*
Spezzano, Chuck: *Wenn es verletzt, ist es keine Liebe*
Sun Bear/Wabun: *Das Medizinrad, Eine Astrologie der Erde*
Storm, Hyemeyohsts: *Die Weisheit der Medizinräder*
Storm, Hyemeyohsts: *Die sieben Pfeile*
Ulsamer, Berthold: *Ohne Wurzeln keine Flügel*
Wall, Steve: *Töchter der Weisheit*
Weber, Andreas: *Alles fühlt*
White Eagle: *Medizinrad*
Worte wie Spuren, *Weisheit der Indianer*

Haftung

Die geführten Reisen, die durch die CD angeleitet werden, haben Selbsterfahrungscharakter und dienen der Erweiterung des persönlichen Horizonts.

Die Inhalte ersetzen weder eine ärztliche noch eine psychotherapeutische Behandlung.

Diese Selbsterfahrung erfolgt freiwillig und in voller Eigenverantwortung, denn das, was erfahren wird, ist eine Resonanz auf den Zustand, in dem Sie sich zurzeit befinden.

Die Autorin und der Verlag sind im Hinblick auf den Zweck des Buches inklusive CD und die dort vermittelten Inhalte von jeglicher Haftung und/oder Gewährleistung frei.

Ziel dieser Arbeit ist es, den Leserinnen die Möglichkeit zu geben, frei zu sein, eigene Erfahrungen zu sammeln. Sie sollen dabei keinem Druck ausgesetzt sein, das glauben, sehen, fühlen oder erfahren zu müssen, was die Autorin vorgibt.

Die CD wurde schon vielfach von Gruppen und Einzelpersonen erprobt und mit gutem Erfolg genutzt.

Transformation kann nur vom Individuum erreicht werden.

Alle großen Dinge werden von Individuen vollbracht
und du kannst eine phänomenale, radikale Revolution vollbringen,
indem du dich selbst verstehst.

Ist dir schon einmal aufgefallen,
dass es in der Geschichte immer Einzelne sind,
die etwas bewirken, und nicht die Masse?
Die Masse kann beeinflusst und benutzt werden,
aber die wirklich radikalen Revolutionen
finden immer nur im Leben des Einzelnen statt.

Wo auch immer du leben magst,
welcher gesellschaftlichen Schicht du auch angehören magst,
wenn du dich selbst verstehst,
wirst du eine Transformation in deinen Beziehungen herbeiführen.

Es ist wichtig, dem Leiden ein Ende zu bereiten,
denn das Ende des Leidens
ist der Beginn der Revolution,
und diese Revolution verwandelt die Welt.

Jiddu Krishnamurti (1895 bis 1986), indischer Philosoph, Autor und spiritueller Lehrer)

Titel aus unserem Verlagsprogramm

Cornelia Geiger
Räucher-Fibel

ISBN 978-3-89575-151-6 / 105 Seiten - durchgehend vierfarbig

Mit diesem liebevoll gestalteten Sammel- und Nachschlagewerk finden Sie immer die richtige Pflanze für die entsprechende Räucherung.

Entdecken Sie die vielfältigen Möglichkeiten der einheimischen Blumen, Bäume und Sträucher, welche uns jederzeit zur Verfügung stehen. Erfahren Sie eine viel stärkere Wirkung Ihrer Räucherung, wenn Sie die Pflanzen selbst liebevoll sammeln und trocknen. Dieses Buch ist ein einzigartiger Leitfaden, sowohl für den Räucher-Profi als auch für den Anfänger und Gelegenheits-Räucherer.

Mit dem übersichtlichen Sammelkalender finden Sie zu jeder Jahreszeit die richtige Pflanze.

Ein Sachwortverzeichnis hilft beim schnellen Nachschlagen.

Tauchen Sie ein in die Welt und Wirkung der Pflanzen mit diesem Räucher-Ratgeber der besonderen Art.

Marion Röbkes
Hexen, Götter, Kulte - Orte der Magie

Band 1 - Deutschland Süd / ISBN 978-3-89575-115-8 / *229 Seiten*
Band 2 - Deutschland Nord / ISBN 978-3-89575-118-9 / *242 Seiten*

Lassen Sie sich verzaubern von mystischen Orten, von magischen Stätten, finden Sie Ihre eigenen Kraftorte, tauchen Sie ein in eine Vergangenheit, die Sie faszinieren wird.
Ein esoterischer Reiseführer der Ihnen Plätze näher bringt, die Sie in wenigen Stunden erreichen können und die Sie für ein paar Stunden oder Tage in eine geheimnisvolle Mystik entführen.

Aundh
Das Sonnengebet

ISBN 978-3-89575-096-0 / 96 Seiten

Yoga- bzw. Körper- und Atemübungen die jeder - egal welchen Alters - ausüben kann. Die Übungen beanspruchen nicht nur einen einzelnen Teil des Körpers, sie wirken auf jede Zelle und jede Sehne, verleihen neue Kraft und Harmonie.

Estelle Stead
Die blaue Insel

ISBN 978-3-89575-071-7 / 102 Seiten

Ein faszinierender Bericht über das Weiterleben nach dem Tode. Estelle Stead erhielt auf medialem Wege aufrüttelnde Nachrichten ihres Vaters von seinem „Übergang" und von der Zeit „danach". Das Buch gibt Antwort auf die Frage, ob bzw. in welcher Form es ein Weiterleben nach dem Tode gibt.

Dick Hellwich / Rolf Mihm
Erwecke die Pendelkraft in Dir
ISBN 978-3-89575-124-0 / 96 Seiten
Die Autoren führen behutsam Schritt-für-Schritt in die „Geheimnisse" des Pendelns ein. Einer umfassenden Einführung folgen über 90 Pendeltafeln die viele Bereiche des Lebens abdecken.

Walter A. Posch
Die Revolution - MatrixQuantenPower
Die ultimativ neue Technik
ISBN 978-3-89575-153-0 / 144 Seiten
MatrixQuantenPower ist die ultimativ neue Technik auf dem Gebiet der Quantenheilung und Matrix-Energie mit der man nicht nur auf einfache und spielerische Weise lernt seine Selbstheilung zu aktivieren, sondern auch, wie man sie auf andere Menschen, Tiere, Pflanzen, sowie in den verschiedensten Situationen anwendet.

Walter A. Posch
Das Geheimnis der Rückführungen
ISBN 978-3-89575-150-9 / 216 Seiten
Rückführung! Die meisten Menschen haben (panische) Angst davor!

Warum? Dieses Buch liefert eine umfassende Erklärung zur absoluten Ungefährlichkeit derselben!

Walter A. Posch avancierte, nicht zuletzt durch diverse Medienauftritte in Rundfunk und Fernsehen, in den letzten Jahren zu einem der bekanntesten Rückführungstherapeuten des deutschsprachigen Raums. Seine fortschrittliche Arbeit, sein Bestreben um wissenschaftliche Akzeptanz des Themas und seine Art, sich um die Probleme seiner Klienten zu kümmern, machen ihn wohl zu einem der wichtigsten Wegbereiter auf dem Gebiet der Reinkarnationstherapie.

Ulrike Maria Lembke
Willkommen im Licht
- Aufbruch in ein neues Leben -
ISBN 978-3-89575-155-4 / 134 Seiten
Der Tod - das viel umwitterte Geheimnis vom Ende des Lebens. Doch was kommt danach?

Ulrike Maria Lembke lüftet nicht nur das Geheimnis um das Leben nach dem Tod, sondern vor allem und in erster Linie erläutert sie würdevolles Sterben, den Prozess Sterben an sich und den Umgang mit der Erkenntnis: Das Sterben gehört unweigerlich zum Leben und kann - richtig gelebt - den Betroffenen und die Angehörigen beflügeln und die Trauer erleichtern, denn der „Tod hat keine Bedeutung".

Werner Giessing
Erwecke die Kraft des Handlesens in Dir
ISBN 978-3-89575-148-6 / 242 Seiten

Entdecken Sie die faszinierende Welt der Handlesekunst. Über 150 Zeichnungen und Fotografien ergänzen den Text, so daß die Kunst des Handlesens kein Geheimnis mehr bleibt.

E´Lassa
Yippijayeah - Glücksfaktor Zahl
ISBN 978-3-89575-188-2 / 120 Seiten

Die Autorin beschreibt unterhaltsam und mit einfachen Worten die Wichtigkeit der persönlichen Entfaltung. Mit Hilfe des mitgebrachten Zahlencodes, den jeder Mensch in sich trägt, kann jeder Glück und Erfüllung finden und ganz bewusst das eigene ICH BIN leben.
Nun heißt es, diesen Zahlencode zu entschlüsseln und die mitgebrachten Talente und Fähigkeiten zu entdecken und zu fördern.
Mit vielen Übungen und praktischen Tipps erklärt E´Lassa, wie die einzelnen Zahlen positiv gelebt werden können und man so die Voraussetzungen erfüllt, um seine Lebensaufgabe zu lösen.

Maria Elisabeth
Seelenbewußtsein
ISBN 978-3-89575-147-9 / 128 Seiten
Alle Menschen werden ohne besondere Vorbereitung für ihr Leben in diese Welt hinein geboren. Manche brauchen viel Zeit, um sich hier zu integrieren und zurechtzufinden. Dieses Buch ist wie ein kleiner Fahrplan zu Ihrem Leben, sowie zu den Dingen, die Ihnen begegnen. Es zeigt die Ursachen auf, warum Ihr Leben bisher so verlaufen ist und nicht anders. Es stellt eine Methode vor, die Ihnen hilft Ihr Potential und Ihre Talente zu erkennen und diese auch zu leben. So werden Sie Meister Ihres eigenen Lebens.

Gaye Muir
Brücke zwischen den Welten
ISBN 978-3-89575-123-3 / 255 Seiten
Gaye Muir - das international anerkannte englische Medium - erstattet über viele Aspekte der Medialität Bericht. Dies reicht von essentiellen Gesprächen mit ihrem Geistführer bis hin zu fundierten Ratschlägen für die Entwicklung ihrer spirituellen Fähigkeiten.